“实用型”关务与外贸服务专业教材

（第四版）
Fourth Edition

一本全面讲解进出口商品归类知识的“实用型”教材

全面体现2022年《商品名称及编码协调制度》修订精神，适应国际贸易新变化

进出口商品归类实务

JINCHUKOU SHANGPIN GUILEI SHIWU

林　青◎编著

中国海关出版社有限公司

中国·北京

图书在版编目（CIP）数据

进出口商品归类实务 / 林青编著 .— 4 版 .—北京：中国海关出版社有限公司，2024.1

ISBN 978-7-5175-0717-8

Ⅰ. ①进… Ⅱ. ①林… Ⅲ. ①进出口商品—分类—中国 Ⅳ. ① F752.6

中国国家版本馆 CIP 数据核字 (2023) 第 241672 号

进出口商品归类实务（第四版）

JINCHUKOU SHANGPIN GUILEI SHIWU （DI–SI BAN）

作　　者：林　青
策划编辑：夏淑婷
责任编辑：夏淑婷
出版发行：中国海关出版社有限公司
社　　址：北京市朝阳区东四环南路甲 1 号　　邮政编码：100023
编 辑 部：01065194242–7539（电话）
发 行 部：01065194221/4238/4246/5127（电话）
社办书店：01065195616（电话）
https: //weidian.com/? userid=319526934（网址）
印　　刷：北京联兴盛业印刷股份有限公司　　经　　销：新华书店
开　　本：710mm × 1000mm　1/16
印　　张：20.5　　字　　数：374 千字
版　　次：2024 年 1 月第 4 版
印　　次：2024 年 1 月第 1 次印刷
书　　号：ISBN 978-7-5175-0717-8
定　　价：52.00 元

前 言

我国的进出口商品必须按照当年的《中华人民共和国进出口税则》(以下简称《税则》)进行归类，以根据该商品的税率缴纳关税。同时，进出口商品归类是海关实施行政管理职能、对进出口商品进行监管的基础，归类的正确与否直接影响到进出口商品的顺利通关及其他海关业务。因此，进出口商品归类是海关相关人员及关务人员必须掌握的一项基本技能。国内一些高职院校相继设立了海关管理专业、报关与国际货运专业（现更名为关务与外贸服务专业），进出口商品归类是该类专业的核心课程，本教材就是为了满足这一教学需求而编写的。

我国海关自1992年开始以《商品名称及编码协调制度》(以下简称《协调制度》)为基础，结合我国实际进出口情况编制《税则》。《协调制度》是一部多用途的国际贸易商品分类目录。它广泛应用于海关税则、国际贸易统计、国际贸易运输、国际贸易谈判、贸易管制、原产地规则等多种领域。为了适应新产品的不断出现和国际贸易结构的变化，世界海关组织定期对《协调制度》进行修订，2022年是继2017年之后的又一次重大修订，以其为基础编制的《税则》也进行了相应的转换。借此机会笔者按照2022年版《协调制度》和2023年《税则》对本教材进行了全面修订。

本教材紧密联系实际进出口情况，从高职高专学生的知识结构、接受能力与未来工作岗位需求出发，突出基础理论知识够用、应用和实践技能加强的特色。将实际进出口业务中不可能出现的武器、弹药（《税则》第十九类）和古物（《税则》第二十一类）略去，并将《税则》中有关联的大类进行整合，最后将2023年版《税则》中的二十一大类商品整合为十四大类商品进行深入浅出的讲解。本教材中的例题、实训题所涉及的编码答案，均采用2023年《税则》中的八位数税则号列。

本教材内容主要包括：进出口商品分类目录简介、进出口商品归类的海关行政管理、归类总规则、进出口商品正确归类的方法及十四大类进出口商品的归类实务。进出口商品归类是一项技术性很强的工作，只有了解《税则》的编排规律、熟悉《税则》的结构及各类各章的商品范围、拥有丰富的商品知识、掌握相关的归类原则，才能快速、准确地归类。本教材系统阐述了归类需具备的这些知识要素，并融入了笔者多年来的教学经验及成果，尤其是一些重要的归类原则都配有笔者总结的归类流程图。为了帮助大家熟悉商品编码表、掌握相关的归类原则，本教材配有实训题。实训题选用了大量海关实际进出口中涉及的商品案例、报关员资格全国统一考试试题及关务水平测试题，具有题量大、涵盖知识点全面、实用性和应试适用性强的特点。

感谢中国海关出版社有限公司的盛情邀请。在我们教学团队与中国海关出版社有限公司的精诚合作下，本教材得以问世。希望通过本教材的学习，能对相关人员掌握进出口商品归类这项技能有所帮助。

由于笔者水平有限，书中不足之处在所难免，敬请行业专家及使用者批评指正，并将意见反馈到邮箱850462103@qq.com。谢谢！

林青

2023年12月

目 录

第1篇 进出口商品分类目录 1

1.1 《商品名称及编码协调制度》 / 2
思政课堂 / 3
1.2 《中华人民共和国进出口税则》 / 5
本篇小结 / 12
课后练习 / 13

第2篇 进出口商品归类的海关行政管理 15

2.1 进出口商品归类的依据和原则 / 16
2.2 进出口商品归类申报的要求 / 17
2.3 进出口商品归类的修改规定 / 18
2.4 海关归类预裁定 / 18
2.5 海关归类行政裁定 / 19
2.6 商品归类决定 / 19
2.7 商品归类争议的处理 / 20
2.8 其他管理要求 / 21
思政课堂 / 21
本篇小结 / 22
推荐阅读 / 22
课后练习 / 23

第3篇 归类总规则 25

3.1 规则一 / 26
3.2 规则二 / 27

3.3 规则三 / 28
3.4 规则四 / 31
3.5 规则五 / 31
3.6 规则六 / 32
本篇小结 / 33
课后练习 / 34

第4篇 进出口商品正确归类的方法 37

4.1 熟悉《税则》的结构，掌握其编排规律 / 38
4.2 积累必要的商品知识，注意相关商品的相互区别和联系 / 38
4.3 正确使用归类依据 / 39
4.4 加强对注释的运用 / 40
4.5 严格按照商品归类的操作程序 / 步骤进行归类 / 40
本篇小结 / 42
课后练习 / 42

第5篇 动植物类商品的归类（第一类 ~ 第四类） 43

5.1 动植物类商品的分布情况 / 44
5.2 第一类 活动物；动物产品 / 45
5.3 第二类 植物产品 / 54
5.4 第三类 动、植物或微生物油、脂及其分解产品；精制的食用油脂；动、植物蜡 / 67
5.5 第四类 食品；饮料、酒及醋；烟草、烟草及烟草代用品的制品；非经燃烧吸用的产品，不论是否含有尼古丁；其他供人体摄入尼古丁的含尼古丁的产品 / 69
本篇小结 / 86

第6篇 矿产品的归类（第五类） 87

6.1 矿产品（第五类）归类概述 / 88

6.2　第25章　盐；硫磺；泥土及石料；石膏料、石灰及水泥　/　88
6.3　第26章　矿砂、矿渣及矿灰　/　92
6.4　第27章　矿物燃料、矿物油及其蒸馏产品；沥青物质；矿物蜡　/　94
本篇小结　/　96

第7篇　化工类商品的归类（第六类～第七类）　97

7.1　化工类商品的分布情况　/　98
7.2　第六类　化学工业及其相关工业的产品　/　98
7.3　第七类　塑料及其制品；橡胶及其制品　/　122
本篇小结　/　130

第8篇　皮革类商品的归类（第八类）　131

8.1　皮革类商品的分布情况　/　132
8.2　第41章　生皮（毛皮除外）及皮革　/　132
8.3　第42章　皮革制品；鞍具及挽具；旅行用品、手提包及类似容器；动物肠线（蚕胶丝除外）制品　/　133
8.4　第43章　毛皮、人造毛皮及其制品　/　134
本篇小结　/　135

第9篇　木及编结类商品的归类（第九类）　137

9.1　木及编结类商品的分布情况　/　138
9.2　第44章　木及木制品；木炭　/　138
9.3　第45章　软木及软木制品　/　141
9.4　第46章　稻草、秸秆、针茅或其他编结材料制品；篮筐及柳条编结品　/　142
本篇小结　/　142

第10篇　纸品及纸制品的归类（第十类）　143

10.1　纸品及纸制品的分布情况　/　144
10.2　第47章　木浆及其他纤维状纤维素浆；回收（废碎）纸或纸板　/　144
10.3　第48章　纸及纸板；纸浆、纸或纸板制品　/　145
10.4　第49章　书籍、报纸、印刷图画及其他印刷品；手稿、打字稿及设计图纸　/　149
本篇小结　/　151

第11篇　纺织类商品的归类（第十一类）　153

11.1　纺织类商品归类概述　/　154
11.2　第50章　蚕丝　/　163
11.3　第51章　羊毛、动物细毛或粗毛；马毛纱线及其机织物　/　164
11.4　第52章　棉花　/　166
11.5　第53章　其他植物纺织纤维；纸纱线及其机织物　/　167
11.6　第54章　化学纤维长丝；化学纤维纺织材料制扁条及类似品　/　168
11.7　第55章　化学纤维短纤　/　169
11.8　第56章　絮胎、毡呢及无纺织物；特种纱线；线、绳、索、缆及其制品　/　170
11.9　第57章　地毯及纺织材料的其他铺地制品　/　171
11.10　第58章　特种机织物；簇绒织物；花边；装饰毯；装饰带；刺绣品　/　173
11.11　第59章　浸渍、涂布、包覆或层压的纺织物；工业用纺织制品　/　175
11.12　第60章　针织物及钩编织物　/　177
11.13　第61章　针织或钩编的服装及衣着附件　/　179
11.14　第62章　非针织或非钩编的服装及衣着附件　/　181
11.15　第63章　其他纺织制成品；成套物品；旧衣着及旧纺织品；碎织物　/　182

本篇小结 / 185

第12篇 鞋、帽、伞、人造花与人发制品的归类（第十二类） 187

12.1 鞋、帽、伞、人造花与人发制品的分布情况 / 188
12.2 第64章 鞋靴、护腿和类似品及其零件 / 188
12.3 第65章 帽类及其零件 / 189
12.4 第66章 雨伞、阳伞、手杖、鞭子、马鞭及其零件 / 190
12.5 第67章 已加工羽毛、羽绒及其制品；人造花；人发制品 / 191
本篇小结 / 192

第13篇 矿产制品、陶瓷及玻璃类商品的归类（第十三类） 193

13.1 矿产制品、陶瓷及玻璃类商品的分布情况 / 194
13.2 第68章 石料、石膏、水泥、石棉、云母及类似材料的制品 / 194
13.3 第69章 陶瓷产品 / 196
13.4 第70章 玻璃及其制品 / 198
本篇小结 / 201

第14篇 珠宝、金属类商品的归类（第十四类～第十五类） 203

14.1 珠宝、金属类商品的分布情况 / 204
14.2 第十四类 天然或养殖珍珠、宝石或半宝石、贵金属、包贵金属及其制品；仿首饰；硬币 / 204
14.3 第十五类 贱金属及其制品 / 209
本篇小结 / 229

第15篇　机电类商品的归类（第十六类）　231

15.1　机电类商品归类概述　/　232
15.2　第84章　核反应堆、锅炉、机器、机械器具及其零件　/　234
15.3　第85章　电机、电气设备及其零件；录音机及放声机、电视图像、声音的录制和重放设备及其零件、附件　/　244
本篇小结　/　253

第16篇　运输设备类商品的归类（第十七类）　255

16.1　运输设备类商品归类概述　/　256
16.2　第86章　铁道及电车道机车、车辆及其零件；铁道及电车道轨道固定装置及其零件、附件；各种机械（包括电动机械）交通信号设备　/　257
16.3　第87章　车辆及其零件、附件，但铁道及电车道车辆除外　/　259
16.4　第88章　航空器、航天器及其零件　/　263
16.5　第89章　船舶及浮动结构体　/　265
本篇小结　/　267

第17篇　仪表类商品的归类（第十八类）　269

17.1　仪表类商品的分布情况　/　270
17.2　第90章　光学、照相、电影、计量、检验、医疗或外科用仪器及设备、精密仪器及设备；上述物品的零件、附件　/　270
17.3　第91章　钟表及其零件　/　277
17.4　第92章　乐器及其零件、附件　/　281
本篇小结　/　282

第18篇　杂项制品的归类（第二十类） **283**

18.1　杂项制品的分布情况　/　284
18.2　第94章　家具；寝具、褥垫、弹簧床垫、软坐垫及类似的填充制品；未列名灯具及照明装置；发光标志、发光铭牌及类似品；活动房屋　/　284
18.3　第95章　玩具、游戏品、运动用品及其零件、附件　/　287
18.4　第96章　杂项制品　/　289
本篇小结　/　292

商品归类实训题 **293**

参考文献 **313**

附　录 **314**

二十一类类标题记忆口诀　/　314

教师反馈及课件申请表 **316**

第 1 篇

进出口商品分类目录

学习目标 ◁

通过本篇的学习，学生应了解进出口商品分类目录的基本概况，了解《商品名称及编码协调制度》与《中华人民共和国进出口税则》之间的关系，了解进出口商品分类目录的编排规律；熟悉品目条文、子目条文、注释在商品归类时的作用；掌握商品编码各层次的含义。引导学生弘扬工匠精神，积极探索进出口税则的编排规律，对进出口商品做到精准归类。

教学重点和难点 ◁

商品编码各层次的含义，注释运用的方式，如何判断未列名品目和未列名子目的商品范围。

我国的进出口商品必须根据《中华人民共和国进出口税则》（以下简称《税则》）确定其税则号列和适用的关税税率。因此，进出口商品归类技能也就成了关务人员应该掌握的一项基本技能。《税则》以《商品名称及编码协调制度》为基础编制，这两部都是有关进出口商品的分类目录。要掌握进出口商品归类的技能，必须了解进出口商品分类目录的结构、编排规律，掌握其归类原则和方法。本篇将介绍这两部分类目录。

1.1 《商品名称及编码协调制度》

《商品名称及编码协调制度》（*The Harmonized Commodity Description and Coding System*，简称《协调制度》，又称“HS”），是一部多用途的国际贸易商品分类目录。它广泛应用于海关税则、国际贸易统计、国际贸易运输、国际贸易谈判、贸易管制、原产地规则等多种领域。目前，世界上已有200多个国家和地区正式采用了《协调制度》，国际贸易总量98%以上的货物是以《协调制度》分类体系进行分类的，《协调制度》已成为国际贸易商品分类的“标准语言”。

1.1.1 《协调制度》的产生

在《协调制度》产生之前，国际上主要存在两种商品分类目录：一种是由海关合作理事会（1995年更名为世界海关组织）研究制定的《海关合作理事会商品分类目录》（*Customs Co-operation Council Nomenclature*，简称“CCCN”），此目录是各国制定本国海关税则的基础，也为世界主要国家和地区提供了关税和贸易谈判的基准；另一种是由联合国统计委员会研究制定的《国际贸易标准分类目录》（*Standard International Trade Classification*，简称“SITC”），主要为各国和地区政府提供贸易统计的基准。

随着国际贸易和自动数据传输技术的发展，人们迫切需要一部层次更高、协调范围更大的商品分类目录。它需要同时满足海关税则、统计及国际贸易其他方面（例如，运输、制造业等）管理的实际需要，能更好地适应科学技术及贸易的长远发展，从而最大限度地降低贸易成本，提高贸易效率，促进世界经济和国际贸易的发展。于是，在当时的海关合作理事会主持下，关税及贸易总协定（世界贸易组织的前身）、联合国统计委员会、国际商会、国际标准化组织、国际航运协会等20余个国际组织和英、法、美等60

个国家，经过13年的努力，共同编制了《协调制度》。这一制度在1983年6月召开的海关合作理事会第61/62届会议上获得通过。为了对这一制度进行有效的管理，海关合作理事会决定通过签署《商品名称及编码协调制度公约》（*International Convention for Harmonized Commodity Description and Coding System*，简称《协调制度公约》）的方式，来引导各国和地区政府参加这一公约。1988年1月1日起，该公约正式生效，《协调制度》在国际上得到广泛使用。1995年，海关合作理事会正式更名为世界海关组织，《协调制度公约》便成为世界海关组织管辖下的最重要的国际公约之一。

为了适应新产品的不断出现和国际贸易结构的变化，世界海关组织每4～6年对《协调制度》进行全面的重审和修订。自1988年生效以来，《协调制度》共进行了7次修订，形成了1988年版、1992年版、1996年版、2002年版、2007年版、2012年版、2017年版和2022年版共8个版本。

思政课堂

我国在国际规则制定上获得更大话语权

为适应国际贸易形式的变化及科技的发展，世界海关组织每4~6年对《协调制度》进行一次全面修订（亦称为一个“审议循环”）。对于同一种商品，进出口商以及不同国家（地区）的海关可能存在不同的归类意见，这就可能影响到货物的通关时间、管制程度及税负，甚至关乎进出口企业乃至产业整体的巨大经济利益。世界海关组织协调制度委员会组织以海关归类专家为主的各国（地区）代表，通过讨论和投票表决的方式确定各方有分歧的商品归类，进而进行《协调制度》的修订等，从而减少通关过程中的争议和不确定性，达到缩短通关时间、促进国际贸易便利化的目的。

在2017年版《协调制度》修订中中国提交的多项议题通过审议列入，包括：

1.根据中国医药保健品进出口商会及行业意见提出的“为‘辅酶Q10’产品增列子目”“为‘三氯蔗糖’产品增列子目”；

2.根据海关在归类工作中为避免归类争议的需要提出的“为明确油压及气压传动阀的归类修订《协调制度》”；

3.中国海关与国际竹藤组织合作提出的为“竹藤产品修改《协调制度》目录”；

4.针对“因贸易量小删除的品目及子目”的问题，在征求有关部门及行业协会的意见基础上，提出需保留的品目及子目。

5.在“为新能源汽车修订《协调制度》的议题”中，中国海关提出的为纯电动客运机动车辆、纯电动主要用于载人的机动车辆、纯电动自行车及摩托车增列子目的建议。

上述议题的成功是迄今为止中国海关在世界海关组织《协调制度》历次修订审议循环中取得的重大成果，标志着中国在国际规则制定上获得更大话语权，将有助于中国相关产业突破国际贸易壁垒，为中国产品竞逐国际市场赢得更大空间；也是海关总署关税征管司提出《协调制度》应用要以促进企业发展、谋取国家利益为目标的结果。

此外，本次审议循环中，世界海关组织协调制度委员会第53次、55次、57次会议上，长期跟踪世界海关组织《协调制度》会议的广州归类分中心关税三级专家甘露同志分别当选为2014年度、2015年度世界海关组织协调制度委员会工作组主席及2016年度世界海关组织协调制度审议分委会主席。这是中国海关代表第一次当选为世界海关组织《协调制度》相关事务会议的主席，也是中国海关参与世界海关组织相关国际事务的能力和水平不断上升，逐渐从《协调制度》运用者过渡为《协调制度》体系的建设者的实证。

在2022年版《协调制度》351组修订中，由中国提出的修订有24组，针对其他成员方的提案提出修订意见获得采纳的有21组，合计45组，占全部修订数量的12.8%，创历史新高。其中，包括为中国优势产品汽车车窗玻璃、通信用天线、无人机、钢结构集成模块建筑、不锈钢保温容器等产品单独列目，进一步提高了中国制造企业在国际市场上的竞争力。

随着中国综合国力和贸易大国地位的进一步增强，中国海关深度参与《协调制度》商品分类目录审议，贡献中国方案、维护中国利益，从国际规则的接受者、追随者逐步向参与者、引领者转变，中国海关的话语权和影响力不断增强，将更多的“中国声音”带进了国际贸易规则。

1.1.2 《协调制度》的结构

《协调制度》将国际贸易商品分为21类、97章（其中第77章是空章），每章由若干品目构成，品目项下又细分出若干一级子目和二级子目（2022年版《协调制度》共有1228个品目，5609个6位数级商品编码）。《协调制度》总体结构由归类总规则、注释和商品编码表3部分组成，这3部分是《协调制度》的法律性条文，具有严格的法律效力和严密的逻辑性。

1. **归类总规则**

为了保证国际上对《协调制度》使用和解释的一致性，使得某一特定商品能够始终如一地归入一个唯一的商品编码，《协调制度》设立了6条归类总规则，规定了使用《协调制度》对商品进行分类时必须遵守的分类原则和方法。归类总规则是指导整个《协调制度》商品归类的总原则，也是具有法律效力的归类依据，位于《协调制度》文本的卷首。关于归类总规则的具体内容详见本书第3篇。

2. **注释**

注释是为限定《协调制度》各类、章、品目和子目所属货品的准确范围，简化品目和子目条文文字，杜绝商品分类的交叉，保证商品归类正确而设立的解释说明性文字，分布于21类、97章当中，是具有法律效力的归类依据。

3. **商品编码表**

商品编码表由商品编码和货品名称两部分组成，是《协调制度》的主体部分，从属于21类，分布在97章当中。商品编码居左，货品名称居右，依次构成一横行。

1.1.3 《商品名称及编码协调制度注释》

为了便于各缔约方正确理解《协调制度》，保证商品分类与归类的一致性，海关合作理事会制定了《商品名称及编码协调制度注释》。它是《协调制度》所列商品名称及编码范围具有权威性的解释文件，是对进出口商品进行税则归类或统计目录归类的法律依据，是进出口商品归类时必不可少的参考书。该书2022年版译本名称为《进出口税则商品及品目注释》（以下简称《品目注释》）。

1.2 《中华人民共和国进出口税则》

中国于1992年加入《协调制度公约》，并以《协调制度》为基础，结合中国实际进出口情况编制了《税则》。《中华人民共和国海关法》（以下简称《海关法》）和《中华人民共和国进出口关税条例》（以下简称《关税条例》）规定，纳税人必须按照当年的《税则》，对其申报的进出口货物进行商品归类，确定其相应的税则号列，所以《税则》是中国进出口商品归类法定的分类目录。

根据《协调制度公约》对缔约方权利义务的规定，《税则》应根据《协调制度》的各个版本同步修订，并结合中国实际进出口情况每年修订本国子目部分。自2022年1月1日起，中国采用2022年版《协调制度》，并据此编制《税则》。

《税则》完全采用《协调制度》的分类体系，将国际贸易商品划分为21类、97章，并逐条采用了《协调制度》的归类总规则、注释、品目和子目，遵循《协调制度》的归类原则与方法，也以《品目注释》作为具有权威性的解释说明文件。所不同的是，《税则》增设了税率栏、本国子目和本国子目注释，将商品编码改称税则号列。税则号列前6位数是《协调制度》国际标准编码，第7、8位是根据中国关税、统计和贸易管理的需要加列的本国子目编码。2023年《税则》节选如表1-1所示。

表1-1　2023年《税则》节选

税则号列	商品名称	最惠国税率（%）	协定税率（%）		特惠税率（%）	普通税率（%）
01.01	**马、驴、骡：**					
	-马：					
0101.2100	--改良种用	0	0	东盟AS,智CL,巴PK,新西兰NZ,秘PE,哥CR,瑞CH,冰IS,韩KR,澳AU,格GE,毛MU,东盟^{R}AS^{R}……	0受惠国LD	0
0101.2900	--其他	10	0	东盟AS,智CL,新西兰NZ,秘PE,哥CR,瑞CH,冰IS,澳AU,格GE，毛MU,东盟^{R}AS^{R},澳^{R}AU^{R},新西兰^{R}NZ^{R},柬KH,港HK,澳门MO……	0受惠国LD	30
			1	韩KR		
			3	巴PK		
			8	韩^{R}KR^{R}		
			8.2	日^{R}JP^{R}		

1.2.1 《税则》的结构

《税则》的总体结构由归类总规则、注释和商品编码表3部分组成。

1. 归类总规则

《税则》逐条采用了《协调制度》的归类总规则。归类总规则是指导进出口商品归类的总体原则，也是具有法律效力的归类依据，位于《税则》文本的卷首。关于归类总规则的具体内容详见本书第3篇。

2. 商品编码表

商品编码表由税则号列栏、商品名称栏、税率栏3部分组成，是《税则》的主体部分，从属于21类，分布在97章当中（其中第77章是空章）。

（1）税则号列

税则号列是一种结构性编码，具有特定含义，由8位数码构成，前6位编码完全采用《协调制度》编码，后两位是本国子目编码。税则号列分为品目编码和子目编码两种。

①品目编码

品目编码是《协调制度》设置的，它由4位数码构成，表示品目，其中前两位表示商品所在的章，后两位表示该品目在所属章的次序。例如，品目02.06表示该商品在第2章，是第6个品目。

②子目编码

子目编码是表示子目的，《协调制度》将一些品目细分为一级子目，一些一级子目进一步细分为二级子目，《协调制度》用5位数码表示一级子目，用6位数码表示二级子目，其中第5位数码表示该一级子目在所属品目中的次序，第6位数码表示该二级子目在所属一级子目中的次序。《税则》根据本国实际进出口情况增设了三级子目和四级子目（三级子目和四级子目称为本国子目），用第7位数码表示三级子目，用第8位数码表示四级子目，其中第7位数码表示该三级子目在所属子目中的次序，第8位数码表示该四级子目在所属子目中的次序。以0207.1311为例说明如下：

税号：	0 2	0 7	1	3	1	1
位数：	1 2	3 4	5	6	7	8
含义：	章号	品目顺序号	一级子目	二级子目	三级子目	四级子目

该税则号列表示该商品在第2章第7个品目下的第1个一级子目下的第3个二级子目下的第1个三级子目下的第1个四级子目。

在子目编码中有两个特殊的数字“0”和“9”，其中“0”表示没有该级子目，例如，0104.10表示第1章第4个品目下的第1个一级子目没有细分二级子目；“9”表示该子目是未列名子目，并不反映子目的实际序位，例如，1005.90表示该子目是第10章第5个品目下的未列名一级子目。当“9”被零件占用时，用“8”表示未列名整机，例如，8507.90为蓄电池零件，

8507.80为未列名的蓄电池。

另外需要说明两点：一是由于《协调制度》的定期修订和《税则》的每年修订，以及在一定时间内不能使用已删除的商品编码，所以商品编码的连续性在一定程度上已被破坏，例如，品目05.08后是品目05.10，而不是品目05.09（品目05.09在2007年版《协调制度》中被删除）；再如，子目0306.12后是子目0306.14，而不是子目0306.13（子目0306.13在2012年版《协调制度》中被删除）；二是《税则》中的子目如被细分，则该级子目对应的税则号列栏为空。

（2）商品名称

商品名称又称"品目条文""子目条文"，它是通过商品名称、成分、规格、加工程度、用途等形式限定品目或子目商品范围的、具有法律效力的文字。

①品目条文

品目编码所对应的商品名称栏目称为"品目条文"，品目条文是限定品目商品范围的具有法律效力的归类依据，在品目归类时居于优先使用的地位。例如，品目01.01对应的商品名称栏目是"马、驴、骡"，也就是说，品目01.01只包括马、驴、骡，牛、猪等动物不能归入品目01.01。

②子目条文

子目编码所对应的商品名称栏目称为"子目条文"，子目条文是限定子目商品范围的具有法律效力的归类依据，在子目归类时处于优先使用的地位。例如，子目1508.1000对应的商品名称栏目（子目条文）是"初榨的"，结合所属的品目条文，该子目只包括"初榨的未经化学改性的花生油及其分离品"，"非初榨的未经化学改性的花生油及其分离品"应归入子目1508.9000。

根据子目的数级，子目条文分为一级子目条文、二级子目条文、三级子目条文和四级子目条文。在子目条文前用"-"的数量来反映子目的级别，子目条文前有"-"称为一级子目条文或一杠子目条文，子目条文前有"--"称为二级子目条文或二杠子目条文，子目条文前有"---"称为三级子目条文或三杠子目条文，子目条文前有"----"称为四级子目条文或四杠子目条文，相应的一级子目、二级子目、三级子目、四级子目也可称为一杠子目、二杠子目、三杠子目、四杠子目。

同一品目或同一子目下细分出来的同一数级的子目，互称为"同级子目"；被细分的子目是其细分子目的"上级子目"，细分子目是被细分子目的"下级子目"。未列名的商品在品目条文和子目条文中用"其他"表示，判断未列名品目的商品范围应结合该品目所在章列名品目的商品范围，判断未列名子目的商品范围应结合该子目的同级子目、上级子目乃至所属品目的商品范围。同级子目、不同品目所包括的商品范围是互相排斥的，上级子目与下级子目之间、子目与所属品目之间所包括的商品范围是隶属关系。

商品编码表实例分析：

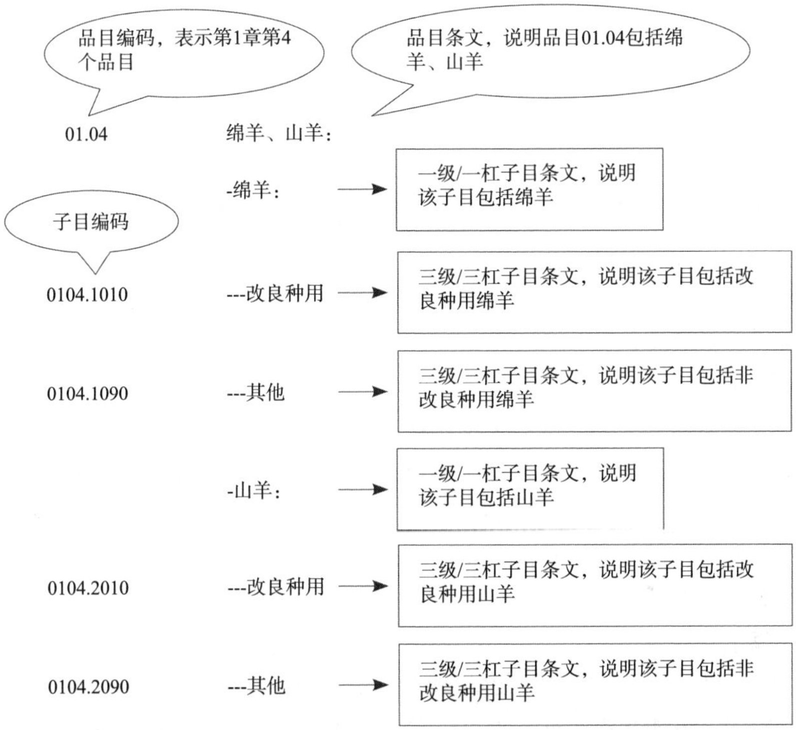

解析品目01.04的结构：品目01.04下细分了一级子目，一级子目下又细分三级子目，没有二级子目，说明《协调制度》在品目01.04下只设置了一级子目，我国根据本国实际需要在一级子目下增设了本国子目，但只细分到三级子目，没有再细分四级子目。

品目01.04分为两个一级子目：

-绵羊：
-山羊：} 同级子目

一级子目“绵羊”下细分了两个三级子目：

0104.1010　---改良种用
0104.1090　---其他　} 同级子目

一级子目“山羊”也进一步细分了两个三级子目：

0104.2010 ---改良种用 } 同级子目
0104.2090 ---其他

3. 注释

《税则》完全采用《协调制度》设置的所有注释，并根据需要增设了本国子目注释。注释是商品归类具有法律效力的归类依据，运用注释解决商品归类问题时，注释与品目条文、子目条文居于同等优先的地位。

（1）类型

①类注释

位于类标题下的注释称为类注释，简称“类注”。除另有说明外，类注只限于本类商品的归类。例如，第一类类标题下有两条注释，这两条注释就叫类注，适用范围为第一类商品的归类，但第二条类注明确说“本《协调制度》所称……”时，这条类注的范围就不仅限于第一类，而是扩大到整本《协调制度》。

②章注释

位于章标题下的注释称为章注释，简称“章注”。除另有说明外，章注只限于本章商品的归类。例如，第5章标题下有4条注释，这4条注释就叫章注，适用范围为第5章商品的归类，但第3条、第4条章注明确说“本《协调制度》所称……”时，这两条章注的范围就不仅限于第5章，而是扩大到整本《协调制度》。

③子目注释

子目注释是对子目的解释说明规定，只适用于特定子目的归类，其位置不确定，可能在类注下，也可能在章注下，还可能在章标题下。

在子目归类时，子目注释是优先使用的注释，当子目注释与章注、类注不一致时，以子目注释为准。例如，第71章章注四（二）规定“所称‘铂’，是指铂、铱、锇、钯、铑及钌”，而子目注释二却规定“子目7110. 11及7110. 19所称‘铂’，可不受本章注释四（二）的规定约束，不包括铱、锇、钯、铑及钌”，也就是章注与子目注释所规定的“铂”的范围是不一致的，在7110. 11及7110. 19子目归类时应根据子目注释二的规定来执行。

（2）表述方式

注释在表述上主要单独或综合运用以下方式。

①用排他性条款列举类、章、品目及子目不包括的商品，或不允许的

加工方式等。例如，第30章章注一列举了本章不包括的9类商品。

②详细列举类、章、品目及子目的商品范围、加工程度等，根据其作用分为限定式和预警式两种。其中，限定式通常采用逐一列举的方式，而预警式通常采用详细列举容易发生归类错误的商品的方式。在表述限定式注释时常用“仅”“只”等限定性字眼，预警式注释常用“包括”等词语。例如，第30章章注四逐一列举的品目30.06仅适用的十一类商品，属于限定式注释；第12章章注一详细列举的品目12.07包括的、容易发生归类错误的含油子仁及果实的名称，属于预警式注释。

③用典型列举方式说明商品含义。例如，第49章章注四（一）通过列举美术作品、绘画的形式，说明整集印刷复制品的含义。

④用解释名词或下定义的方式对品目及子目中的某些名词作出解释。例如，第十五类类注四对“金属陶瓷”下了定义，第72章章注一以名词解释的方式，对第72章的15个名词作出了解释。

⑤阐述归类原则。例如，第9章章注一阐述了混合调味香料的归类原则。

1.2.2 《协调制度》的编排规律

《税则》的分类体系遵循《协调制度》的分类体系，而《协调制度》运用了科学、系统的国际贸易商品分类体系，其分类体系是有章可循的。

1. 类的设置依据

《协调制度》基本上以商品所属的生产行业作为类的设置依据，例如，第六类为化工行业产品，第八类为皮革行业产品等。

2. 章的设置依据

《协调制度》基本上以商品的自然属性或所具有的功能、原理及用途作为章的设置依据，例如，第10章谷物（自然属性相同），第30章药品（功能相同）等。

3. 类、章、品目的编排次序

（1）动物→植物→其他

有动物、有植物还有其他产品时，先排动物，后排植物，最后排其他产品。例如，第一类是活动物和动物产品，第二类为植物产品，第五类为矿产品；第十一类中第50、51章为动物质纤维产品，第52、53章为植物质纤维产品，第54、55章为化学纤维产品；第15章前6个品目是动物油，第7至第15个品目是植物油，第17个和第18个品目是混合油。

（2）简单加工→复杂加工

只要加工程度有区别，一定先排加工程度低的产品，再排加工程度高的产品。例如，第一、二类为简单加工的动植物产品，第三、四类为复杂加工的动植物产品；第十一类的第50章至第55章是纺织原料和普通的半成品，第56章至第63章是特殊的纺织半成品和纺织制成品；第39章第1个品目至第14个品目是塑料的原料，第16个品目至第21个品目是塑料的半成品，最后5个品目是塑料的制成品。

（3）具体列名→一般列名→未列名

同章货品没有加工程度区分的，按具体列名→一般列名→未列名原则设置品目。例如，第1章前4个品目是具体列名的活动物，第5个品目是一般列名的家禽，最后一个品目是未列名的活动物。

（4）整机→零、配件

既有整机又有零、配件时，一般整机在前，零、配件在后。例如，第87章第1个品目至第5个品目是完整的车辆，第6个品目至第8个品目是车辆的专用零、配件；品目84.34下先是乳品加工机器，再是乳品加工机器的零件。

此外，《协调制度》在分类时还注意了商业习惯和实际操作的可行性，对某些进出口数量较多，又难以按常用的分类标准进行分类的商品，专门列出了类、章和品目。第94章的最后一个品目“活动房屋”就属于这种情况。

本篇小结

本篇主要介绍了与进出口商品归类有关的两部商品分类目录——《协调制度》和《税则》。其中，《协调制度》是国际通用的国际贸易商品分类目录，《税则》是我国进出口商品分类目录。《税则》以《协调制度》为基础，结合我国进出口实际情况编制而成。本篇重点介绍了《税则》的结构与编排规律。通过本篇的学习应掌握如何查阅《税则》。

课后练习

一、选择题

1.《协调制度》中具有法律效力的归类依据有：(　　)

A. 归类总规则　　B. 注释　　C. 品目条文　　D. 子目条文

2. 某商品的商品编码为“0106.3990”，下列说明正确的是：(　　)

A. 该商品在第 1 章。

B. 该商品编码包括的商品范围是除了猛禽、鹦形目以外的其他活鸟。

C. 商品编码中的第 8 位“0”表示三级子目“0106.399”未设四级子目。

D. 商品编码中的第 6 位“9”表示二级子目“0106.39”排在第 9 位。

二、判断题

1.《协调制度》中的商品编码采用的是 8 位数编码。

2. 子目注释是具有法律效力的归类依据，在归类时应优先使用。

3. 三级子目一定是从二级子目中细分出来的。

4. 我国进出口商品编码第 5、6 位数级子目号列为《协调制度》子目，第 7、8 位数级子目号列为本国子目。

三、简答题

1. 简述《协调制度》的总体结构。

2. 简述《协调制度》《税则》之间的关系。

3. 举例说明 8 位数商品编码各层次的含义。

4. 什么是品目条文、子目条文，它们的作用是什么？

5. 简述注释的类型、作用，并举例说明。

6. 简述《税则》的编排规律。

第 2 篇

进出口商品归类的海关行政管理

学习目标 ◁

通过本篇的学习，学生应了解进出口商品归类的依据和原则，了解进出口商品预归类制度，了解商品归类的修改规定，熟悉进出口商品归类的申报要求，熟悉商品归类争议的磋商程序。引导学生树立守法、诚信意识，践行社会主义核心价值观，遵守进出口商品归类有关的法律法规，规范进出口商品归类操作，如实申报进出口商品的税则号列。

教学重点和难点 ◁

进出口商品归类的申报要求，商品归类争议的磋商程序。

为了规范进出口货物的商品归类，保证商品归类结果的准确性和统一性，根据《海关法》《关税条例》以及其他有关法律、行政法规的规定，海关总署于2021年9月6日以海关总署令第252号对外公布了《中华人民共和国海关进出口货物商品归类管理规定》（以下简称《归类管理规定》），该规定于2021年11月1日起正式实施。该规定对进出口商品归类的依据和原则、进出口商品归类申报的要求、已申报商品编码的修改、海关归类预裁定、行政裁定、商品归类决定等作了详细的规定，形成了一个较为完整的海关商品归类管理规范。

2.1 进出口商品归类的依据和原则

2.1.1 进出口商品归类的依据

根据《归类管理规定》第二条，“本规定所称的商品归类，是指在《商品名称及编码协调制度公约》商品分类目录体系下，以《中华人民共和国进出口税则》为基础，按照《进出口税则商品及品目注释》《中华人民共和国进出口税则本国子目注释》以及海关总署发布的关于商品归类的行政裁定、商品归类决定的规定，确定进出口货物商品编码的行为”，对进出口商品进行归类的依据有：

1.《税则》；

2.《品目注释》；

3.《中华人民共和国进出口税则本国子目注释》（以下简称《本国子目注释》）；

4.海关总署发布的关于商品归类的行政裁定；

5.海关总署发布的商品归类决定。

同时《归类管理规定》第二条还规定：进出口货物相关的国家标准、行业标准等可以作为商品归类的参考。

2.1.2 进出口商品归类的原则

《归类管理规定》第四条规定：进出口货物的商品归类应当遵循客观、准确、统一的原则。

2.2 进出口商品归类申报的要求

商品编码是报关单上的必填项目之一，也是直接决定进出口货物的税率及监管条件的申报内容，因此归类申报的真实性、准确性和规范性至关重要。《归类管理规定》对归类申报作出了相应要求。

2.2.1 如实、规范申报

收发货人或者其代理人应当按照法律、行政法规规定以及海关要求，如实、规范申报其进出口货物的商品名称、规格型号等，并且对其申报的进出口货物进行商品归类，确定相应的商品编码。

为了规范进出口企业申报行为，提高申报数据质量，促进贸易便利化，海关总署编制了《中华人民共和国海关进出口商品规范申报目录》（以下简称《规范申报目录》），要求进出口货物收发货人或者其代理人，在申报时应当严格按照《规范申报目录》中关于规范申报商品品名、规格的要求，认真填制报关单并依法办理通关手续。

《规范申报目录》采用《税则》的商品分类体系，所列商品按照类、章层次排列，并根据需要在品目级或子目级列出了申报要素，2023年《规范申报目录》正文节选如表2-1所示：

表2-1　2023年《规范申报目录》正文节选

税则号列	商品名称	申报要素			说明
		归类要素	价格要素	其他要素	
01.01	**马、驴、骡：**	1. 品名；2. 是否改良种用	3. 品种		
	- 马：				
0101.2100	-- 改良种用				
0101.2900	-- 其他				
	- 驴：				
0101.3010	--- 改良种用				
0101.3090	--- 其他				
0101.9000	- 其他				
01.02	**牛：**	1. 品名；2. 是否改良种用			

2.2.2 提供有关资料

商品归类是一项技术性很强的工作。因此，申报的货物品名、规格、型号等必须能够满足归类的要求，收发货人或者其代理人应向海关详细提供归类所需要的货物形态、性质、成分、加工程度、结构原理、功能、用途等技术指标和技术参数。

收发货人或者其代理人不得以商业秘密为由拒绝向海关提供资料，确实涉及商业秘密的，可通过事前书面申请的方式要求海关予以保密。

2.2.3 补充申报

由于报关单本身可填写的申报内容有限，因此，必要时，对一些较为复杂、需要较多资料说明才能满足归类需要的商品，必须通过补充申报的方式来确保归类申报的完整性和准确性。

收发货人或者其代理人隐瞒有关情况，或者拖延、拒绝提供有关单证、资料的，海关可以根据其申报的内容依法审核确定进出口货物的商品归类。

2.3 进出口商品归类的修改规定

《归类管理规定》第十八条规定，海关发现收发货人或者其代理人申报的商品归类不准确的，按照商品归类的有关规定予以重新确定，并且按照报关单修改和撤销有关规定予以办理。

收发货人或者其代理人发现其申报的商品归类需要修改的，应当按照报关单修改和撤销有关规定向海关提出申请。

2.4 海关归类预裁定

进出口商品归类工作技术性强，涉及化验等诸多环节，需要一定的时间才能得出结论，因此，完全依靠在通关环节进行商品归类已不能完全适应进出口实际需要。为加速货物通关，提高归类的准确性，便利报关单位办理海关手续，我国海关对进出口商品实行归类预裁定。

申请海关归类预裁定的条件：一是预裁定的申请人应当是与实际进出口活动有关，并且在海关注册登记的对外贸易经营者；二是申请人应当在货物拟进出口3个月之前向其注册地直属海关提出预裁定申请。如因不可抗力或政策调整原因造成申请时间距实际进出口时间少于3个月，或申请企业在海关注册时间少于3个月，可以在货物拟进出口3个月之内提出预裁定申请。

海关归类预裁定的办理流程：申请→受理（不予受理）→作出决定→制发预裁定决定书。另外，根据企业自身情况和海关审核情况，可能还包括补正、补充、撤回、终止等状态。

2.5　海关归类行政裁定

海关归类裁定是海关行政裁定的一种。海关行政裁定是指海关在货物实际进出口前，应对外贸易经营者的申请，依据有关海关法律、行政法规和规章，对与实际进出口活动有关的海关事务作出的具有普遍约束力的决定。行政裁定由海关总署或海关总署授权机构作出，由海关总署统一对外公布。行政裁定具有海关规章的同等效力。

除特殊情况外，海关行政裁定的申请人，应当在货物拟进口或出口的3个月之前向海关总署或者直属海关提交书面申请。一份申请只包含一项海关事务。海关行政裁定的申请人应当是在海关注册登记的进出口货物经营单位。

预裁定与行政裁定的差异主要体现在以下方面：一是裁定机关不同，预裁定的裁定机关是直属海关，行政裁定的裁定机关是海关总署。二是法律效力不同，预裁定决定仅对申请该预裁定的申请人具有约束力，对预裁定决定不服可以申请行政复议或提起行政诉讼；行政裁定不仅对申请人具有约束力，还对其他对外贸易经营者具有约束力，与海关规章具有同等效力，对行政裁定决定不服不能申请行政复议或提起行政诉讼。

2.6　商品归类决定

《归类管理规定》第二十一条规定，海关总署可以依据有关法律、行政法规规定，对进出口货物作出具有普遍约束力的商品归类决定，并对外公布。进出口相同货物的，应当适用相同的商品归类决定。

《归类管理规定》第二十二条规定，作出商品归类决定所依据的法律、行政法规以及其他相关规定发生变化的，商品归类决定同时失效。

《归类管理规定》第二十三条规定，海关总署发现商品归类决定需要修改的，应当及时予以修改并对外公布。

《归类管理规定》第二十四条规定，海关总署发现商品归类决定存在错误的，应当及时予以撤销。撤销商品归类决定的，应当由海关总署对外公布。被撤销的商品归类决定自撤销之日起失效。

2.7 商品归类争议的处理

2.7.1 商品归类争议的处理方式

申报人与海关的归类争议可通过磋商或行政复议的方式解决。

1.下列情形可通过磋商途径解决：

（1）已向海关申报，货物尚未放行的；

（2）应税货物尚未缴纳税款的；

（3）有关证件管理部门的归类与海关归类不一致的。

2.下列情况的商品归类争议应通过复议途径解决：

（1）应税货物已缴纳税款的；

（2）经磋商途径仍无法解决的；

（3）海关已作结关处理的。

2.7.2 商品归类争议的磋商程序

为规范进出口货物商品归类争议处置程序，依法保障进出口收发货人或者其代理人的合法权益，海关总署公告2007年第51号《关于公布商品归类磋商与质疑程序的公告》明确了商品归类磋商的程序。

1.进出口货物收发货人或者其代理人因进出口货物的商品归类与海关发生争议时，可以向海关申请进行磋商。

2.进出口货物收发货人或者其代理人在货物实际进出口前，对直属海关作出的预归类决定存有异议的，应向该海关提交“中华人民共和国海关商品归类磋商申请书”，并随附相关资料。海关对上述材料进行审核后，认为有必要进行磋商的，应当通知申请人进行磋商。对于不需要进行磋商的，应当告知理由。

3.海关与进出口货物收发货人或者其代理人在通关过程中，对进出口货物的商品归类存有争议的，可以采取口头磋商形式处理，必要时参照上述第2条处理。

4.海关对已放行货物的商品归类存在疑问时，应当制发“中华人民共和国海关商品归类质疑通知书”（以下简称“质疑通知书”），将质疑内容告知进出口货物收发货人或者其代理人。进出口货物收发货人或者其代理人应自收到质疑通知书之日起10个工作日内以书面形式作进一步说明，并提供相关资料或其他证据。进出口货物收发货人或者其代理人未能在规定期限内说明，或者海关在审核相关资料或证据后仍有理由怀疑其归类准确性的，海关可以根据所掌握资料，依法重新审定商品归类。

进出口货物收发货人或者其代理人对已放行货物的商品归类存在疑问的，参照上述第2条处理。

2.8 其他管理要求

《归类管理规定》第二十五条规定，因商品归类引起退税或者补征、追征税款以及征收滞纳金的，按照有关法律、行政法规以及海关总署规章的规定办理。

《归类管理规定》第二十六条规定，违反《归类管理规定》，构成走私行为、违反海关监管规定行为或者其他违反《海关法》行为的，由海关依照《海关法》和《中华人民共和国海关行政处罚实施条例》的有关规定予以处理；构成犯罪的，依法追究刑事责任。

思政课堂

如实申报是企业进出口合规的基本要求

根据海关总署令第124号《中华人民共和国海关进出口货物征税管理办法》，纳税义务人应当按照法律、行政法规和海关规章关于商品归类、审定完税价格和原产地管理的有关规定，如实申报进出口货物的商品名称、税则号列（商品编码）、规格型号、价格、运保费及其他相关费用、原产地、数量等。进出口货物税则号列（商品编码）申报不实，有影响海关统计准确性、海关监管秩序、国家许可证管理、国家税款征收以及国家出口退税、外汇管理等违反海关监管规定行为或者其他违反《海关法》行为的，海关将依法予以处罚。如果涉及逃避海关监管，偷逃应纳税款、逃避国家有关进出境的禁止性或者限制性管理，构成犯罪的，将被依法追究刑事责任。

进出口货物收发货人或者其代理人应当充分了解进出口货物的功能、结构、原理、用途，依照法律、行政法规以及其他相关规定，如实、规范申报其进出口货物的商品名称、规格型号等事项，以《税则》为基础，按照《品目注释》《本国子目注释》以及海关总署发布的关于商品归类的行政裁定、商品归类决定的要求，对其申报的进出口货物进行商品归类，确定相应的商品编码。进出口货物相关的国家标准、行业标准等可以作为商品归类的参考。

进出口货物商品归类是一项专业性、技术性很强的工作，企业从行业或技术的角度出发，片面理解《税则》结构和目录的规定，在海关监管实际中，容易导致与海关产生归类争议，此时，企业可以采取多种方式表达意愿和诉求，寻求争议的化解。对于疑难商品，企业可在进出口前，通过中国国际贸易单一窗口或“互联网+海关”平台提交进出口商品归类预裁定或行政裁定申请，依托海关预裁定或行政裁定，降低不合规申报的风险。

同学们一定要有如实申报的法律意识，遵守进出口商品归类有关的法律法规，规范进出口商品归类操作，如实申报进出口商品的税则号列。

本篇小结

本篇主要介绍进出口商品归类的海关行政管理。为了规范进出口货物的商品归类，保证商品归类结果的准确性和统一性，海关总署于2021年9月6日以海关总署令第252号对外公布了《归类管理规定》，该规定于2021年11月1日正式实施。本篇介绍了《归类管理规定》中关于进出口商品归类的依据和原则、进出口商品归类申报的要求、已申报商品编码的修改、海关归类预裁定、行政裁定、商品归类决定等的规定。同时也介绍了商品归类争议的处理方式以及商品归类争议的磋商程序。通过本篇的学习，应了解与进出口商品归类相关的海关行政管理规定，并能严格遵守相关规定。

推荐阅读

1.《中华人民共和国海关进出口货物商品归类管理规定》
2. 海关总署《关于公布商品归类磋商与质疑程序的公告》
3.《中华人民共和国海关进出口货物报关单修改和撤销管理办法》

课后练习

一、选择题

1. 在海关注册登记的进出口货物经营单位，可以在货物拟进出口的（　　）前，向直属海关提出预裁定申请。

A. 1 个月　　B. 2 个月　　C. 3 个月　　D. 6 个月

2. 海关总署发现商品归类决定存在错误的，应当及时予以撤销。撤销商品归类决定的，应当由海关总署对外公布。被撤销的商品归类决定自（　　）起失效。

A. 再进口该货物之日　　B. 再出口该货物之日

C. 撤销之日　　D. 再进出口该货物之日

二、判断题

1. 申请人申请预裁定的，应当向拟实际进出口货物所在地的直属海关提出，并填写提交"中华人民共和国海关商品预裁定申请书"。

2. 对于进出口货物商品归类所需的涉及商业秘密的资料，进出口货物收发货人或者其代理人可以拒绝向海关提供。

3. 进出口货物收发货人或者其代理人在申报时应当严格按照《规范申报目录》中关于规范申报商品品名、规格的要求，认真填制报关单并依法办理通关手续。

4. 进出口货物的商品归类应当遵循客观、准确、统一的原则。

三、案例分析

某公司在 A 海关出口 10 票钢铁类产品，申报品名为硅铬铁，该年度该商品出口暂定税率为 15%。A 海关在监控中发现其存在归类风险，认为该商品的正确商品名为"合金生铁"，正确商品编码应为 7201500000，出口税率为 20%，因此对该公司进行补税处理。同年该公司在 B 海关又申报出口 9 票同类产品，申报过程中，该公司均向海关提供了真实的出口合同、发票、质检机构的检验报告，但没有接受 A 海关的归类纠正，仍然申报商品名称为硅铬铁，商品编码为 7202500000。

1. 本案中该公司处理归类争议的做法是否正确，为什么？

2. 应该如何正确处理归类争议？

第3篇

归类总规则

学习目标 ◁

通过本篇的学习引导学生弘扬工匠精神，积极探索归类总规则的深刻内涵，掌握归类总规则的内容，并能领会其要点，正确运用归类总规则对进出口商品进行精准归类。

教学重点和难点 ◁

规则一、规则二、规则三、规则五和规则六。

归类总规则是具有法律效力的指导进出口商品归类的总体原则，位于《协调制度》文本的卷首。《税则》完全采纳了《协调制度》归类总规则，归类总规则共有6条，分述如下。

3.1 规则一

类、章及分章的标题，仅为查找方便而设；具有法律效力的归类，应按品目条文和有关类注或章注确定，如品目、类注或章注无其他规定，按以下规则确定。

规则一有3层含义：

1.类、章及分章的标题仅仅是为了查找方便而设置的，不是具有法律效力的归类依据。标题是对类、章、分章商品范围的高度概括，在一定程度上反映了类、章、分章的主要商品范围，可以帮助企业快速定位，但使用者不能简单地根据标题对商品进行归类。例如，第七类的标题为“塑料及其制品；橡胶及其制品”，第七类的商品的确都是塑料、橡胶的原材料或制品，但许多塑料、橡胶制品并不归入该类，如塑料制眼镜盒就归入第八类；第1章的标题是“活动物”，第1章包括的所有商品确实都是活动物，但并不是所有的活动物都归入第1章，如活龙虾就归入第3章。

2.具有法律效力的归类依据是品目条文、类注和章注。许多商品可直接根据品目条文及有关类注或章注的规定进行归类，例如，鲜番茄根据07.02的品目条文“鲜或冷藏的番茄”归入品目07.02，活龙虾根据第1章的章注及03.06的品目条文归入品目03.06。

3.说明了归类总规则一以外的其他规则的运用场合，即只有在品目条文、类注和章注无其他规定，商品归类又不能确定的情况下，才按归类总规则一以外的其他规则处理。也就是说，品目归类时应先使用品目条文、注释，再使用归类总规则二至五。例如，由5%精橄、95%精葵构成的食用调和油，应先根据15.17的品目条文按混合食用油归入品目15.17，而不能先使用总规则三（二）基本特征原则，因精葵的含量大于精橄，按精制葵花油归入品目15.12。

总而言之，归类总规则一规定了品目归类时具有法律效力的归类依据及其使用顺序：具有法律效力的归类依据是品目条文、类注、章注和总规则二至五，不是标题；各归类依据的使用顺序是先品目条文、类注、章注后归类总规则二至五。

3.2 规则二

（一）品目所列货品，应视为包括该项货品的不完整品或未制成品，只要在报验时该项不完整品或未制成品具有完整品或制成品的基本特征；还应视为包括该项货品的完整品或制成品（或按本款规则可作为完整品或制成品归类的货品）在报验时的未组装件或拆散件。

（二）品目中所列材料或物质，应视为包括该种材料或物质与其他材料或物质混合或组合的物品。品目所列某种材料或物质构成的货品，应视为包括全部或部分由该种材料或物质构成的货品。由一种以上材料或物质构成的货品，应按规则三归类。

规则二主要是为扩大品目商品范围而设的，由两条分规则组成，适用于品目条文、类注、章注无其他规定的场合。其含义分述如下。

3.2.1 规则二（一）

规则二（一）有条件地，将不完整品、未制成品、未组装件或拆散件包括在完整品或制成品所在品目之内，但仅适用于第七类至第二十一类，具体包含3层含义：

1.报验时具有完整品或制成品基本特征的不完整品或未制成品，应按完整品或制成品归入相应品目。

"具有完整品基本特征的不完整品"是指，缺少一些非关键性零附件或价值至少达到完整品价值60%的货品，例如，缺少车门的汽车应按完整的汽车归类。"具有制成品基本特征的未制成品"是指具有制成品的形状特征，但还不能直接使用，需进一步加工才能使用的货品，例如，未上油漆的木桌应按制成的木桌归类。

2.完整品或制成品在报验时的未组装件或拆散件，应按已组装货品归入完整品或制成品所在的品目。

按完整品或制成品归类的未组装件或拆散件，必须是因为运输、包装等原因而未组装或被拆散的，是仅经焊接、紧固等简单加工便可装配起来的货品。例如，成套散件形式报验的小轿车空调器按空调整机归类。在散件归类时需要注意的是，超出整套散件的多余零件应按零件归类，例如，“两套摩托车未组装件（无车座）装于一个木箱内，三个车座装于一个塑料盒内，同时报验”，两套无车座摩托车未组装件与两个车座按两辆完整的摩托车归类，多余的一个车座按摩托车零件归类。

3.报验时，具有完整品或制成品基本特征的不完整品或未制成品的未组装件或拆散件，也应按已组装货品归入完整品或制成品所在的品目。例如，缺少车座的两套摩托车未组装件仍然按两辆完整的摩托车归类。

3.2.2 规则二（二）

规则二（二）的主要含义是：品目中所列的某种材料包括了该种材料的混合物或组合物，但加入的材料或组合的物质不能改变原商品的基本特征。例如，高铁高钙奶粉，铁和钙的加入并没有改变奶粉的基本特征，仍应按奶粉归类；又如，以皮革装饰袖口的棉夹克，因皮革仅仅起装饰作用，没有改变棉夹克的整体特征，所以仍应按棉夹克归类。

运用规则二（二）归类时应注意，对于混合或组合导致商品失去原有特征，看上去可归入两个或两个以上品目的，应按规则三进行归类。

3.3 规则三

当货品按规则二（二）或由于其他原因看起来可归入两个或两个以上品目时，应按以下规则归类：

（一）列名比较具体的品目，优先于列名一般的品目。但是，如果两个或两个以上品目都仅述及混合或组合货品所含的某部分材料或物质，或零售的成套货品中的某些货品，即使其中某个品目对该货品描述得更为全面、详细，这些货品在有关品目的列名应视为同样具体。

（二）混合物、不同材料构成或不同部件组成的组合物以及零售的成套货品，不能按照规则三（一）归类时，在本款可适用的条件下，应按构成货品基本特征的材料或部件归类。

（三）货品不能按照规则三（一）或（二）归类时，应按号列顺序归入其可归入的最末一个品目。

规则三仅适用于货品看起来可归入两个或两个以上品目，运用品目条文、有关注释及规则二仍无法解决归类的场合。规则三由三条分规则构成，应按先后次序使用，即规则三（一）→规则三（二）→规则三（三）。也就是说，在运用规则三进行归类时，应先使用规则三（一），规则三（一）不能解决归类，再使用规则三（二），规则三（二）还不能解决归类，最后再使用规则三（三）。

3.3.1　规则三（一）

规则三（一）简称“具体列名原则”，其主要含义是列名比较具体的品目优先于列名一般的品目。也就是说，当某种货品可能涉及两个或更多的品目时，应将其归入描述得更为详细、更为接近要归类货品的品目。对于“具体”与“一般”可从以下几个方面来理解。

1.品种名称比类别名称更具体。例如，小轿车的车身，看起来可按机动车辆的车身归入品目87.07，又可按机动车辆的零件归入品目87.08。比较这两个品目，机动车辆车身是品种名称，属于具体列名，机动车辆零件是类别名称，属于一般列名，所以该商品应归入品目87.07。

2.所列名称明确包括某一货品的品目比所列名称未明确包括该货品的品目更具体。例如，专用于小汽车的化纤簇绒地毯，看起来可按机动车辆的附件归入品目87.08，又可按纺织材料制簇绒地毯归入品目57.03。比较这两个品目，品目57.03明确列出簇绒地毯，而品目87.08“机动车辆的零件、附件”未明确包括该货品，所以该商品应归入品目57.03。

3.对于单一功能的机器设备，按原理、功能列名比按用途列名更为具体；同为按用途列名的，以范围小、关系最直接的为具体。例如，空调压缩机用消音器，看起来可以按空调的零件归入品目84.15，又可以按压缩机的零件归入品目84.14，因为消音器为压缩机用，其与压缩机的关系更直接，所以品目84.14比品目84.15更具体，该商品应归入品目84.14。

但规则三（一）同时还规定，如果两个或两个以上品目都仅述及混合或组合货品所含的某部分材料或物质，或零售的成套货品中的某些货品，即使其中某个品目对该货品描述得更为全面、详细，这些货品在有关品目的列名应视为同样具体。也就是说货品不能按具体列名原则归类，在这种情况下，应按规则三（二）或（三）进行归类。

3.3.2 规则三（二）

规则三（二）简称“基本特征原则”，适用于不能按以上规则归类的混合物、组合物以及零售的成套货品的归类。这些货品如能确定构成其基本特征的材料或部件，则按构成货品基本特征的材料或部件归类。不同的货品，确定其基本特征的因素有所不同，不能以偏概全。一般来说，可根据货品所含材料或部件的性质、体积、数量、重量或价值来确定其基本特征，也可根据所含材料对货品用途的作用来确定货品的基本特征，不同的国家，不同的生活习惯、商业习惯等也会影响货品基本特征的确定。

规则三（二）所称“零售的成套货品”，是指为了某种需要，将可归入不同品目的两种或两种以上货品包装在一起，无须重新包装就可直接零售的成套货品，此类商品必须同时符合以下3个条件：

1.至少由两种看起来可归入不同品目的不同货品组成；

2.为了迎合某项需要或开展某项专门活动，而将几件产品或物品包装在一起，其用途是互相补充、配合使用的；

3.其包装形式适用于直接销售给用户而无须重新包装。

例如，“由一块速食面、三包调料、一把塑料叉组成的碗装方便面”，符合零售成套货品的3个条件，所以属于“零售的成套货品”，应按构成整套货品基本特征的速食面归类。

不符合零售成套货品规定的包装在一起的混合产品应分开归类。例如，“一个礼品盒内装有一块手表和一个打火机”，由于手表和打火机在功能、用途上没有互补关系，不符合规则三（二）“零售的成套货品”的规定，所以只能分开归类。

3.3.3 规则三（三）

规则三（三）简称“从后归类原则”，适用于不能按规则三（一）或（二）归类的货品。在此情况下，货品应按号列顺序归入其可归入的最后一个品目。

例如，“燕麦与大麦的等量混合物”，因为燕麦（品目10.04）和大麦（品目10.03）的比例相同，无法判断货品的基本特征，所以按规则三（三）从后归类原则，归入商品编码在后的品目，即归入品目10.04。

需要指出的是，规则三只有在品目条文、注释无其他规定的情况下才能运用。例如，装在一个塑料箱中的成套汽车修理工具，符合品目82.06的条文规定，应归入品目82.06，而不能按规则三（二）基本特征原则归类。又如，50%的胡椒粉（品目09.04）与50%的豆蔻粉（品目09.08）组成的混合物，应根据第9章的章注归入品目09.10，而不能按规则三（三）从后归类原则归入品目09.08。

3.4 规则四

根据上述规则无法归类的货品，应归入与其最相类似的货品的品目。

规则四适用于不能按规则一至规则三归类的货品，这些货品应归入与其最相类似的货品的品目中。“最相类似”是指名称、特征、结构、功能或用途等因素的相似。

因为《协调制度》每章都设有“未列名货品”品目，大部分品目下都设有“其他”子目，运用规则一至规则三基本能解决一般货品的归类，而且规则四没有指出最相似的具体标准，所以规则四很少使用。

3.5 规则五

除上述规则外，本规则适用于下列货品的归类：

（一）制成特殊形状仅适用于盛装某一或某套物品并适合长期使用的照相机套、乐器盒、枪套、绘图仪器盒、项链盒及类似容器，如果与所装物品同时报验，并通常与所装物品一同出售的，应与所装物品一并归类。但本款不适用于本身构成整个货品基本特征的容器。

（二）除规则五（一）规定的以外，与所装货品同时报验的包装材料或包装容器，如果通常是用来包装这类货品的，应与所装货品一并归类。但明显可重复使用的包装材料和包装容器可不受本款限制。

规则五是关于包装材料和包装容器归类的专门条款，由两条分规则构成。

3.5.1 规则五（一）

规则五（一）规定包装容器同时符合以下5条规定的，与所装货品一并归类。

1.制成特定形状或形式，专门盛装某一物品或某套物品的容器。

2.适合长期使用的，其使用期限与所盛装物品的使用期限相称，在物品不使用时，容器可起到保护物品的作用。

3.必须与所装物品同时报验，不论其是否为了运输方便而与所装物品分开包装。

4.通常与所装物品一同出售。

5.包装容器本身不构成整个货品的基本特征，即无论从价值还是从作用来看，包装容器都是附属于物品。

例如，“装有照相机的皮革制照相机套”，符合规则五（一）的规定应与照相机一并归类。不符合规则五（一）规定的包装容器不能与所装货品一并归类。又如，“装有普通茶叶的银质茶叶罐”，银罐的价值超过了茶叶，已构成整个货品的基本特征，因此不能按所装物品“茶叶”一并归类，而应分开归类。再如，“单独进口成出口的皮革制照相机套”，因未与所装货品同时报验，不符合规则五（一）规定，应按包装容器的自身属性归类，即按皮革制容器归入品目42.02。

3.5.2　规则五（二）

规则五（二）是对规则五（一）的补充，适用于明显不能重复使用的包装材料和容器，即一次性包装物，这类包装物必须包装着货物，当拆开包装后，原包装物一般不能再按原用途使用。规定指出这类包装物即使不符合规则五（一）的规定，也应与所装货品一并归类。例如，“装有电视机的纸箱”，应按所装货品电视机一并归类。本规定不适用于明显能重复使用的包装材料或容器，例如，“内装液化气的钢铁容器”，就不能按液化气归类，而应与液化气分开归类。

3.6　规则六

> 货品在某一品目项下各子目的法定归类，应按子目条文或有关的子目注释以及以上各条规则来确定，但子目的比较只能在同一数级上进行。除条文另有规定的以外，有关的类注、章注也适用于本规则。

规则六是专门针对子目归类的规则，包括以下3层含义。

1.子目归类的法律依据是子目条文、子目注释、章注、类注及变化了的总规则一至五。所谓“变化了的总规则一至五”是指，将规则一至五条款中的“品目”改为“子目”，可适用于子目的归类。也就是说，子目归类时应首先使用子目条文或子目注释及有关的章注、类注，再使用变化了的总规则二至五。

2.子目的比较只能在同一数级上进行，下级子目的商品范围不能超过其上级子目的商品范围。因此在确定子目时，应先确定上级子目再确定下级子目。即子目归类的顺序为：一级子目→二级子目→三级子目→四级子目。

3.当章注或类注与子目条文或子目注释不一致时，品目的归类应依据章注或类注，而子目的归类应依据子目条文或子目注释。例如，第71章章注四（二）和该章子目注释二所规定的“铂”的范围就不相同，因此，铂金属在品目归类时，应按第71章注释四（二）的规定归入品目71.10，而在子目归类时应按该章子目注释二的规定归入子目7110.11或7110.19。

例如，“中华绒螯蟹种苗”在品目03.06项下的子目归类，应按以下步骤进行：

第一步，确定一级子目，即将品目03.06项下的所有一级子目进行比较后归入子目0306.3“活、鲜或冷的”；

第二步，确定二级子目，即将子目0306.3项下的所有二级子目进行比较后归入子目0306.33“蟹”；

第三步，确定三级子目，即将子目0306.33项下的所有三级子目进行比较后归入子目0306.3310“种苗”。

在此，不能将三级子目“种苗”与四级子目“中华绒螯蟹”比较而归入子目0306.3391，因为它们不是同级子目，不能比较。

本篇小结

本篇主要介绍《协调制度》的归类总规则，它是具有法律效力的指导进出口商品归类的总体原则，共有六条。规则一规定了品目归类时具有法律效力的归类依据及其使用顺序。规则二由两条分规则构成，其中规则二（一）有条件地将不完整品、未制成品、未组装件或拆散件包括在完整品或制成品所在品目之内，规则二（二）规定品目所列单一材料或物质构成的货品还包括保持该货品基本特征的所列材料或物质构成的混合物品或组合物品。规则三由3条分规则构成，适用于货品看起来可归入两个或两个以上品目的场合，规则三（一）简称“具体列名原则”，其主要含义是列名比较具体的品目优先于列名一般的品目；规则三（二）简称“基本特征原则”，规定混合物、组合物以及零售的成套货品应按构成货品基本特征的材料或部件归类；规则三（三）简称“从后归类原则”，规定货品应按号列顺序归入其可归入的最后一个品目。这3条分规则在使用时应按先后次序使用，即具体列名原则→基本特征原则→从后归类原则。规则四规定根据上述规则无法归类的货品，应归入与其最相类似的货品的品目，该规则在实际中很少使用。规则五由两条分规则构成，是关于包装材料和包装容器归类的专门条款，符合规则五规定的包装物按所装物品一并归类。规则六是专门针对子目归类的规则，该规则规定了子目归类的归类步骤、归类依据及其使用顺序。通过本篇的学习应掌握归类总规则的内容，并能领会其要点，正确运用归类总规则对进出口商品进行归类。

课后练习

一、选择题

1. 在进行商品品目归类时，对看起来可归入两个或两个以上品目的商品，在品目条文和注释均无规定时，其归类次序为：（　　）

A. 基本特征、最相类似、具体列名、从后归类

B. 具体列名、基本特征、从后归类、最相类似

C. 最相类似、具体列名、从后归类、基本特征

D. 具体列名、最相类似、基本特征、从后归类

2. 下列商品进出口时，包装物与所装物品应分别归类的是：（　　）

A. 40 升专用钢瓶装液化氯气

B. 25 千克桶（塑料桶）装涂料

C. 纸箱包装的彩色电视机

D. 分别进口的照相机和照相机套

3. 下列货品属于《协调制度》归类总规则中规定的“零售的成套货品”的是：（　　）

A. 一个礼盒，内有咖啡一瓶、咖啡伴侣一瓶、塑料杯子两只

B. 一个礼盒，内有一瓶白兰地酒、一只打火机

C. 一个礼盒，内有一包巧克力、一个塑料玩具

D. 一碗方便面，内有一块面饼、两包调味品、一把塑料小叉

4.《协调制度》中的品目所列货品，除完整品或制成品外，还应包括：(　　)

A. 在进出口时具有完整品基本特征的不完整品

B. 在进出口时具有制成品基本特征的未制成品

C. 完整品或制成品在进出口时的未组装件或拆散件

D. 具有完整品或制成品基本特征的不完整品或未制成品在进出口时的未组装件或拆散件

二、判断题

1. 当货品看起来可归入两个或两个以上品目时，应按“从后归类”的原则归类。

2. 第 1 章的标题为“活动物”，所以活动物都归入第 1 章。

3. 缺少车轮的摩托车，应按摩托车的零件归类。

4. 零售成套货品应按基本特征原则归类。

三、简答题

1. 简述品目归类具有法律效力的归类依据及其使用顺序。

2. 简述子目归类具有法律效力的归类依据及其使用顺序。

3. 简述类、章、分章标题的作用。

4. 当商品看起来可以归入两个或两个以上品目或子目时应如何归类？

5. 未制成品、不完整品及成套散件应如何归类？

第 4 篇

进出口商品正确归类的方法

学习目标

通过本篇的学习，学生应掌握进出口商品归类的方法，正确使用归类依据，严格按照商品归类的操作程序 / 步骤进行归类。引导学生培养守法、严谨、细致的职业道德品格。

教学重点和难点

商品归类的操作程序/步骤。

进出口商品归类是海关监管、海关征税的基础，也是确定进出口商品是否为法定检验检疫对象的基础，因此，归类的正确与否直接关系到进出口商品能否顺利通关。要对进出口商品进行正确归类，必须掌握进出口商品归类的原则与方法。

4.1 熟悉《税则》的结构，掌握其编排规律

我国的进出口商品必须按照《税则》进行归类，以确定该商品的税率并缴纳关税。这种归类不是随意的，而是严格遵循《税则》的分类体系及归类原则。因此，要做到正确归类必须熟悉《税则》的结构，掌握其编排规律。《税则》总体结构由归类总规则、注释、商品编码表3部分组成，其中，商品编码表是《税则》的主体，共有21类、97章（其中第77章是空章）。为便于大家查找，每类、每章都设有标题，类、章标题是对该类、该章商品的高度概括，熟悉类、章标题是快速查找进出口商品编码的第一步。

对绝大多数商品进行分类时，《税则》是遵循科学的分类原理和规则，采用常见的商品分类标志进行分类，使商品归类有章可循。例如，第六类是化工产品，那么食品就一定不会出现在第六类当中。因此，掌握《税则》的编排规律有助于提高查找速度与准确率。

4.2 积累必要的商品知识，注意相关商品的相互区别和联系

进出口商品归类是一项技术性很强的工作，它既需要掌握《税则》的结构、编排规律、归类原则，又需要掌握丰富的商品知识。有时只了解《税则》的结构还不够。例如，“马宝”这两个字，在商品编码表中根本找不到，但若知道“马宝”是马胃内的结石，属于黄药的一种，就能很快确定其商品编码；又如，“有机玻璃”是聚甲基丙烯酸甲酯的俗称，“涤纶”是聚酯的俗称，在商品编码表中只有化学名称，而找不到“有机玻璃”和“涤纶”这些我们习惯的表述；再如，“照相机（数字方式存储图像）”，只有了解数码相机的工作原理，才能知道以数字方式存储图像的照相机就是“数码照相机”，要按静像视频的摄制设备归入第85章，而不能按普通的光学照相机归入第90章；如此等等。从以上的几个例子我们可以看出商品知识在商品归类时的重要性，因此，在平时的学习中要注意积累一些必要的商品知识。

在了解商品名称（学名、别名）、原料（组分及含量）、结构、规格、性能、制造原理、加工状况（方式、过程、程度），以及功能和用途等商品知识的同时，还应注意相关商品的相互区别和联系，以做到正确归类。例如，干椰子与干椰子肉，两者仅一字之差，但前者是作为水果归入第8章，而后者要作为榨油行业的主要原料归入第12章。

当然，掌握必要的商品知识，了解相关商品的相互区别和联系并不是一朝一夕就能完成的，它是个长期积累的过程，需要通过不断的学习来充实。

4.3　正确使用归类依据

首先，在商品归类时，具有法律效力的归类依据是品目条文、子目条文、注释（包括类注、章注、子目注释）和归类总规则。类、章及分章标题仅是为查找方便而设，不具有法律效力，在归类时不能简单根据类、章或分章标题直接归类。例如，“石棉制安全帽（帽内衬有纯棉机织物制衬里；非青石棉）”，某些同学一看见帽子，就按第65章的章标题“帽类及其零件”，将该商品归入第65章，进而归入以安全帽列名的子目6506.1000。其实不然，该商品看起来既是帽类（按用途）又是石棉制品（按材料）。当作为前者时似乎应归入第65章，但当作为后者时又似乎应归入第68章。根据归类总规则一，品目归类具有法律效力的归类依据是品目条文和有关类注或章注，而不是标题，查阅这两章的相关注释及品目条文，因为第65章章注一（二）“本章不包括石棉制帽类”以及品目68.12的条文“石棉的制品（例如，纱线、机织物、服装、帽类……）”，所以“石棉制安全帽（帽内衬有纯棉机织物制衬里；非青石棉）”不按“帽子”归入第65章，而应按“石棉制品”归入品目68.12，然后按“非青石棉帽类”归入子目6812.9100。

其次，在商品归类时，具有法律效力的归类依据的使用顺序为先品目条文、子目条文和注释，后归类总规则二至五。归类总规则（共6条）是商品归类时必须遵循的总原则，但总规则二至五只有在品目条文和注释不能解决归类的情况下才能应用。关于这一点，归类总规则一作了明确规定。然而，错误运用归类依据导致归类错误的情况还是屡见不鲜。例如，“供食用的含有5%花生油的液体猪油”，若认为液体猪油占了该商品的绝大比例，是液体猪油保持了该商品的主要特征，按照归类总规则三（二）基本特征原则应将该商品归入液体猪油所在的品目15.03，那就错了。我们应先根据品目条文和注释确定品目，而第15章品目15.17明确规定本章各种动植物油、脂混合制成的食用油、脂归入此项，因此，该商品应按品目条文以混合食用油归入品目15.17，而不是按归类总规则三（二）以液体猪油归入品目15.03。

4.4 加强对注释的运用

注释是限定《税则》中各类、章、品目和子目所属货品的准确范围，简化品目和子目条文文字，杜绝商品分类的交叉，保证商品归类唯一性而设立的解释说明性文字，是非常重要的归类依据。当货品看起来可归入两个或两个以上品目时，尤其要运用注释确定其归类。特别应关注涉及归类原则的注释以及排他性注释的规定。品目归类时实际上很多商品无须运用归类总规则二至五就能解决。千万不能不看注释就忙于归类。例如，“丁香50克、八角茴香50克、肉桂50克的混合物”，该商品是由品目09.07的“丁香”、品目09.09的“八角茴香”和品目09.06的“肉桂”混合而成的调味香料，根据第9章章注一（二）的规定，应归入品目09.10。所以，需要牢记注释和品目条文在品目归类时处于同等优先的地位。如果忽视运用注释，就会误用总规则三（三）从后归类原则归入品目09.09。

商品编码表中基本上每一类、每一章都有注释，许多同学反映，这么多注释该怎么记？告诉大家一个窍门：只需对每类、每章涉及归类原则的注释进行理解性记忆，至于其他注释，只要大概了解，实际归类时再查阅即可。若能做到熟悉注释并对其能进行正确运用，归类速度及准确性就会大大提高。

4.5 严格按照商品归类的操作程序 / 步骤进行归类

归类总规则隐含地指出了商品归类的步骤：先确定品目，然后确定一级子目，最后确定二级子目。严格遵守商品归类的步骤是正确进行海关进出口商品归类的前提和保证，海关进出口商品归类（8位数级）的具体归类步骤如下。

4.5.1 确定品目

分析影响商品章归类的特征→查阅类、章标题→列出可能归入的章标题→查阅相应章中品目条文和注释，如有明确规定则确定品目→如无规定则运用归类总规则二至五确定品目。

品目归类前，需要分析影响商品章归类的特征，而对于不影响商品章归类的特征则不予考虑。例如，“菲利普牌915型电动剃须刀”，影响该商品章归类的特征是“电动剃须刀”，“菲利普”是品牌、“915型”是型号，不影响该商品章的归类则不予考虑。

明确待归类商品特征后，查阅类、章标题，列出其可能归入的章标题，然后查阅其可能归入的章的相关品目条文和注释，如有明确规定则确定品目。例如，“外科手术刀，不锈钢制”，这个商品有两个影响章归类的特征：一是作为医疗器具归入第十八类的第90章，二是作为不锈钢制品归入第十五类的第73章，根据第十五类类注一（八）“本类不包括第十八类的仪器及器具”以及品目90.18的条文，该商品应按医疗器具归入品目90.18。

查阅可能归入的章的相关品目条文和注释，如无明确规定则运用归类总规则二至五确定品目（一般运用总规则三）。例如，“小轿车后视镜（已经镶框）”，影响该商品章归类的特征有两个：一是作为玻璃制品归入第十三类的第70章，二是作为小轿车的零件归入第十七类的第87章，查阅的第70章、第十七类类注、第87章章注以及这两章的品目条文，并未明确规定该商品的归类，所以根据归类总规则三具体列名原则归类。因为品目70.09明确列出“玻璃镜（包括后视镜），不论是否镶框”，而品目87.08没有明确列出该商品名称，所以品目70.09比品目87.08更具体，因此该商品应归入品目70.09。

4.5.2 确定子目

确定品目后，再确定子目。确定子目应由上至下，即按照一级子目→二级子目→三级子目→四级子目的顺序进行，不能擅自跳过某一级子目，除非这级子目没有，而且子目的比较只能在同一数级上进行。

子目确定的思路为：首先，确定一级子目，比较所属品目的一级子目条文和相关注释，如有规定则可确定一级子目，如无规定则运用变化了的归类总规则二至五。变化了的归类总规则二至五是指，将归类总规则二至五条文中的“品目”改成“子目”，即可用于子目的归类。然后按照确定一级子目的方法，依次确定二、三、四级子目，最终完成归类。

商品归类的程序看似简单，但有时因为简单或碰到不熟悉的商品，直接在商品所在章中盲目地从子目条文搜寻待归商品的名称，一旦发现子目条文列有该商品，就认为此商品编码就是正确答案，忘记了商品归类的步骤。例如，"黄大豆种子"，该商品的归类思路为：首先明确待归商品是"黄大豆种子（非转基因）"，影响其章归类的特征有两个：一是按"大豆"归类，二是作为"种植用种子"归类，查阅类、章标题应归入第12章。然后查阅品目条文，按"大豆"归入品目12.01，按"种植用种子"则归入品目12.09，根据第12章章注三的规定"品目12.09不包括品目12.01的产品"，所以该商品应按"大豆"归入品目12.01。品目12.01下细分了一级子目，所以先确定一级子目，因为第一个一级子目条文为"种用"，所以应归入这个一级子目，该一级子目没有再细分，所以归类结束，最终按"种用"归入子目1201.1000。但是如果不按步骤归类，而是直接到子目条文中搜索"黄大豆"，则会归入子目1201.9011。子目1201.9011是四级子目，其所属一级子目为"其他"，即子目1201.9011 为"非种用黄大豆"，显然不是本商品的正确类别。

因此，每一个进出口商品都要严格按照商品归类的操作程序归类，以避免因归类程序上的错误造成所归商品编码的错误。

进出口商品归类的学习是个循序渐进的过程，需要大家平时下工夫，扎扎实实、点点滴滴去积累。

本篇小结

本篇主要介绍进出口商品归类的原则与方法。因为进出口商品归类正确与否直接关系到进出口商品能否顺利通关，所以作为一名关务从业人员应掌握进出口商品归类技能。要对进出口商品进行正确归类，必须熟悉《税则》的结构，掌握其编排规律，掌握丰富的商品知识，正确使用归类依据并加强对注释的运用，严格按照商品归类的步骤进行归类。

课后练习

简答题

1. 简述商品归类的步骤。
2. 简述商品知识在归类时的作用。
3. 你认为应如何掌握进出口商品归类技能？

第 5 篇

动植物类商品的归类

（第一类～第四类）

学习目标 ◁

通过本篇的学习，学生应了解动植物类商品的分布情况，其所在类、章之间的联系与区别；熟悉本篇各类（第一类～第四类）、各章（第 1 章～第 24 章）的商品范围及结构，了解必要的商品知识，熟悉相关的注释；掌握常见动植物商品的归类原则。引导学生弘扬工匠精神，积极探索动植物类商品的归类规则与方法，遇到疑难商品不退缩，积极探讨，加强团队协作，正确运用归类依据对动植物商品进行准确归类。引导学生树立守法、诚信意识，践行社会主义核心价值观，遵守进出口商品归类有关的法律法规，规范进出口商品归类操作，如实申报进出口商品的税则号列。

教学重点和难点 ◁

本类各章商品所允许的加工程度；本类商品所涉及的归类原则，特别是冷藏水果的归类、混合调味香料的归类、食品的归类，相似商品的区分及归类。

5.1　动植物类商品的分布情况

动植物类商品按加工程度由浅至深、先动物后植物的顺序分布于第一类~第四类，其中第一类为简单加工的动物产品，第二类为简单加工的植物产品，第三类、第四类为复杂加工的动植物产品。同类中各章的排列顺序遵循先食用产品，后不可食用产品，如第一类中的第2章 ~ 第4章为可食用动物产品，第5章为不可食用动物产品。

第一类~第四类各章分布及相互联系，如图5-1所示。

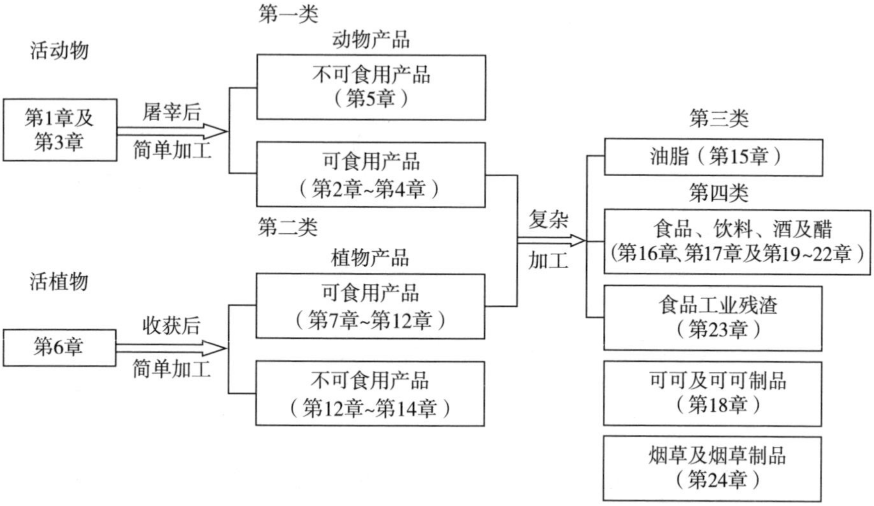

图5-1　第一类~第四类各章分布及相互联系图

从图5-1我们可以得知，第一类和第二类的可食用动植物产品经过进一步加工将归入第三类或第四类。也就是说，可食用的动植物产品一定在第一类 ~ 第四类。第一类~第四类可食用产品所在章的具体对应关系，如图5-2所示。

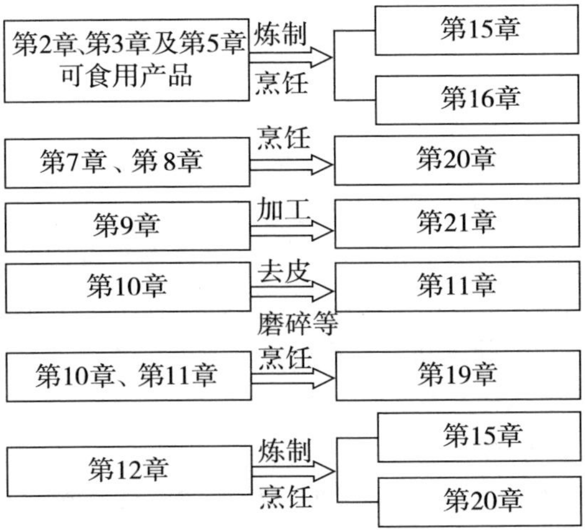

图5-2　第一类~第四类可食用产品所在章的具体对应关系图

5.2　第一类　活动物；动物产品

5.2.1　第一类商品归类概述

1. 本类商品范围及结构

本类商品几乎包括了所有的活动物，以及未经加工或仅经简单加工的动物产品。但以下3种情况中的动物产品和活动物不归入本类：

（1）通常作为某些行业原材料使用的动物产品，例如，纺织行业的原料羊毛应归入第十一类的第51章；

（2）作为培养微生物使用的活生物，例如，培养微生物应归入第六类的第30章；

（3）巡回展出用的活动物，例如，流动马戏团巡回展出用的猴子应归入第二十类的第95章。

本类共有5章（第1章～第5章），其排列结构如下：

活动物（第1章、第3章）
食用动物产品，未经加工或仅经简单加工（第2章~第4章）
非食用动物产品，未经加工或仅经简单加工（第5章）

2. 本类商品归类应注意的问题

（1）注意本类动物产品所允许的加工程度

归入本类的动物产品与归入其他类的动物产品（按用途归入其他类的除外），主要是根据加工程度来区分的。一般来说，简单加工的归入第一类，复杂加工的归入其他类。本类动物产品的加工程度主要限于鲜、冷、冻、干、盐腌或盐渍、暂时保藏、切片、磨碎等简单加工，但各章对不同动物产品的加工程度都有不同的规定。例如，第3章带壳甲壳动物可以蒸过或用水煮过，而带壳软体动物却不能蒸过或用水煮过。因此，对动物产品进行归类时，应根据有关各章的注释和品目条文的规定来确定。

（2）动物幼崽的归类

除条文另有规定外，归入本类的各种活动物和动物产品均包括其幼崽。例如，“活马驹”应按“活马”归入品目01.01；又如，“活牛犊”应按“活牛”归入品目01.02。

5.2.2 第 1 章 活动物

1. 本章商品范围及结构

本章商品包括各种活动物，但不包括活鱼、活的甲壳动物、活的软体动物及其他水生无脊椎动物（第3章），作为培养微生物使用的活生物（第30章），巡回展出用的活动物（第95章）。本章的活动物既可以是野生的也可以是饲养的。

本章共有6个品目，其排列顺序为：牲畜（品目01.01 ~ 01.04）→家禽（品目01.05）→其他活动物（品目01.06）。

2. 本章未列名品目介绍（品目01.06）

本品目包括其他品目未列名的畜养或野生的活动物，主要包括：水生哺乳动物（如鲸、海豚等）；非水生哺乳动物（如骆驼、家兔等）；爬行动物（如乌龟、甲鱼等）；鸟（如鸵鸟、鹦鹉、乳鸽、野鸭、孔雀、天鹅等）；昆虫（如蜜蜂、蝴蝶等）；两栖动物（如蛙）等。

3. 本章商品归类应注意事项

（1）除品目01.05的家禽必须是饲养的外，本章其他品目所包括的动物既可以是饲养的，也可以是野生的。

（2）应结合动物学分类体系进行归类。

鲸、海豚、海豹、海狮、海象等水生哺乳动物，以及可在水中生活的龟、鳖、鳄鱼、蛙等爬行动物或两栖动物应归入本章，而海龙、海马是鱼，应归入第3章。

（3）在子目归类时应注意区分用途。

本章商品在划分子目时考虑了用途，按其用途分为：改良种用、食用和其他。其中“改良种用”须经省一级以上有关部门出具证明，认定为“纯种”的种用动物才能归入，如无证明，则不论实际用途如何，也不管其是否“纯种”，一律不能作为“改良种用”动物归类。用途不同归入的子目不同，因此在子目归类时应注意用途。

（4）品目01.05家禽的范围。

品目01.05的家禽只包括饲养的鸡（普通家鸡及腌鸡）、鸭、鹅、火鸡及珍珠鸡，其他饲养的禽类不能视为家禽。例如，饲养的鸽子、鹌鹑、孔雀应按“其他活动物”归入品目01.06。野生的禽类也应按“其他活动物”归入品目01.06，例如，野鸡、野鸭等。

5.2.3　第2章　肉及食用杂碎

1. 本章商品范围及结构

本章商品主要包括，适合供人食用的第1章所列动物的肉及食用杂碎（含鲜度适合供人食用的在运输途中死亡的动物），但可食用的死昆虫除外，以及不论是否适合供人食用的未炼制的不带瘦肉的肥猪肉、猪脂肪及家禽脂肪。

本章共有10个品目，其排列顺序为：鲜、冷、冻牲畜肉及食用杂碎（品目02.01～02.06）→鲜、冷、冻家禽肉及食用杂碎（品目02.07）→其他动物的鲜、冷、冻肉及食用杂碎（品目02.08）→未炼制的猪脂肪、家禽脂肪（品目02.09）→干、熏、盐腌或盐渍的肉及食用杂碎以及可食用的肉或杂碎的细粉、粗粉（品目02.10）。

归入本章的动物产品，其加工程度仅限于鲜、冷、冻、干制、熏制、盐腌、盐渍或在表面撒糖或洒糖水。如果超出此范围，如经蒸、煮、煎、炸、烤等烹饪方法加工或加盐以外的物质调味的，一般应归入第16章。但是供人食用的肉及食用杂碎的细粉或粗粉，不论是否经过烹煮，均归入本章。

2. 本章商品归类应注意事项

（1）注意本章动物产品的加工程度

本章各品目货品所允许的加工程度在品目条文中作出了规定：肉及食用杂碎可以是鲜的、冷的（产品温度降至0℃左右，但未冻结）、冻的（温度降至产品的冰点以下，产品已全部冻结）、干的、熏的、盐腌或盐渍的以及在表面撒糖或洒糖水的，即使经密封包装（如听装干制牛肉），也应归入本章，但进一步加工的应归入第16章；肉及食用杂碎的细粉或粗粉的加工程度没有限制，也就是说，不论其是否经烹煮加工；不带瘦肉的肥猪肉、猪脂肪及家禽脂肪只能是未炼制的，已炼制的应归入第15章。

（2）注意本章产品的可食用性

本章除品目02.09的货品不论是否适合供人食用外，其他品目的货品必须适合供人食用。不适合供人食用的肉及杂碎应归入第5章，不适合供人食用的肉及杂碎的细粉、粗粉和团粒应归入第23章。

（3）注意本章食用杂碎的范围

本章的食用杂碎不包括动物的肠、膀胱、胃及动物血（归入第5章）。

3. 部分商品归类辨析

（1）杂碎的归类

杂碎是指动物的头、脚、尾、翅膀、舌、皮、内脏等，其归类应注意品种、用途、加工方式及是否适合供人食用。

①供人食用的杂碎（如头、脚、尾、心、舌、肝），用第一类所允许的方式保藏或加工的，其中动物的肠、膀胱、胃及动物血归入第5章，其余的若属于第1章所列动物的归入第2章，若属于第3章所列动物的则归入第3章；用超出第一类所允许的方式保藏或加工的归入第16章。

②供制药用的杂碎（如胆囊、肾上腺、胎盘），鲜、冷、冻或用其他方法临时保藏的归入第5章，干制的归入第30章。

③供制革用的动物皮张（如猪皮，供制革用），归入第41章或第43章，但边角废料应归入第5章。

④其他用途的不适合供人食用的杂碎归入第5章。

（2）动物脂肪的归类

未炼制的不带瘦肉的肥猪肉、猪脂肪及家禽脂肪归入品目02.09，其他未炼制的动物脂肪（如未炼制的牛脂肪）及已炼制的动物脂肪（如已炼制的鹅脂肪）应归入第15章。

5.2.4 第 3 章　鱼、甲壳动物、软体动物及其他水生无脊椎动物

1. 本章商品范围及结构

本章商品主要包括各种活的或死的鱼、甲壳动物、软体动物及其他水生无脊椎动物。这些动物可供直接食用、工业用、产卵用或观赏用。但种类或鲜度不适合供人食用的前述死动物应归入第5章。

本章共有9个品目，其排列顺序为：鱼（品目03.01 ~ 03.05）→甲壳动物（品目03.06）→软体动物（品目03.07）→不属于甲壳动物及软体动物的水生无脊椎动物（品目03.08）→适合供人食用的鱼、甲壳动物、软体动物和其他水生无脊椎动物的细粉、粗粉及团粒（品目03.09）。

本章产品允许的加工程度在第2章所述情况的基础上有所变化，除鲜、冷、冻、干制、盐腌、盐渍、熏制外，本章熏制产品允许在熏制前或熏制过程中烹煮，带壳的甲壳动物可以蒸过或用水煮过。未按本章所允许的方式保藏或制作的鱼、甲壳动物、软体动物及其他水生无脊椎动物，例如，经煎、炸、烤等烹饪方法加工或加盐以外的物质调味的，一般应归入第16章。但是适合供人食用的鱼、甲壳动物、软体动物及其他水生无脊椎动物的细粉、粗粉及团粒，不论是否经过烹煮均归入本章。

2. 本章所涉及的商品知识

（1）观赏鱼（品目03. 01）

观赏鱼是指因其色彩或形态特殊而通常养于水族箱中以供观赏的活鱼。

（2）海龙和海马（干的）（品目03. 05）

海龙和海马都属于鱼类。海龙又叫杨枝鱼；海马因头部像马而得名，干制海马即使作中药用，也要归入第3章。

（3）水生无脊椎动物

水生无脊椎动物是指体内无脊椎骨的水生动物。本章所称甲壳动物、软体动物都属于水生无脊椎动物，品目03.08所称“不属于甲壳动物及软体动物的水生无脊椎动物”主要包括海参、海蜇、海胆。

（4）甲壳动物

甲壳动物是一种节肢动物，全身包有硬壳，生活在水中，主要品种有虾和蟹。

（5）软体动物

软体动物属于无脊椎动物，体柔软，足是肉质，多数具有钙质的硬壳，

水生或陆生，例如，蚌、螺、蜗牛、墨鱼、鱿鱼、鲍鱼、章鱼。

（6）中华绒螯蟹（品目03.06）

中华绒螯蟹是学名，俗名“大闸蟹”，与其他蟹的主要区别是其甲壳上有绒毛。

（7）梭子蟹（品目03.06）

梭子蟹因头胸甲呈梭子形而得名，有些地方俗称“白蟹”，头、胸部两端突出，两螯较长，甲壳表面有紫云纹。

（8）沙蚕（品目03.08）

沙蚕属环节门水生无脊椎动物，绝大多数为海生，长2.5～90厘米，一般为褐色、鲜红或鲜绿，头部有锐利可伸缩的腭。

3. 本章商品归类应注意事项

（1）注意本章动物产品的加工程度

本章商品所允许的加工程度在品目条文中作出了规定：鱼、甲壳动物、软体动物以及不属于甲壳动物及软体动物的水生无脊椎动物可以是鲜的、冷的、冻的、干的、熏的（不论在熏制前或熏制过程中是否烹煮）、盐腌或盐渍的；带壳的甲壳动物可以蒸过或用水煮过。如果加工超出品目条文所列范围，例如，经煎、炸、烤等烹饪方法加工或加盐以外的物质调味的，一般应归入第16章。但是适合供人食用的鱼、甲壳动物、软体动物及其他水生无脊椎动物的细粉、粗粉及团粒不论是否经过烹煮，均应归入本章。

（2）注意本章所包括的动物产品必须适合供人食用

品种或鲜度不适合供人食用的死鱼、死甲壳动物、死软体动物及其他死水生无脊椎动物应归入第5章；不适合供人食用的鱼、甲壳动物、软体动物及其他水生无脊椎动物的细粉、粗粉及团粒应归入第23章。

（3）正确区分鱼、甲壳动物、软体动物及其他水生无脊椎动物

不能简单地凭名称、外形区分鱼、甲壳动物、软体动物及其他水生无脊椎动物，而应该结合动物学分类体系进行正确区分。容易产生归类错误的有：

①鲸鱼、海豚、海豹、海狮、海象等水生哺乳动物，以及可在水中生活的龟、鳖、鳄鱼、蛙等爬行动物或两栖动物，不能归入本章，而应归入第1章；

②海龙、海马是鱼；

③墨鱼、鱿鱼、章鱼、鲍鱼是软体动物；

④甲壳动物的主要品种是虾和蟹，而螺及蜗牛是软体动物；

⑤不属于甲壳动物及软体动物的其他水生无脊椎动物主要包括海参、海胆及海蜇。

5.2.5 第 4 章 乳品；蛋品；天然蜂蜜；其他食用动物产品

1. 本章商品范围及结构

本章商品包括乳品、蛋品、天然蜂蜜及其他品目未列名的食用动物产品。归入本章的产品，其加工程度不得超出章注及各品目所允许的范围。

本章的乳品主要包括：乳（全脂乳及半脱脂或全脱脂的乳）；奶油；酪乳、凝结的乳及奶油、酸乳、酸乳酒及其他发酵或酸化的乳和奶油；乳清；天然乳为基本成分的未列名产品；黄油及其他乳制得的脂和油；乳酱；乳酪及凝乳。需要注意的是，这些乳品必须符合本章注释及品目条文的规定，以乳品为原料制成的食品一般归入第19章或第21章。

由于供人食用的动物产品主要归入了第2章和第3章，所以本章所包括的未列名食用动物产品有限，主要有非禽类动物产的蛋（如海龟蛋）、燕窝、昆虫及蜂产品等。

本章共有10个品目，其排列顺序为：乳及奶油（品目04.01 ~ 04.03）→乳品（品目04.04 ~ 04.06）→禽蛋（品目04.07 ~ 04.08）→天然蜂蜜（品目04.09）→其他品目未列名的食用动物产品（品目04.10）。

2. 本章商品归类应注意事项

（1）注意“乳”“酸乳”“黄油”“乳酱”“乳酪”“改性乳清”等货品是否符合本章注释的规定。

本章注释对“乳”“酸乳”“黄油”“乳酱”“乳酪”“改性乳清”等货品作出了明确的规定，对此类货品的归类不能仅凭名称，只有符合注释规定的才能归入相应品目。

（2）禽蛋的范围。

品目04.07和品目04.08所指禽蛋，不仅包括品目01.05家禽的蛋，还包括其他禽类的蛋（如鹌鹑蛋）。

（3）本章包括蛋黄，但不包括蛋白，蛋白类物质主要归入第35章（如卵清蛋白）。

（4）本章包括适合供人食用的死昆虫，新鲜的、冷藏的、冷冻的、干燥的、烟熏的、盐腌或盐渍的；以及适合供人食用的昆虫的细粉和粗粉。但不包括用其他方法制作或保藏的食用的死昆虫（第四类）以及不适合供人食用的死昆虫（品目05.11）。

3. 部分商品归类辨析

（1）乳及乳制品的归类

本章的乳除含有天然乳成分外，还可含有加工所需的少量化学品（如碳酸氢钠），乳中没有的维生素，糖或其他甜物质，为保持其天然浓度或形状而加入的少量稳定剂、抗氧剂或防结素；酸化的乳还可添加香料、水果、坚果、可可、巧克力、调味香料、咖啡或咖啡提取物、其他植物或植物的部分、谷物或面包制品，但添加的任何物质不能用于全部或部分取代任何乳成分，而且产品需保留酸乳的基本特征。乳中添加的物质超过上述范围的，以天然乳为基本成分制成的食品主要归入第19章。

（2）黄油的归类

从乳中提取的天然黄油、乳清黄油及调制黄油，归入品目04.05；人造黄油归入品目15.17。

（3）蜂蜜及相关产品的归类

- 天然蜂蜜，归入品目04.09
- 人造蜜及天然蜂蜜与人造蜜的混合制品，归入品目17.02
- 鲜蜂王浆，归入品目04.10
- 蜂王浆制剂，归入品目21.06

5.2.6　第 5 章　其他动物产品

1. 本章商品范围及结构

本章商品主要包括各种未经加工或仅经简单加工的，其他章不包括的各种动物产品，这些产品通常不供食用。但动物的肠、胃、膀胱以及动物血，不论是否供人食用均归入本章。

本章共有9个品目（本章无品目05.03及05.09），按照具体列名→一般列名→未列名的规律编排品目，其具体编排结构如下：

- 未经加工的人发、废人发及制刷用兽毛（品目05.01 ~ 05.02）
- 动物的肠、膀胱及胃（品目05.04）
- 羽毛、羽绒及鸟皮（品目05.05）
- 动物的骨、角、壳等（品目05.06 ~ 05.08）
- 配药用的动物产品（品目05.10）
- 其他品目未列名的动物产品（品目05.11）

2. 本章所涉及的商品知识

（1）**鹿茸**（子目0507.9020）

雄鹿的嫩角没有长成硬骨时，带茸毛，含血液，叫做鹿茸。鹿茸是一种贵重的中药，用作滋补强壮剂，对身体虚弱、神经衰弱等有疗效。

（2）**黄药**（子目0510.0010）

黄药特指作为中药使用的动物体内的病态结石，例如，牛黄、马宝、猴枣。牛黄一般是指牛胆内的结石，马宝一般是指马胃内的结石，猴枣一般是指猕猴内脏的结石。

（3）**龙涎香**（子目0510.0020）

龙涎香是抹香鲸科动物抹香鲸的肠内分泌物的干燥品，其味甘、气腥、性涩，具有行气活血、散结止痛、利水通淋、理气化痰等功效；用于治疗咳喘气逆、心腹疼痛等症，是各类动物排泄物中名贵的中药，极为难得。

（4）**海狸香**（子目0510.0020）

海狸香是从海狸的液囊里面提取的一种红棕色的奶油状分泌物。新鲜时呈奶油状，经日晒或熏干后变成红棕色的树脂状物质。稀释后会产生令人愉快的香气。

（5）**灵猫香**（子目0510.0020）

灵猫香为灵猫香腺囊中的分泌物。新鲜品为蜂蜜样的稠厚液，呈白色或黄白色；经久则色泽渐变，终成褐色，呈软膏状。气香，味苦。

（6）**麝香**（子目0510.0030）

麝香为雄麝的分泌物，简称“麝”，干燥后呈颗粒状或块状，有特殊的香气，有苦味，可以制成香料，也可以入药。它是中枢神经兴奋剂，外用能镇痛、消肿。

（7）**斑蝥**（子目0510.0040）

斑蝥别名“斑猫”“龙蚝”“地胆”，属鞘翅目芫青科斑蝥属，是具有毒性的甲虫。报验时通常已干制或呈粉末状。

3. 本章商品归类应注意事项

（1）除动物肠、胃、膀胱以及动物血以外，本章不包括可供人食用的动物产品。

（2）本章商品不包括可作为某个行业原料使用的动物产品（例如，生牛皮或兔毛皮等皮革行业用的动物皮张；羊毛等纺织原料）。但生皮或毛皮的边角废料及马毛、废马毛仍归入本章。

（3）注意“兽牙”的范围。

本章章注三对《协调制度》所称的“兽牙”作出了规定：是指象、河马、海象、一角鲸和野猪的长牙、犀角及其他动物的牙齿。

（4）注意“马毛”的范围。

本章章注四扩展了“马毛”的概念：《协调制度》中的“马毛”不仅包括马科动物的鬃毛和尾毛，还包括牛科动物的鬃毛和尾毛。

（5）品目05.10“供配制药用的腺体及其他动物产品”，通常只适用于其性质或制作方法不适合供人食用的供配药用的动物器官及部分产品，一般不包括完整的动物也不包括干制状态的，干制状态的应归入第30章。

（6）注意本章商品所允许的加工程度。

本章各品目商品所允许的加工程度不尽相同，归类时应注意品目条文及章注的具体规定。本章部分品目与相关品目的对应关系如下：

品目05.01未经加工的人发 —进一步加工→ 品目67.03或67.04
品目05.02制刷用兽毛 —进一步加工→ 品目96.03
品目05.04 —进一步加工→ 品目16.02
品目05.05 —进一步加工→ 品目67.01
品目05.06、05.07及05.08 —进一步加工→ 品目96.01

5.3 第二类 植物产品

5.3.1 第二类商品归类概述

1. 本类商品范围及结构

本类商品包括各种活植物，以及绝大多数未经加工或仅经简单加工的植物产品。但通常作为某些行业使用的植物产品不归入本类（如原木归入第九类）。

本类共有9章（第6章～第14章），一般按照活植物→食用植物产品→非食用植物产品的顺序排列，其排列结构如下：

活植物（第6章）
未经加工或仅经简单加工的可食用植物产品（第7章～第12章）
未经加工或仅经简单加工的不可食用植物产品（第12章～第14章）

2. 本类商品归类应注意的问题

与第一类类似，归入本类的植物产品与归入其他类的植物产品（按用途归入其他类的除外），也是主要根据加工程度来区分的。本类植物产品的加工程度主要限于鲜、冷、冻、干、去壳、切片、磨碎等简单加工，但各种植物产品的加工程度不完全相同。例如，第8章的坚果不可以经过烘焙加工，但第9章的咖啡却可以经过烘焙加工。因此，对植物产品进行归类时，应根据本类有关各章的注释和品目条文的规定来确定。

一般来说，加工程度超过本类所允许范围的可食用植物产品主要归入第三类或第四类，加工程度超过本类所允许范围的不可食用植物产品主要归入第四类、第九类或第二十类。

5.3.2 第6章 活树及其他活植物；鳞茎、根及类似品；插花及装饰用簇叶

1. 本章商品范围及结构

本章商品主要包括由花店或苗圃（包括园林）供应的，为种植或装饰用的各种活植物以及菊苣植物及其根，同时还包括装饰用的插花、簇叶、枝干及植物的其他部分，以及花束、花圈、花篮及类似的花店制品，但不包括种子和水果，以及某些不能区别其为食用或种植用的鳞茎、块茎、块根、球茎、根颈及根茎。

本章共有4个品目，其排列顺序为：鳞茎（品目06.01）→其他活植物（品目06.02）→装饰用花（品目06.03）→装饰用枝叶（品目06.04）。

2. 本章商品归类应注意事项

（1）注意品目06.01的货品范围

品目06.01包括不论报验时是否装于盆、盒的鳞茎、块茎等，其主要品种有：孤挺花、银莲花（鳞茎类）、秋海棠、美人蕉、窄叶小草、铃兰、藏红花、仙客来、大丽花、独尾草、小苍兰、贝母、雪花莲、唐菖蒲、大岩桐、风信子、鸢尾、百合花、观音兰、水仙、虎眼万年青、酢浆草、晚香玉、毛茛、茜草、老虎莲及郁金香。本品目不包括第7章可食用的鳞茎、块茎等（如马铃薯、洋葱）。品目06.01还包括菊苣植物及其根，但未焙制的可作咖啡代用品的菊苣根应归入品目12.12。

（2）注意品目06. 03、06. 04与品目67. 02的区别

品目06.03、06.04与品目67.02都包括装饰用的花、草、叶，其区别不

在于加工程度，而在于货品的属性。植物类的花、草、叶归入品目06.03或06.04，非植物类的花、草、叶归入品目67.02。

（3）注意品目06.03、06.04的加工方法

品目06.03、06.04的货品可以是鲜的、干的、染色的、漂白的或用其他方法处理的，也可以制成花束、花圈等花店制品，但不可以制成拼贴画或类似的装饰板，否则，将归入品目97.01。

（4）注意种苗与种子的区别

种苗属于活植物，应归入本章；种子属于植物产品，一般归入第12章。

3. 部分商品归类辨析

（1）植物类花、草、叶的归类

- 制花束或装饰用的插花及花蕾，归入品目06.03
- 制花束或装饰用的不带花及花蕾的植物枝、叶或其他部分，归入品目06.04
- 主要用作香料、药料、杀虫、杀菌或类似用途的花、草、叶，归入品目12.11
- 主要供编结用的植物及其部分归入品目14.01

（2）菊苣植物及其根的归类

- 种植或装饰用的菊苣植物及其根，归入品目06.01
- 适合作为蔬菜食用的菊苣植物，归入第7章
- 可作为咖啡代用品的未焙制的菊苣根，归入品目12.12
- 可作为咖啡代用品的已焙制的菊苣根，归入品目09.01或品目21.01

5.3.3 第7章 食用蔬菜、根及块茎

1. 本章商品范围及结构

本章商品主要包括各种食用蔬菜和淀粉或菊粉含量高的植物块茎及块根。在保藏方式上，蔬菜可以是鲜的、冷藏的、冷冻的、干的或暂时保藏的，其中冷冻的蔬菜还可以蒸煮；淀粉或菊粉含量高的植物块茎及块根可以是鲜的、冷藏的、冷冻的、干的。经调味、烹饪等进一步加工的蔬菜、块茎、块根应归入第20章。在形状上，除淀粉或菊粉含量高的蔬菜、块茎、块根不可以加工成粉状（一般归入第11章），其他蔬菜可以加工成各种形状。

本章共有14个品目，按照先蔬菜后淀粉或菊粉含量高的植物块茎及根茎的顺序排列，其中蔬菜又按照鲜或冷藏的→冷冻的→暂时保藏的→干的顺序排列，其排列顺序具体为：鲜或冷藏的蔬菜（品目07.01～07.09）→冷

冻蔬菜（不论是否蒸煮）（品目07.10）→暂时保藏的蔬菜（品目07.11）→干蔬菜（品目07.12）→脱荚干豆（品目07.13）→高淀粉或菊粉的块茎、根茎（品目07.14）。

2. 本章商品归类应注意事项

（1）注意本章所称“蔬菜”的范围

本章注释二对品目07.09、07.10、07.11及07.12所称的“蔬菜”作了详细说明。但该注释只是列举了容易产生归类错误的蔬菜品种，对众所周知的蔬菜品种并没有一一列举。例如，白菜，它也应按蔬菜归类。

易产生归类错误的蔬菜品种有：甜玉米、辣椒、油橄榄、刺山柑、茴香菜。易误按“蔬菜”归入本章的货品有：辣椒干及辣椒粉（第9章）、品目12.12的海带等藻类植物及品目12.14的芜菁甘蓝等草料。

（2）注意本章所允许的加工程度

本章所允许的加工程度在品目条文及注释中作出了规定，对于形状超出本章所允许范围的一般归入第11章（主要是淀粉或菊粉含量高的粉状、粒状产品），而制作或保藏方式超出本章所允许范围的一般归入第20章。

（3）注意品目07. 12的货品范围

本章注释三及品目07.12的条文明确规定了品目07.12的货品范围，包括干制的各种形状的归入品目07.01～07.11的蔬菜，但不包括：

①作为蔬菜用的脱荚干豆（品目07.13）；

②品目11.02至品目11.04所列形状的甜玉米；

③马铃薯的细粉、粗粉、粉末、粉片、颗粒及团粒（品目11.05）；

④用品目07.13的干豆制成的细粉和粗粉（品目11.06）。

5.3.4 第8章 食用水果及坚果；柑橘属水果或甜瓜的果皮

1. 本章商品范围及结构

本章商品主要包括通常供人食用的水果、坚果以及柑橘属水果的果皮或甜瓜皮。本章产品的加工程度与第7章相似，可以是鲜的、冷藏的、冷冻的、干的或暂时保藏的，其中冷冻的水果及坚果还可以蒸煮过，其他经进一步加工的应归入第20章。在形状上可以是完整的，或切片、切丝、去皮、去核、磨碎、捣浆的，但加工成粉状的应归入第11章。

本章共有14个品目，按照先水果、坚果，后柑橘属水果的果皮或甜瓜皮的顺序排列。其中水果、坚果按照储存方式排列。其具体排列顺序为：鲜或干的坚果（品目08.01～08.02）→鲜或干的具体列名的水果（品目08.03～08.06）→其他鲜果（品目08.07～08.10）→冷冻水果及坚果（品目08.11）→暂时保藏的水果及坚果（品目08.12）→其他干果及什锦坚果或干果（品目08.13）→柑橘属水果的果皮或甜瓜皮（品目08.14）。

2. 本章所涉及的商品知识

（1）巴西果（品目08.01）

鲜果形似鸡蛋，果汁色泽类似鸡蛋蛋黄，故别称为“鸡蛋果”。

（2）椰枣（品目08.04）

椰枣是枣椰树的果实，又名海枣、伊拉克蜜枣。浆果长椭圆形，似枣子。

（3）柑橘属水果（品目08.05）

品目08.05所称“柑橘属水果”，主要指甜或苦的柑、橙、橘、杂交柑橘，葡萄柚（包括柚）、柠檬及酸橙、香橼、金橘及佛手柑等。

3. 本章商品归类应注意事项

（1）注意本章商品所允许的加工程度

与第7章类似，本章所允许的加工程度在品目条文及注释中作出了规定，对于加工成粉状的应归入第11章，而制作或保藏方式超出本章所允许范围的一般归入第20章。

（2）本章不包括非供食用的水果及坚果

不属于食用水果、坚果范围的植物果实、子仁均不归入本章，例如象牙果（第14章）。

（3）注意区分品名相似的水果和坚果

在归类时应注意区分名称相似、不同品种的水果和坚果，本章编码表中列名的相似货品主要有：

椰枣	番石榴	番荔枝	杨桃	鳄梨
红枣	石榴	荔枝	油桃	梨

（4）易误归入本章的货品

- 花生、葵花子等适合榨油的含油果实，应归入第12章
- 油橄榄、番茄、黄瓜等可以作为水果对待的蔬菜，应归入第7章
- 杜松果、香子兰豆等品名似水果的调味香料，应归入第9章

4. 部分商品归类辨析

（1）冷藏的水果和坚果的归类

根据本章注释二的规定，冷藏的水果和坚果应按相应的鲜果归类。例如，冷藏的草莓，归入鲜草莓所在的品目08.10。

（2）果仁与核仁的归类

果仁是指去壳的坚果，例如，松子仁。核仁是指果核的子仁，例如，杏仁。可食用的坚果果仁归入第8章，核仁归入第12章。

5.3.5 第9章 咖啡、茶、马黛茶及调味香料

1. 本章商品范围及结构

本章商品主要包括咖啡及含咖啡的咖啡代用品、茶、马黛茶和调味香料。这类产品可以是完整的，也可以是捣碎或制成粉状的。

本章共有10个品目，其排列顺序为：咖啡（品目09.01）→茶（品目09.02）→马黛茶（品目09.03）→调味香料（品目09.04～09.10）。

2. 本章所涉及的商品知识

（1）茶（品目09. 02）

茶是指从茶属灌木获得的各种茶叶，按有无发酵分为：绿茶（未发酵）、乌龙茶（半发酵）和红茶（已发酵）。

（2）马黛茶（品目09. 03）

马黛茶是生长在南美洲的冬青属灌木的干树叶，又名巴拉圭茶或耶稣会茶，用以泡制仅含少量咖啡的饮料。

（3）肉桂（品目09. 06）

肉桂是月桂属植物某些树种嫩枝的肉皮。斯里兰卡肉桂，又称“优质桂皮”，报验时一般为捆扎成卷的灰白色树皮条。中国肉桂（或称“桂皮”“普通肉桂”），为棕色条纹的厚层树皮，报验时一般成单层卷状。

（4）肉豆蔻（品目09. 08）

肉豆蔻是一种常绿树的果仁，它的花和果实均似豆蔻，因为没有核故名肉豆蔻。其果实为肉果，种子有多肉性种衣，种衣所包的仁即为肉豆蔻。

（5）豆蔻（品目09. 08）

豆蔻为常绿草本植物，果实似葡萄，果实分3室，每室含种子5～10粒，称豆蔻仁或蔻米，籽具辛辣味。其品种主要有：葡萄豆蔻、小豆蔻及中豆

蔻、大豆蔻和非洲豆蔻。

（6）芫荽子、枯茗子及贳蒿子（品目09.09）

芫荽子、枯茗子及贳蒿子为某些伞形花序属植物的芳香子仁，主要用于酿造利口酒。

（7）咖喱（品目09.10）

咖喱是用不同比例的姜黄、各种调味香料（如芫荽、丁香）及其他一些虽不归入本章，但常作为香料用的调味料（如大蒜）混合而成的。

3.本章商品归类应注意事项

（1）本章调味香料与第21章调味品的区别。本章的调味香料不论是单一的还是混合的都必须保持植物本性；而第21章的调味品除了芥末粉以外，都是混合制品且不具有植物的基本特征。

（2）本章不包括能用作调味香料的第7章的蔬菜，例如，葱、蒜、洋葱等。

（3）虽然能用作调味香料，但多用于制造香料及药物的某些果实、子仁及植物部分应归入第12章，例如，肉桂果、薄荷、芸香等。

（4）咖啡、茶、马黛茶的浓缩精汁及其制品应归入第21章，例如，速溶咖啡（250克/袋）；咖啡、茶、马黛茶饮料归入第22章，例如，康师傅绿茶（225毫升/瓶）。

（5）品目09.01的咖啡代用品是含咖啡的，不含咖啡的咖啡代用品应归入品目21.01。

4.归类原则

品目09.04～09.10所列产品的混合物的归类

根据本章注释一的规定，本章同一品目内的调味香料的混合物仍归入其所在品目；不同品目的调味香料的混合物归入品目09.10；本章调味香料如添加了其他章的物质而改变了其基本特性，构成混合调味品的，应归入品目21.03。

例1：等量辣椒粉与胡椒粉的混合物。

解析：该混合物是由辣椒粉（品目09.04）与胡椒粉（品目09.04）混合而成的，根据第9章章注一（一）的规定，同品目归入原品目，所以归入品目09.04。该混合物在品目09.04项下子目的归类，章注及条文都没有规定，所以根据归类总规则三归类。因具体列名原则不能解决混合物的归类，二者含量相同无法判断基本特征，所以从后归入子目0904.2200。

例2：等量辣椒粉与肉豆蔻粉的混合物。

解析：该混合物是由辣椒粉（品目09.04）与肉豆蔻粉（品目09.08）混合而成，根据第9章章注一（二）的规定，本章不同品目调味香料的混合物应归入品目09.10，所以该混合物归入品目09.10，进而归入子目0910.9100“本章注释一（二）所述的混合物”。

5.3.6 第10章 谷物

1. 本章商品范围及结构

本章商品主要包括不论是否成穗或带秆的各种谷物。去壳、碾磨、磨光、上光、半熟或破碎的稻米，如果未经其他加工，仍归入本章。但其他谷物，如果去壳或经其他加工，则不归入本章。

本章共有8个品目，按照具体列名→未列名的规律排列。

2. 本章所涉及的商品知识

（1）混合麦（品目10. 01）

品目10.01的混合麦特指小麦与黑麦的混合物，其混合比例一般为2∶1。

（2）糙米（品目10. 06）

糙米是经机械脱壳，但仍包有一层米皮的大米。几乎总有少量的稻谷混杂在糙米内。

（3）精米（品目10. 06）

精米是指通过特殊的锥形滚筒后，已部分或全部去皮的大米。

（4）加那利草子（品目10. 08）

加那利草子又名金丝雀草子，是加那利群岛一种禾草的子实，颜色金黄，形状细长、两头尖，用作笼鸟的食物。

（5）黑小麦（品目10.08）

黑小麦，即一种小麦与黑麦的杂交品种，不属于品目10.02的黑麦。

3. 本章商品归类应注意事项

（1）注意本章商品的加工程度

第10章注释一规定了本章货品的加工程度，除稻谷可以经去壳、碾磨、磨光、上光、半熟或破碎加工；昆诺阿藜（藜麦）可以已全部或部分去皮以分离皂苷，但没有经过任何其他加工，其他谷物不能经去壳或其他加工。谷物（稻谷、昆诺阿藜除外）经去壳或其他机械加工的应归入第11章（如生大麦片），经膨化或烹煮加工的谷物则归入第19章（如爆米花）。

（2）品目10.05不包括甜玉米，甜玉米是蔬菜

5.3.7 第11章 制粉工业产品；麦芽；淀粉；菊粉；面筋

1. 本章商品范围及结构

本章商品主要包括碾磨第10章的谷物及第7章、第8章的产品所得到的粉状产品（如小麦粉、玉米粉），以及将第10章的谷物按本章所列其他方法（如去壳、发芽、提取淀粉等）加工的产品。这些产品如果进一步加工，一般归入第19章（如用面粉制成的面包或面条等）。

本章共有9个品目，其排列顺序为：谷物粉（品目11.01～11.03）→经其他加工的谷物（品目11.04）→马铃薯粉（品目11.05）→其他细粉、粗粉（品目11.06）→麦芽（品目11.07）→淀粉、菊粉（品目11.08）→面筋（品目11.09）。

2. 本章所涉及的商品知识

（1）麦芽（品目11.07）

麦芽由发芽的麦粒（通常为大麦粒）在热气窖（麦芽窖）内烘干制得。

（2）菊粉（品目11.08）

菊粉的化学成分与淀粉类似，但遇碘不呈蓝色而呈黄棕色，从菊芋、大丽花根及菊苣根中提取制得。

（3）面筋（品目11.09）

面筋是将面粉通过简单水分法使其与其他成分（淀粉等）分离制得。面筋形成时为一种白色的黏性液体或糊糊（湿面筋）或乳白色粉末（干面筋）。

3. 本章商品归类应注意事项

（1）归入本章的谷物粉的淀粉含量及灰分含量必须符合本章注释二的规定，否则，应归入品目23.02。

（2）本章注释二及注释三分别对谷物“细粉”“粗粉”“粗粒”作出了规定，在对谷物粉归类时应根据注释的相关规定确定其形状。

（3）经制作的细粉、粗粉、粗粒或淀粉应归入第19章。例如，燕麦营养粉（成分：30%燕麦、30%葡萄糖、25%亚麻子粉和15%亚麻子油粉），应归入品目19.01。

（4）作为咖啡代用品的焙制麦芽应归入品目09.01或21.01。

（5）第11章除了粮食粉以外，还包括其他可食用的植物粉（如马铃薯细粉），但不包括可食用的咖啡粉、可可粉、含油子仁或果实的细粉及粗粉（如大豆粉），以及不可食用的植物粉（如椰壳细粉）。

5.3.8 第 12 章 含油子仁及果实；杂项子仁及果实；工业用或药用植物；稻草、秸秆及饲料

1. 本章商品范围及结构

本章商品主要包括具有特定用途、主要作为各种工业原料用的植物产品，其主要品种包括榨油工业用的含油子仁及果实；农牧业种植用的种子；啤酒酿造业用的啤酒花及蛇麻腺；主要用作香料、药料、杀虫、杀菌或类似用途的植物或这些植物的某部分；制糖业用的甜菜及甘蔗；主要供食品工业用的其他品目未列名的植物产品；饲料用的稻草、秸秆及其他饲料植物等。

本章商品包括可食用的植物产品，也包括不可食用的植物产品；包括有工业用途的植物产品，也包括不具有工业用途的植物产品。

本章对产品在各品目条文中的加工程度作出了规定，本章产品一般可以经去皮、去壳、破碎、碾磨等机械加工。本章的食用产品经烹饪加工的一般归入第20章，饲料植物经配制加工的归入第23章。

本章共有14个品目，其排列顺序为：含油子仁及果实（品目12.01～12.08）→种植用的种子（品目12.09）→啤酒花（品目12.10）→香料及药用植物（品目12.11）→其他品目未列名的可食用植物产品（品目12.12）→饲料用植物（品目12.13～12.14）。

2. 本章所涉及的商品知识

（1）干椰子肉（品目12. 03）

干椰子肉是用于榨取椰子油而不适合供人食用的干制椰子肉。

（2）啤酒花（品目12. 10）

啤酒花是蛇麻植物的鳞片状圆锥花序或花朵，主要用于酿酒业，可使啤酒别具风味，也有用于医药的。

（3）蛇麻腺（品目12. 10）

蛇麻腺是覆盖在啤酒花上的一层黄色粉状香脂腺，在酿酒业可作为啤酒花的部分代用品，也可用于医药。

（4）刺槐豆（品目12.12）

刺槐豆，也称“稻子豆”，是生长在地中海地区的一种小常青树（角豆树）的荚果，其荚棕色，内有大量子粒，主要用作蒸馏原料或动物饲料，有时也作为甜食。

3. 本章商品归类应注意事项

（1）注意本章商品的加工程度

本章商品的加工程度在品目条文中有相关规定，一般可以经去皮、去壳、破碎、碾磨等机械加工。本章的含油子仁或果实经炼制加工的归入第15章（如花生油），食用产品经烹饪加工的一般归入第20章（如五香花生），饲料植物经配制加工的归入第23章（如猪饲料）。

（2）品目12.07的商品范围

品目12.07“其他含油子仁及果实”是指品目12.01～12.06不包括的归入本章的含油子仁及果实，其主要品种可以查阅本章注释一。品目12.07不包括可以用于榨油的第7章的蔬菜（如油橄榄）、第8章的食用坚果（如松子），以及某些可以榨油但主要作其他用途的子仁及果实（如杏仁、可可豆等）。

（3）海带、紫菜等可食用海藻类植物

此类植物应归入本章，不能按蔬菜归入第7章。

（4）品目12.13与品目14.01所包括的“谷类植物的茎、秆”的区别

品目12.13与品目14.01都包括谷类植物的茎、秆，其区别在于其报验状态。报验状态适于编结的归入品目14.01，适于作饲料的归入品目12.13。

（5）品目12.14与品目23.08所包括的“饲料植物”的区别

品目12.14的饲料仅指专门为饲养动物而种植的植物，例如，芜青甘蓝；而品目23.08植物虽然用作动物饲料，但并不是专门为饲养动物而种植，例如，玉米叶。

（6）种苗

应作为活植物归入第6章。

4. 部分商品归类辨析

植物种子的归类

- 草木花卉植物种子、饲料植物种子、果树种子、蔬菜种子，归入品目12.09
- 马铃薯、甜玉米、豆类蔬菜及淀粉或菊粉含量高的植物种子，归入第7章

适合食用的种用坚果，归入第8章
调味香料的种子，归入第9章
谷物的种子，归入第10章
含油子仁及果实的种子，归入品目12.01～12.07
主要用作香料、药料、杀虫、杀菌或类似用途的植物种子，归入品目12.11

5.3.9 第 13 章 虫胶；树胶、树脂及其他植物液、汁

1. 本章商品范围及结构

本章商品主要包括不可食用的天然树胶、树脂及植物液汁、浸膏。本章只有2个品目，先天然树脂、树胶，后植物液汁。

2. 本章所涉及的商品知识

（1）虫胶（品目13. 01）

虫胶是紫胶虫在几种热带树上分泌的树脂物质。商业上重要的虫胶有：梗胶、原胶、片胶（又称“虫胶片”“虫胶板”）和废虫胶4种。

（2）乳香（子目1301. 9020）

乳香为植物卡氏乳香树及其同属植物皮部渗出的树脂。

（3）没药（子目1301. 9020）

没药为橄榄科植物爱伦堡没药树的树脂。

（4）血竭（子目1301. 9020）

血竭为棕榈科植物果实及树干中的树脂。目前国产血竭多为百合科剑叶龙血树或柬埔寨龙血树树脂，进口血竭较为少见。

（5）阿魏（子目1301. 9030）

阿魏为伞形科植物的树脂，有特异的臭气，味苦而辛，具有消积、散痞、杀虫等药用。

（6）生漆（子目1302. 1910）

生漆是从漆树上采割的乳白色胶状液体，接触空气后转为褐色。我国的生漆是传统出口的重要物资之一，并以量多质好著称于世。

（7）印楝素（子目1302. 1920）

印楝素是一种从楝科乔木印楝树的种仁榨油后的油饼中提取、经简单分离萃取得到的天然产物，外观为棕黄色粉末。

（8）琼脂（子目1302. 3100）

学名琼胶，是从某些海藻类植物提取而来的一种植物胶，报验时通常

为干的纤维状、薄片状、粉状或用酸处理后形成的凝胶状，商业上称为“琼脂糖”，也称“日本植物胶”“冻粉”。

3. 本章商品归类应注意事项

（1）作为橡胶行业重要原料的天然树脂（如巴拉塔胶、古塔波胶等）应归入第40章。

（2）按重量计蔗糖含量在10%以上或制成糖食的干草浸膏应归入品目17.04。

（3）麦芽膏应归入品目19.01，鞣料或染料的浸膏应归入第32章。

5.3.10 第14章 编结用植物材料；其他植物产品

1. 本章商品范围及结构

本章商品主要包括用于编结、制帚、制刷、填充、雕刻、制扣等用途的各种不可食用的植物产品。

本章只有2个品目（本章无品目14.02及14.03），按用途排列，先排编结用植物，再排其他用途的植物。

2. 本章所涉及的商品知识

棉短绒（子目1404.2000）

棉短绒，又名棉籽绒，是棉籽经轧花加工后，在棉籽表面存留的一层很短的纤维，其长度一般不超过5毫米，不能纺纱，但纤维素含量高，是制火药、纸浆、塑料及人造纤维的理想材料。

3. 本章商品归类应注意事项

（1）本章商品不包括主要供纺织用的植物材料，不论其加工程度如何（如棉花），或经过处理使其只能作为纺织原料用的其他植物材料（如椰壳纤维）。

（2）品目14.01主要包括编结用植物材料，也可有其他用途（如制手杖）。编结材料制品将主要归入第46章，但家具（包括坐具）应归入第94章。

（3）品目14.04包括制帚、制刷用的植物材料，但不包括不用分拆（或仅需简单加工）即可配装于帚或刷之上的制好的纤维束或簇，这种成束或成簇的制帚、制刷用的植物材料应归入品目96.03。

（4）品目14.04包括用于雕刻的植物材料（如象牙果、椰子壳等），这些产品不论是完整的还是切片的，经进一步加工的（如经抛光加工）雕刻材料应归入品目96.02。

5.4 第三类　动、植物或微生物油、脂及其分解产品；精制的食用油脂；动、植物蜡

5.4.1 第三类商品归类概述

本类只有1章，即第15章，其商品范围与第15章相同，具体内容见第15章。

5.4.2 第15章　动、植物或微生物油、脂及其分解产品；精制的食用油脂；动、植物蜡

1. 本章商品范围及结构

本章商品主要包括以第一、第二类的动植物为原料加工得到的各种动、植物油、脂及其分解产品，微生物油、脂及其分解产品，动、植物蜡，以及处理油脂物质或动、植物蜡所剩的残渣。本章商品所包括的动、植物或微生物油、脂及其分离品不论其是否供食用。

本章共有21个品目（本章无品目15.19），按照原料的属性（动物→植物→混合）及加工程度由简单到复杂的规律排列，其具体排列顺序为：未经化学改性的动物油脂（品目15.01～15.06）→未经化学改性的植物或微生物油脂（品目15.07～15.15）→经化学改性的动、植物或微生物油脂及混合油脂（品目15.16～15.18）→粗甘油（品目15.20）→动、植物蜡（品目15.21）→处理油脂物质或动、植物蜡所剩的残渣（品目15.22）。

2. 本章所涉及的商品知识

（1）初榨油（品目15.07～15.15）

初榨油是指仅通过重力、压力、离心力等机械力将油与固体物质相分离所得到的油。通过萃取法制得的油，如果颜色、气味、味道与压榨油无异，也可视为初榨油。但通过吸收过滤法、分馏法及其他物理或化学方法制取的油不能视为初榨油。

（2）棕榈油（品目15.11）

棕榈油是通过萃取或压榨油棕榈的果肉而得到的一种植物脂肪，其颜色会因不同的状态和是否精炼而有所不同。

（3）棕榈仁油（品目15.13）

棕榈仁油是从油棕榈的果实仁而不是果肉中制得的一种植物脂肪，其

棕榈酸和油酸的含量比棕榈油高得多。

（4）希蒙得木油（品目15.15）

希蒙得木油是从一种黄杨科沙漠灌木的种子制得的无色或淡黄色、无味、液状植物油，常被称为液体蜡，用作鲸蜡油的代用品，制化妆品等。

（5）微生物油、脂（品目15.15）

微生物油、脂，即微生物来源的油、脂，也称“单细胞油脂”，是通过某些油质的微生物发酵制成的，例如，酵母、真菌、细菌和微藻类。典型的微生物油脂包括DHA藻油和花生四烯酸（ARA）油脂。

（6）固定植物油、脂（品目15.07～15.15）

品目15.07～15.15所包括的都是固定植物油、脂。固定植物油、脂具有不易被蒸馏、不会挥发，以及不被过热蒸汽带走（但会被分解及皂化）等特征。

（7）粗甘油（品目15.20）

粗甘油是一种纯度在95%以下（以干燥产品的重量计）的产品。

（8）鲸蜡（品目15.21）

鲸蜡是一种从抹香鲸或鲸目动物头腔或皮下导管中的油、脂提取的蜡状物质，用于制造某种蜡烛、香料、药料或作润滑剂。

3. 本章商品归类应注意事项

（1）注意以下几种动、植物的油、脂不应归入本章：

①未炼制的猪脂肪及家禽脂肪应归入品目02.09；

②从乳中提取的黄油及其他油、脂应归入品目04.05；

③可可油、可可脂应归入品目18.04。

（2）本章的动、植物蜡不能混合，由动、植物蜡混合制成的产品应作为人造蜡归入品目34.04。

（3）品目15.22主要包括皂料、油脚、硬脂沥青、甘油沥青及羊毛脂残渣，炼制动物脂肪所得的油渣及提取植物油所得的油渣饼应归入第23章。

4. 部分商品归类辨析

（1）经化学改性的油、脂及变性的油、脂的归类

经化学改性加工与经变性加工是两个不同的概念：

经化学改性的油、脂是指通过化学反应（如氢化）改变了化学性质的油、脂。经化学改性的油、脂归入品目15.16或品目15.18，例如，经氢化加工的玉米油应归入品目15.16，又如，经脱水、硫化加工的棕榈油应归入品目15.18。

变性的油、脂是指加入了变性剂（如石油、松节油等），不能食用的油、脂。变性的油、脂按未变性的油、脂归类，例如，变性的初榨花生油（未经化学改性）应按初榨花生油归入品目15.08。

（2）鱼肝油的归类

不论是否通过辐照或用其他方法提高维生素含量的鱼肝油，均应归入品目15.04；但制成药品，或经过乳化或加有其他物质以供治疗疾病的鱼肝油，应归入第30章。

（3）甘油的归类

- 以干燥产品的重量计算纯度在95%以下的甘油（粗甘油），归入品目15.20
- 以干燥产品的重量计算纯度在95%及以上的甘油（丙三醇），归入品目29.05
- 制成药品或加有药料的甘油（如开塞露），归入第30章
- 制成护肤品的甘油，归入第33章

5.5 第四类 食品；饮料、酒及醋；烟草、烟草及烟草代用品的制品；非经燃烧吸用的产品，不论是否含有尼古丁；其他供人体摄入尼古丁的含尼古丁的产品

5.5.1 第四类商品归类概述

1. 本类商品范围及结构

本类商品主要包括食品、饮料、酒、醋、食品工业残渣、烟草及烟草制品，除可可制品和烟草制品以外，本类的货品通常是以第一类和第二类的动、植物产品为原料，用第一类和第二类所不允许的方式加工而成的制品。

本类共有9章（第16章～第24章），其排列结构如下：

- 食品
  - 主要以动物产品为原料的食品（第16章）
  - 主要以植物产品为原料的食品（第17章～第20章）
  - 杂项食品（第21章）
- 饮料、酒及醋（第22章）
- 食品工业残渣及配制的动物饲料（第23章）
- 烟草及其制品、烟草代用品（第24章）

2. **第一类和第二类相关章与本类相关章的对应关系**

第一类和第二类相关章与本类相关章的对应关系，如图5-3所示。

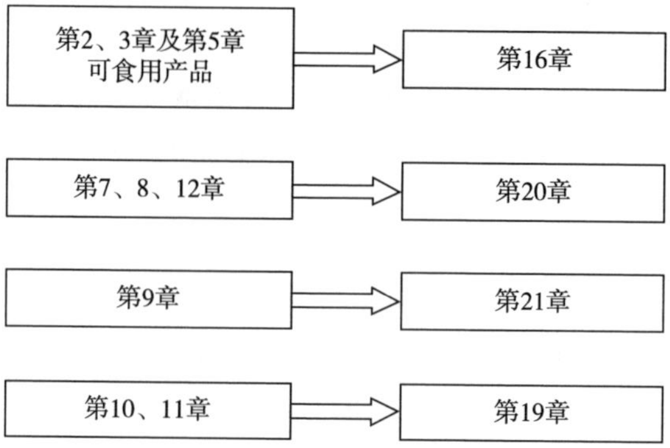

图5-3　第一类和第二类与本类相关章对应关系图

3. **本类商品归类应注意事项**

（1）**注意结合第一类和第二类的有关规定完成本类货品的归类**

本类的货品通常是以第一类和第二类的动、植物产品为原料，用第一类和第二类所不允许的方式加工而成的制品，而在本类各章品目条文中并没有完全明确其具体加工方式，应结合第一类和第二类相关章的注释及品目条文，完成动、植物产品的归类。

例1： { 水煮后经冷冻的去壳对虾
水煮后经冷冻的带壳对虾

解析：该组货品都是对虾，所不同的是其加工程度，根据品目03.06的条文“蒸过或用水煮过的带壳甲壳动物，不论是否冷、冻、干、盐腌或盐渍的”，“水煮后经冷冻的带壳对虾”的加工程度符合品目03.06条文的规定，应归入品目03.06；而“水煮后经冷冻的去壳对虾”的加工程度超过了品目03.06条文的规定，应归入第16章“制作或保藏的甲壳动物”所在的品目16.05。

（2）**注意食品中肉、食用杂碎、鱼等动物产品的含量**

根据第16章、第19章及第21章注释的规定，除品目19.02的包馅食品、品目21.03及品目21.04的食品外，其他食品若肉、食用杂碎、鱼等动物产品的含量超过20%，则必须归入第16章。

例2： { 三明治（夹猪肉，猪肉占三明治总重的20%）
三明治（夹猪肉，猪肉占三明治总重的25%）

解析： 该组货品都是三明治，所不同的是猪肉的含量。猪肉占总重20%的三明治应按面包归入品目19.05，而猪肉占总重25%的三明治应按制作的肉归入品目16.02。

但品目19.02的包馅食品、品目21.03及品目21.04的食品不受动物产品含量的限制。

例3： 肉包（猪肉含量为25%）。

解析： 虽然猪肉的含量超过了20%，但肉包属于品目19.02的包馅食品，不受动物产品含量的限制，仍应归入品目19.02。

4. 归类原则

均化食品的归类

本类第16章、第20章和第21章都出现了均化食品，并且在注释中对均化食品作出了详细规定。根据注释的规定，均化食品必须同时符合以下3个条件：

（1）精细均化制作（可以含有少量可见的粒状物）；

（2）供婴幼儿食用或营养用；

（3）零售包装，每件净重不超过250克。

符合以上条件的，再根据配料的种类归类，具体如下：

配料为肉、食用杂碎、动物血或昆虫的归入子目1602.1000
配料为蔬菜的归入子目2005.1000
配料为果实的归入子目2007.1000
配料为两种或两种以上的归入子目2104.2000

在判断配料种类时应注意：所有的肉（第2章的所有品种）、食用杂碎、动物血或昆虫算一种，所有的蔬菜算一种，所有的果实算一种，所有的鱼算一种，调味料不能计入配料种类。

不符合均化食品3个条件的食品，按非均化食品归类。

例4：
密封塑料袋装婴儿均化食品，成分含量：25%猪肉（可见小肉块）、70%马铃薯、5%其他配料，净重250克
密封塑料袋装婴儿均化食品，成分含量：25%猪肉（可见小肉块）、70%马铃薯、5%其他配料，净重500克

解析： 该组食品都自称为均化食品，但我们不能简单根据商品名称来归类。其中，第1个商品符合均化食品的3个条件，根据其成分含量：25%猪肉、70%马铃薯、5%其他配料，属于含有肉、蔬菜两种基本配料的均化混合食品，按照均化混合食品归入子目2104.2000；而第2个商品的净重为

500克，不符合均化食品的要求（不超过250克），不是均化食品，根据其猪肉含量超过20%归入子目1602.4990。

5.5.2 第16章 肉、鱼、甲壳动物、软体动物及其他水生无脊椎动物、以及昆虫的制品

1. 本章商品范围及结构

本章商品主要包括以动物质产品为原料，采用第2章、第3章、第4章及第5章所列加工方法以外的其他方法（如蒸、煎、烤、炸、炒、均化、混合、加调味料等）制作而成的食品。本章食品按重量计必须含有20%以上的香肠、肉、食用杂碎、动物血、昆虫、鱼、甲壳动物、软体动物或其他水生无脊椎动物及其混合物。

本章共有5个品目，其排列顺序为：香肠（品目16.01）→其他方法制作或保藏的肉、食用杂碎、动物血或昆虫（品目16.02）→动物精及汁（品目16.03）→鱼、鲟鱼子酱及代用品（品目16.04）→制作或保藏的甲壳动物、软体动物及其他水生无脊椎动物（品目16.05）。

2. 本章所涉及的商品知识

鲟鱼子酱及鲟鱼子酱代用品（品目16.04）

鲟鱼子酱，用鲟鱼子制作而成，呈颗粒软块状，由2毫米至4毫米直径的鱼卵组成，颜色呈银灰至墨绿不等，气味强烈，味道稍咸；也有经压制的，即将其压制成均化膏状，有时制成细圆条状或装于小容器内。

鲟鱼子酱代用品，是用鲟鱼子以外的其他鱼子制成的作为鱼子酱食用的产品。

3. 本章商品归类应注意事项

（1）注意结合第2章、第3章、第4章和第5章的相关规定完成本章商品的归类

本章商品是采用第2章、第3章、第4章和第5章所列加工方法以外的其他方法（如蒸、煎、烤、炸、炒、均化、混合、加调味料等）制作而成的食品，而在品目条文中并没有完全明确其具体加工方式，应结合第2章、第3章、第4章及第5章注释及品目条文中对加工方式的规定，完成本章商品的归类。

例1： { 熏沙丁鱼
沙丁鱼罐头

解析：该组货品都是沙丁鱼，所不同的是其加工程度。根据第3章的品目条文，品目03.05包括熏制加工的鱼，所以熏沙丁鱼归入品目03.05；"罐头"意味着经过烹煮加工，第3章的鱼不允许烹煮加工，所以沙丁鱼罐头应按"制作或保藏的鱼"归入品目16.04。

（2）注意本章对动物质产品含量的规定

本章注释二规定"本章食品按重量计必须含有20%以上的香肠、肉、食用杂碎、动物血、昆虫、鱼、甲壳动物、软体动物或其他水生无脊椎动物及其混合物"。也就是说，本章食品不要求完全采用动物质产品制成，只要动物质产品含量超过20%，因此动物质产品含量在20%以下的食品不能归入本章。

（3）注意本章食用杂碎的范围

本章食用杂碎的范围大于第2章，还包括以第5章的胃、肠等为原料制成的食品，例如，五香猪大肠。

4. 归类原则

（1）归入本章的含有两种或两种以上动物质产品的食品归类原则

根据本章注释二的规定，归入本章的含有两种或两种以上动物质产品的食品，应按其中重量最大的产品归入第16章的相应品目。计算重量时应注意同品目的动物产品应合并计重，当没有哪一种动物产品重量最大时，根据归类总规则三（三）从后原则，按税则号列顺序归入其可归入的最末一个品目。

例2：食品罐头（成分含量：50%蘑菇、20%墨鱼肉、20%蟹肉、10%其他配料）。

解析：该食品罐头的加工方法和深度已明显超出第一、二类允许的范围，查阅类、章标题，应按食品类商品归入第四类。分析其原料成分：墨鱼（软体动物）占20%、蟹肉（甲壳动物）占20%，二者重量之和占罐头净重的40%，动物质含量超过20%应归入第16章。软体动物与甲壳动物都属于品目16.05，所以归入品目16.05。子目归类先确定一级子目，因为墨鱼肉（按"软体动物"归入子目1605.5）与蟹肉（按"蟹"归入子目1605.1）等量，依据变化了的归类总规则三（三）从后归类原则，归入子目1605.5。二级子目按"墨鱼"归入1605.5400。

（2）均化食品的归类原则

详见5.5.1归类原则部分。

5.5.3 第17章 糖及糖食

1. 本章商品范围及结构

本章商品主要包括糖、糖浆、人造蜜、焦糖、提取或精炼糖后所剩下的糖蜜，以及不含可可的糖食，还包括化学纯糖（蔗糖、乳糖、麦芽糖、葡萄糖和果糖）。本章固体糖及糖蜜可含有添加的香料和色料，但加香料或着色剂的糖浆应归入品目21.06。

本章只有4个品目，其排列顺序为：固体糖（品目17.01～17.02）→糖蜜（品目17.03）→不含可可的糖食（品目17.04）。

2. 本章所涉及的商品知识

（1）转化糖

转化糖是天然蜂蜜的主要成分。商品转化糖一般通过水解精制蔗糖溶液制得，按重量计所含葡萄糖和果糖的比例相同。报验时可为固体，也可为胶粘浆状。

（2）人造蜜（品目17.02）

品目17.02所称“人造蜜”，适用于以蔗糖、葡萄糖或转化糖为基料，通常还加入香料或色料混合制成的仿天然蜂蜜的产品。

（3）白巧克力（品目17.04）

白巧克力是由糖、可可脂、奶粉及香料组成，不含可可（可可脂不应视为可可）的食品。

3. 本章商品归类应注意事项

（1）本章商品不包括含有可可的糖食（第18章），但白巧克力不是可可食品，应归入本章。

（2）含糖的药品应归入第30章，例如，咳嗽糖浆。

（3）本章的固体糖及糖蜜可含有添加的香料和色料，但加香料或着色剂的糖浆应归入品目21.06。

（4）化学纯的蔗糖、乳糖、麦芽糖、葡萄糖和果糖应归入本章，其他化学纯糖则应归入品目29.40。

（5）含替代糖的合成甜味剂的糖果、口香糖及类似品（如木糖醇口香糖），应归入品目21.06。

5.5.4 第 18 章 可可及可可制品

1. 本章商品范围及结构

本章商品主要包括各种形态的可可、可可脂、可可油，以及任何含量的可可食品。

本章共有6个品目，其排列顺序为：可可豆及可可废料（品目18.01～18.02）→可可膏、可可脂、可可油（品目18.03～18.04）→未加糖的可可粉（品目18.05）→其他含可可的食品（品目18.06）。

2. 本章所涉及的商品知识

（1）可可膏（品目18. 03）

可可膏通过加热石碾或盘式破碎机碾磨焙炒可可豆（已除净壳、皮和胚芽）而得，其产品呈固态片状、团状或块状。通常用于生产可可脂、可可粉及巧克力。

（2）夹心（子目1806. 3100）

子目1806.3100所称“夹心”，包括用巧克力包裹，中心有馅（如用奶油、糖壳、干椰子肉、水果、酒、蛋白杏仁糖果、坚果、牛轧糖、焦糖或上述产品的混合物做馅）的块或条状食品。谷物、水果或坚果（不论是否成块）嵌于整个巧克力当中的实心块状或条状巧克力，不视为“夹心”。

3. 本章商品归类应注意事项

（1）注意含可可却不归入本章的商品范围。

本章包括各种形状的可可（包括可可豆）、可可脂、可可油及任何含量的可可食品，但不包括：

①含可可的酸奶及品目04.03的其他乳品；

②白巧克力（品目17.04）；

③按重量计含全脱脂可可在40%以下的细粉、粗粉、淀粉或麦精食品，以及按重量计含全脱脂可可在5%以下的品目04.01~04.04所列食品（品目19.01）；

④含可可的面食（品目19.02）；

⑤按重量计含全脱脂可可不超过6%的膨化或焙炒谷物（品目19.04）；

⑥含可可的糕饼点心、饼干及类似焙烘品（品目19.05）；

⑦含有任何比例可可的冰淇淋及其他冰制食品（品目21.05）；

⑧即可饮用的含可可饮料，不论是否含酒精（第22章）；

⑨含可可的药品（第30章）。

（2）本章既包括可可制品，也包括可可原料，注意不要将可可豆、可可荚等可可的初级产品归入第二类。

（3）品目18.06下子目归类应注意重量、形状、是否夹心等因素。

（4）注意本章对动物产品含量的规定。

根据本章注释一（一）的规定，按重量计含香肠、肉、食用杂碎、动物血、昆虫、鱼、甲壳动物、软体动物或其他水生无脊椎动物及其混合物超过20%的食品应归入第16章。

5.5.5 第19章 谷物、粮食粉、淀粉或乳的制品；糕饼点心

1. 本章商品范围及结构

本章商品主要包括通常用谷物、粮食粉、淀粉、果粉等植物质食物粉或乳品调制的食品、糕饼点心，以及不论是否煮熟、包馅的面食。本章除品目19.02的包馅面食外，其他食品的动物质含量不得超过总重量的20%，否则归入第16章。

本章共有5个品目，在排列顺序上比较特殊，先是未列名食品，然后是列名食品，其排列顺序为：麦精及其他品目未列名的淀粉、谷物粉或乳粉制食品（品目19.01）→面食（品目19.02）→珍粉及珍粉的代用品（品目19.03）→其他方法加工的谷物食品（品目19.04）→面包、糕点、饼干等类似食品（品目19.05）。

2. 本章所涉及的商品知识

（1）麦精（品目19. 01）

麦精是从大麦和麦芽中通过酶解提取的富含麦芽糖、果糖、氨基酸、小分子肽、多种维生素、微量元素，以及多种促生长因子的纯天然物质。

（2）古斯古斯面食（品目19. 02）

古斯古斯面食是一种经热处理的硬麦粗粉。

（3）珍粉（品目19. 03）

珍粉是用水将淀粉调至稠浆状，倒入滤网或带孔盘中，浆一滴滴漏出时落入温度为120℃至150℃的金属板上形成小圆粒或小粉片，用于做汤、布丁或营养食品。

（4）圣餐饼（品目19. 05）

圣餐饼是将非常纯的面粉浆置于两块铁板中间烘焙制成的圆片状薄饼。

（5）**装药空囊（品目19. 05）**

装药空囊是用细粉浆或淀粉浆制成的小浅杯状产品，用时将两头套在一起构成一个容器。

（6）**封缄（品目19. 05）**

封缄是一种将粉浆烘制、干制（有时还着色）成薄片后切割成形的产品，这类产品还含有胶粘物质。

（7）**糯米纸（品目19.05）**

糯米纸是将细粉浆或淀粉浆烘制或干制成薄片状的产品，用于作某些糖果的包装纸。

3. 本章商品归类应注意事项

（1）注意结合第4章、第10章和第11章的相关规定完成本章商品的归类。

本章是用谷物、粮食粉、淀粉、果粉等植物质食物粉或乳品制成的食品，用第4章、第10章和第11章所允许的加工方式加工的产品不能归入本章，应注意结合第4章、第10章和第11章的相关规定完成本章商品的归类。

（2）注意本章对动物产品含量的规定。

根据本章注释一（一）的规定，除品目19.02的包馅食品以外，本章食品的香肠、肉、食用杂碎、动物血、昆虫、鱼、甲壳动物、软体动物或其他水生无脊椎动物及其混合物的含量不得超过总重量的20%，否则应归入第16章。

（3）注意本章品目排列顺序比较特殊，先是未列名食品然后是列名食品，因此本章归类时，应该先判断能否归入具体列名的后续品目。

（4）注意本章各品目对可可含量的规定。

本章各品目对可可含量的规定不一，归类时应根据相关注释或品目条文。对可可含量不符合规定的食品，则归入第18章。

（5）注意品目19.02的包馅面食，可完全包裹（如饺子），也可尾端张开（如锥形奶油面卷）或层叠（如千层饼）。

（6）子目1904.3000“碾碎的干小麦”的加工方法不同于第11章，是将硬麦粒先煮熟，然后干燥、去壳或去皮、破碎、粗磨或精磨，最后筛选。第11章“碾碎的干小麦”不能煮熟。

5.5.6 第 20 章　蔬菜、水果、坚果或植物其他部分的制品

1. 本章商品范围及结构

本章商品主要包括用蔬菜、水果、坚果或植物其他部分制作的食品。

其制作或保藏方法超过了第7章、第8章、第11章及第12章所列的加工范围。本章常用的加工方法主要有：用醋或醋酸制作或保藏、渗透脱水保藏、糖渍、烹煮、均化制作、榨汁等。本章商品在形状上可以是完整的，也可以是切开或捣碎的。

本章共有9个品目，其排列顺序为：用醋或醋酸制作或保藏的蔬菜、水果、坚果等（品目20.01）→用醋或醋酸以外的方法制作或保藏的蔬菜（品目20.02～20.05）→糖渍的蔬菜、水果、坚果等（品目20.06）→烹煮的果酱、果冻（品目20.07）→其他方法制作或保藏的水果、坚果等（品目20.08）→水果汁、坚果汁、蔬菜汁（品目20.09）。

2. 本章所涉及的商品知识

（1）沥干（品目20. 06）

沥干，用暴露于空气中不结晶的糖浆（如转化糖或葡萄糖与一定比例蔗糖混合的糖浆）浸渍，浸渍后将多余的糖浆沥掉。

（2）糖渍（品目20. 06）

糖渍是将沥干品浸入蔗糖浆，干后其表面会形成一层薄薄晶亮的糖衣。

（3）果酱（品目20. 07）

果酱是通过将整果、果肉、某些蔬菜（如南瓜、茄子）或其他产品（如姜、玫瑰花瓣）用几乎等量的糖来烹煮制得。冷却后为浓厚酱状物，带有果肉碎块。

（4）果冻（品目20. 07）

果冻是用糖和水果汁（压榨生果或烹煮水果而得）煮沸后冷凝而成，呈冻状，透明，无果肉碎块。

（5）果泥（品目20. 07）

果泥是用过筛果肉或坚果粉加糖或不加糖烹煮后制成，呈较浓的酱状物。果泥不同于果酱，其果子含量更高，质地更为细腻。

（6）果膏（品目20. 07）

果膏是用苹果、榅桲、梨、杏、杏仁等果泥经蒸发加工制得的固体或接近固体的产品。

3. 本章商品归类应注意事项

（1）结合第二类相关章的注释或品目条文完成本章商品的归类

本章主要是用第7章、第8章、第11章及第12章可食用植物产品，以第二类所不允许的方法加工而成的食品，归类时应结合第二类相关章的注释或品目条文。

（2）注意本章对动物质产品含量的规定

根据本章注释一（三）的规定，本章食品的香肠、肉、食用杂碎、动物血、昆虫、鱼、甲壳动物、软体动物或其他水生无脊椎动物及其混合物的含量不得超过总重量的20%，否则应归入第16章。

（3）注意区分糖渍与糖泡

糖渍，先用开水处理，然后将产品放入糖浆中反复加热至沸点，使糖浆逐渐浓缩，直至完全浸透产品，使其耐于保藏。

糖泡，用糖水浸泡。

糖渍加工的蔬菜、水果、坚果、果皮或植物其他部分应归入品目20.06；糖泡的蔬菜归入品目20.02、20.03或20.05；糖泡水果、坚果、果皮或植物其他食用部分，归入品目20.08。

4. 部分商品归类辨析

（1）番茄汁的归类

- 番茄干重量在7%及以上的番茄汁，归入品目20.02
- 番茄干重量在7%以下的番茄汁，归入品目20.09
- 番茄调味汁，归入品目21.03

（2）水果汁、蔬菜汁的归类

品目20.09所包括的水果汁和蔬菜汁，一般通过压榨新鲜的水果或蔬菜而得。这些液汁可以浓缩，也可以为结晶体或粉末状，但其晶体和粉末必须完全或几乎完全溶于水。在保持原有特征的条件下，水果汁可加入糖或甜味剂、保鲜剂等，蔬菜汁还可加入盐、调味料及香料。复制汁（在浓缩汁中加入不超过非浓缩汁正常含量的水制得的汁）及同类或不同类的水果汁和蔬菜汁之间的混合汁也归入品目20.09。

水果原汁或蔬菜原汁加水，或浓缩汁中加入的水超出复制原天然汁所需的量，或按容量计酒精浓度超过0.5%的，则应作为饮料归入第22章。

（3）均化食品的归类原则

具体见5.5.1归类原则部分。

5.5.7　第21章　杂项食品

1. 本章商品范围及结构

本章是食品的兜底章，囊括了第16章～第20章所不包括的食品，主要包括咖啡、茶及马黛茶的浓缩品及其制品，烘焙咖啡代用品（例如，烘焙大麦、麦芽、菊苣根）；酵母和发酵粉；调味汁及其制品，混合调味品，芥子粉及其调制品；汤料及其制品，均化混合食品；冰淇淋及其他冰制食品，以及其他品目未列名的食品。

本章共有6个品目，其排列顺序为：咖啡、茶及马黛茶的浓缩品及其制品（品目21.01）→酵母（品目21.02）→调味品（品目21.03）→汤料及均化混合食品（品目21.04）→冰制食品（品目21.05）→其他品目未列名的食品（品目21.06）。

2. 本章所涉及的商品知识

（1）烘焙咖啡代用品（品目21.01）

烘焙咖啡代用品是用于替代、仿制咖啡（用热水冲开）或用于掺入咖啡内的各种烘炒产品，有时人们把它们称为“咖啡”，但在“咖啡”两字之前加上其基本物料的名称（例如，大麦“咖啡”、麦芽“咖啡”、橡果“咖啡”）。

（2）活性酵母（子目2102.1000）

活性酵母是指一般可引起发酵的酵母，主要由某些种类（几乎全都是酵母菌属）的微生物组成，主要包括：啤酒酵母、酿酒酵母、发面酵母、培养酵母、种用酵母等。

（3）非活性酵母（子目2102.2000）

非活性酵母是用活性不够的酵母干制而得，供人食用（维生素B原料）或作动物饲料用。

（4）浓缩蛋白质及组织化蛋白质（子目2106.1000）

浓缩蛋白质通常通过去除脱脂豆粉的某些成分而制得，用于增加食品中的蛋白质；组织化蛋白质是改善了组织结构的大豆粉及其他蛋白质，大豆组织蛋白又称“人造肉”。

（5）椰子汁（子目2106.9040）

该子目所指“椰子汁”是以椰肉为原料经压榨、过滤、均质、灭菌等工艺制作而成的。为使椰子汁不产生油水分离现象，可添加适量的稳定剂和乳化剂等；也可加入少量其他物质，但所加物质不能改变其基本特征。适用于制作蛋糕、糖果、饼干、冰淇淋和咖喱等，并适用于烹饪菜、小吃和制作各种甜品，但不可直接饮用。

3. 本章未列名品目介绍（品目21.06）

本品目包括不能归入《协调制度》其他品目的食品，主要包括：

（1）制造餐用奶油、果冻、冰淇淋或类似食品的粉。

（2）制饮料的香料粉，以碳酸氢钠、甘草甜素或甘草精为基料。

（3）以黄油或其他乳脂或乳油为基料的制品，用于制作面包等。

（4）以糖为基料的膏，加有大量的脂肪；有时还加乳或坚果，不适于直接制成糖食，但可作巧克力、夹心饼干、馅饼、糕点等的馅或夹心料。

（5）加蜂王浆的天然蜂蜜。

（6）主要由氨基酸和氯化钠混合组成的水解蛋白质，浓缩蛋白质，改善了组织结构的大豆粉及其他蛋白质。非组织化的脱脂大豆粉除外。

（7）制造各种无酒精饮料或酒精饮料用的无酒精或酒精制品（不是以芳香物质为基料的），不适于作饮料饮用。

（8）以天然或人造香料（如香草）为基料的食用香片。

（9）含替代糖的合成甜味剂（如山梨醇）的甜食、橡皮糖及类似品（特别是供糖尿病患者用的）。

（10）由糖精及某种食物（如乳糖）组成的制品（如甜味片），用于增加甜味。

（11）自溶酵母及其他酵母萃，通过水解酵母制得。

（12）制柠檬水或其他饮料用的制品，例如，加有天然或人造香料的糖溶液。

（13）人参精与其他配料（如乳糖或葡萄糖）的混合物，用于制造人参“茶”或其他饮料。

（14）由不同种类的植物或植物某部分组成的产品，不能直接食用，而是用于制造草本植物浸泡剂或草本植物“茶”。

（15）归入不同章混合制成的产品，不能直接食用，而是直接用作饮料香精或用于制造饮料的调制精汁。

（16）通称为食品补充剂的制品，以植物精汁、果子精、蜜、果糖等为基料，加维生素，有时还加微量的铁化合物制成，其包装上一般标明有强身健体作用。但用于预防或治疗疾病的类似制品不包括在内（品目30.03或30.04）。

（17）含有糖、香料或着色剂（例如，植物提取物，橙、黑醋栗等水果或植物）、抗氧化剂（例如，抗坏血酸、柠檬酸，或者兼有）、防腐剂等，用于制造饮料的粒状或粉状制品。但是，具有糖特征的制品应酌情归入品目17.01或17.02。

4. 本章商品归类应注意事项

（1）注意本章对动物产品含量的规定。

根据本章注释一（五）的规定，除品目21.03及品目21.04的产品以外，本章食品的香肠、肉、食用杂碎、动物血、昆虫、鱼、甲壳动物、软体动物或其他水生无脊椎动物及其混合物的含量不得超过总重量的20%，否则应归入第16章。

（2）品目21.01的咖啡代用品是不含咖啡的，含任何比例咖啡的烘焙咖啡代用品应归入第9章，但是含咖啡的咖啡代用品的精汁仍归入品目21.01。

（3）芥子粉虽然是通过研磨芥子所得的初级产品，但是在子目2103.3000具体列名，应归入本章，而不能归入第9章或第12章。

（4）品目21.06包括其他品目未列名的食品，应结合食品所在的列名品目完成本品目的归类。

5. 部分商品归类辨析

（1）生活中常用调味产品的归类

酱油、味精，归入品目21.03
食用盐，是矿产品，归入品目25.01
醋，归入品目22.09
葱、蒜、辣椒，是蔬菜，归入第7章
姜、八角、胡椒、干辣椒（包括粉状产品），是调味香料，归入第9章

（2）咖啡及相关产品的归类

咖啡豆，生的或经焙炒的，归入品目09.01
咖啡粉（咖啡豆炒熟后磨成的粉状产品），归入品目09.01
速溶咖啡，属于咖啡的浓缩精汁，归入子目2101.1100
1+2速溶咖啡，属于以速溶咖啡为基本成分的制品，归入子目2101.1200
咖啡伴侣（单独报验），归入子目2106.9090
与速溶咖啡同时报验的咖啡伴侣，归入子目2101.1100
与1+2速溶咖啡同时报验的咖啡伴侣，归入子目2101.1200

咖啡伴侣是不同于咖啡的一种食品，其主要成分为葡萄糖浆、氢化植物油、酪蛋白酸盐。单独报验的咖啡伴侣应按“其他品目未列名的食品”归入品目21.06。与咖啡一同报验的咖啡伴侣，由于与咖啡构成了零售成套货品，根据归类总规则三（二）基本特征原则，应按“咖啡”一并归类。

5.5.8 第22章 饮料、酒及醋

1. 本章商品范围及结构

本章商品除冰及雪是非液体，其他商品都是液体，主要包括水、其他

无酒精饮料及冰；经发酵的酒精饮料（例如，啤酒、葡萄酒、苹果酒等）；经蒸馏制得的酒和酒精饮料（例如，利口酒、烈性酒等）、乙醇；醋及其代用品。

本章共有9个品目，其排列顺序为：水及无酒精饮料（品目22.01～22.02）→发酵饮料（品目22.03～22.06）→乙醇及含酒精饮料（品目22.07～22.08）→醋及其代用品（品目22.09）。

2. 本章所涉及的商品知识

（1）发酵饮料（品目22. 03～22. 06）

发酵饮料指以粮谷、水果或允许使用的野生植物为原料，经发酵法酿制而成的酒。酒精浓度在20%以下，例如，啤酒、葡萄酒、果酒、黄酒等。

（2）汽酒（子目2204.10）

子目2204.10所称“汽酒”，是指温度在20℃时装在密封容器中超过大气压力3巴及以上的酒。这类葡萄酒中含有二氧化碳，二氧化碳在密封容器中最后发酵产生的为原生气泡酒，装瓶后人工充入的为充汽酒。

（3）蒸馏酒（品目22. 08）

蒸馏酒指以粮谷、薯类、水果或糖蜜为原料，经发酵法酿造、蒸馏（包括串蒸、浸蒸、提馏）、贮存、勾兑调配而成的酒。酒精浓度在20%以上，例如，白酒、白兰地、威士忌、伏特加、朗姆酒等。

（4）醋（品目22.09）

醋是一种酸性液体，它是用任何原料（包括各种糖或淀粉的溶液）经酒精发酵制得的酒精液体，在空气存在和通常不超过20℃至30℃的恒定温度下，在醋酸杆菌的作用下，通过醋酸发酵制得。按其原料包括下列各类不同的醋：酒醋，啤酒醋和麦芽醋、苹果醋、梨醋或其他发酵水果醋；酒精醋，用谷物、糖蜜、水解马铃薯、乳糖清液等制得的醋。

（5）醋代用品（品目22. 09）

用水稀释醋酸制得，通常用焦糖或其他有机色料着色。

3. 本章商品归类应注意事项

（1）经配制后用于烹饪而不适于作为饮料的制品（如料酒）通常应归入品目21.03，中药酒（如祛风壮骨酒）应归入第30章。

（2）乙醇，俗称酒精，不论酒精的浓度及是否改性，均归入本章，而不按醇归入第29章。

4. **部分商品归类辨析**

（1）**水的归类**

普通天然水、矿泉水、冰、雪，归入品目22.01
加甜味或香料的普通水、矿泉水，归入品目22.02
海水，属于矿产品类，归入品目25.01
蒸馏水、导电水及类似纯净水（即使供食用），属于无机化学品，归入品目28.53
香水等化妆盥洗品，归入第33章

（2）**醋酸水溶液的归类**

按重量计醋酸浓度在10%及以下的，归入品目22.09；按重量计醋酸浓度在10%以上的，归入品目29.15。

5.5.9 第23章 食品工业的残渣及废料；配制的动物饲料

1. **本章商品范围及结构**

本章商品主要包括食品工业的残渣及废料，以及配制的动物饲料。这些产品的大部分单独或与其他物料混合，主要用作动物饲料，但有些也适于供人食用。某些产品（例如，酒糟、油渣饼）则用于工业。

本章共有9个品目，其排列顺序为：动物质残渣（品目23.01）→植物质残渣（品目23.02～23.06）→葡萄酒渣及粗酒石（品目23.07）→未列名的植物原料及废料（品目23.08）→配制的动物饲料（品目23.09）。

2. **本章所涉及的商品知识**

（1）**肉骨粉（品目23.01）**

肉骨粉指用带肉的动物骨头，通常经过蒸汽加热后压制或用溶剂处理以脱去其油、脂，并干燥、消毒、碾磨成粉状的产品，一般用作动物饲料。

（2）**油渣（品目23.01）**

油渣是猪脂肪或其他动物脂肪煎熬后所剩的膜组织，主要用于制动物饲料，也可以供人食用。

（3）**粗酒石（品目23.07）**

粗酒石是葡萄汁发酵过程中在酿酒缸形成的固结物质，或在储存葡萄酒的大桶内形成的固结物质，呈粉状、粉片状或不规则的晶体状，颜色呈灰至暗红不等。

3. 本章商品归类应注意事项

（1）注意本章不包括的食品工业的副产品的范围

本章不包括的食品工业的副产品主要有：柑橘属水果或甜瓜的果皮（品目08.14），谷物脱粒后所得的谷壳（品目12.13），提纯油类所剩的油脚（品目15.22），提取或精制糖后剩下的糖蜜（品目17.03），可可荚、壳、皮及废料（品目18.02）。

（2）注意区分品目23. 08与品目12. 14的“饲料植物”

详见第12章相关部分。

5.5.10 第 24 章 烟草、烟草及烟草代用品的制品；非经燃烧吸用的产品，不论是否含有尼古丁；其他供人体摄入尼古丁的含尼古丁的产品

1. 本章商品范围及结构

本章商品不仅包括烟草及烟草制品，还包括不含烟草的烟草代用品的制品。

本章只有4个品目，其排列顺序为：烟草及烟草废料（品目24.01）→卷烟（品目24.02）→烟草及烟草代用品的其他制品（品目24.03）→非经燃烧吸用的产品，不论是否含有尼古丁；其他供人体摄入尼古丁的含尼古丁的产品（品目24.04）。

2. 本章所涉及的商品知识

（1）烟草（品目24. 01）

烟草来源于各种种植的茄科植物。不同种属的烟草，其烟叶的大小和形状各异。烟草的制作方法有多种，有晒烟（露天晒制）、晾烟（在空气自由流通的封闭棚内制得）、烘烤烟（通过热气烟道烤制）、熏烤烟（用明火烤制）。

（2）卷烟（品目24. 02）

卷烟是用卷烟纸将烟丝卷制成条状的烟制品，又称“纸烟”“香烟”。

（3）烟草精汁（品目24. 03）

烟草精汁是用潮润烟叶通过压力或用水煮废烟所提取的液汁，主要用于制杀昆虫或寄生虫的药物。

（4）非经燃烧吸用（品目24. 04）

品目24.04所称“非经燃烧吸用”，是指不通过燃烧，而是通过加热或

其他方式吸用。

3. 本章商品归类应注意事项

（1）药用卷烟应归入第30章，然而用专门配制的某些不具药物性质的产品制成的戒烟用卷烟仍归入本章。

（2）既可归入品目24.04又可归入本章其他品目的产品，应归入品目24.04。

本篇小结

本篇简单介绍了动植物类商品的分布情况，其所在类、章之间的联系与区别；详细介绍了动植物类商品所在类（第一类~第四类），各章（第1章~第24章）的商品范围及结构、部分商品知识、部分未列名品目的主要商品范围；重点讲解了动植物类商品所涉及的归类原则（主要包括冷藏水果的归类、混合调味香料的归类、均化食品的归类、含有两种以上动物质产品的食品的归类）及各章归类应注意事项。动植物类商品是国际贸易中比较常见的商品，因此本篇内容是本教材的重点，应重点掌握。

通过本篇的学习，应掌握常见动植物商品的归类原则，能正确运用归类依据对动植物商品进行准确归类。

第 6 篇

矿产品的归类

（第五类）

学习目标 ◁

通过本篇的学习，学生应了解矿产品的分布情况，与相关类章的关系；熟悉本类各章的商品范围及结构，了解必要的商品知识，熟悉相关的注释；掌握重要矿产品的归类原则。引导学生弘扬工匠精神，积极探索矿产品的归类规则与方法，遇到疑难商品不退缩，积极探讨，加强团队协作，正确运用归类依据对矿产品进行准确归类。引导学生树立守法、诚信意识，践行社会主义核心价值观，遵守进出口商品归类有关的法律法规，规范进出口商品归类操作，如实申报进出口商品的税则号列。

教学重点和难点 ◁

本类各章商品所允许的加工程度，品目 25.17 优先归类的原则，相似商品的区分及归类。

6.1 矿产品（第五类）归类概述

1.矿产品的分布情况

除特殊规定外，矿产品都分布于第五类，主要是从陆地或海洋里直接提取的原产状态或只经过洗涤、粉碎等有限加工的矿产品（如仅切割成矩形的大理石）及矿渣、矿灰；而矿产制品（如大理石柱子）则一般归入第十三类。

第五类包括3章（第25章～第27章），其排列结构如下：

- 无机矿产品
  - 非金属矿产品（第25章）
  - 金属矿产品及矿渣、矿灰（第26章）
- 有机矿产品（第27章）

2.本类商品归类应注意事项

注意第五类各章注释或品目条文所允许的加工方法，用第五类所不允许的方法加工的矿产品不能归入本类。

6.2 第25章 盐；硫磺；泥土及石料；石膏料、石灰及水泥

1.本章商品范围及结构

一般说来，本章商品仅包括天然的或经洗涤（包括用化学品清除杂质而不改变矿物本身结构的）、破碎、磨碎、研粉、淘洗、细筛、粗筛，以及用浮选、磁选及其他机械物理方法（不包括结晶法）精选的矿产品。如果通过再结晶使矿产品提纯、制作成形或雕刻等其他方法加工，则一般归入后续有关章（例如，第28章、第68章等）。本章还以具体列名方式，包括一些其状况或加工方法已超出上述允许范围的矿产品，例如，纯氧化镁、精制硫、已煅烧或烧结的白云石等。

本章共有29个品目（本章无品目25.27），主要按照矿产品的基本成分、聚集状态和来源排列品目。

2.本章所涉及的商品知识

（1）未焙烧的黄铁矿（品目25.02）

未焙烧的黄铁矿主要由硫化铁组成，呈灰色或淡黄色，清除其杂质后有金属光泽，粉状时通常呈浅灰色，主要用于提炼硫。

（2）**天然石墨**（品目25.04）

天然石墨又称“黑铅”，是碳的一种，其特别之处是有光泽并且能在纸上留有明显印迹（因而被用作铅笔芯）。

（3）**石英**（品目25.06）

石英是硅石的天然结晶体，品目25.06的石英不论是品种还是质量都不适于制造宝石。

（4）**高岭土**（子目2507.0010）

高岭土也称“陶土”，是一种高级白色或近乎白色的黏土，用于陶瓷和造纸工业。

（5）**膨润土**（子目2508.1000）

膨润土是从火山灰中所得的黏土，主要用作型砂的配料、精炼油料的过滤剂和脱色剂以及纺织品的脱脂剂。

（6）**火泥**（子目2508.7000）

火泥也称“耐火陶渣”，通过粉碎耐火砖或黏土与其他耐火材料的煅烧混合物制得。

（7）**第纳斯土**（子目2508.7000）

第纳斯土是一种含黏土的石英土耐火材料，可通过将黏土与石英粉或石英砂混合制成。

（8）**白垩**（品目25.09）

白垩是一种天然碳酸钙，主要成分为水生微生物的壳。

（9）**浮石**（子目2513.1000）

浮石是一种多孔的火山岩，表面粗糙，分量极轻，一般为苍白色或灰色，有的呈棕色或红色。

（10）**原状**（子目2515.11、2516.11）

原状是指仅按石料天然解理面劈开的石块或石板，用镐或炸药等从原开石面上开采出来的不成形石料（粗石、毛石）。

（11）**粗加修整**（子目2515.11、2516.11）

粗加修整是指将石料在开采后粗略加工成，表面仍有些地方粗糙不平的石块或石板，包括用锤、凿之类的工具削去其多余的突起部分。

（12）**石棉**（品目25.24）

石棉是用某些岩石分解而成的一种天然矿物质，其纤维结构非常特别，有时有丝绢光泽，颜色差异甚大。通常呈白色，也有呈灰色、青色、蓝色或深棕色。其主要性能为耐热及耐酸。

（13）**琥珀（品目25.30）**

琥珀是一种树脂化石，颜色为黄色至深橙色不等。

（14）**黑玉（品目25.30）**

黑玉是一种密质的褐煤，颜色墨黑，容易雕琢，光泽度高。虽然黑玉用于制造珠宝首饰，但在《协调制度》中不属于宝石。

（15）**矿物性药材（子目2530.9010）**

矿物性药材是指通常作入药用的原产矿物和古动物化石，主要品种有：石燕、石蟹、龙齿、龙骨、姜石、硝石、鹅管石、阳起石等。

3.本章部分品目介绍

（1）**品目25.03**

本品目主要包括：游离状态的自然硫；通过熔融自然硫提炼的未精制硫；焙烧黄铁矿或处理其他含硫矿物而得的未精制硫；净化煤气或洗涤含硫炉气时作为副产品回收的未精制硫，以及从天然酸气和精制含硫矿物原油等回收的未精制硫；快速蒸馏自然硫，然后将液状硫冷凝制得的精制硫；研磨硫，也称为“筛选硫”“风选硫”“雾化硫”等；气化的硫不通过液相就被迅速冷却制得的硫。

本品目不包括升华硫磺、沉淀硫磺及胶态硫磺（品目28.02），作为杀菌剂等并制成零售形状或包装的硫（品目38.08）。

（2）**品目25.05**

本品目包括各种天然海沙、湖沙、河沙或碎石砂（矿物天然分裂为细小的砂粒），但不包括人工（如破碎）制得的砂及粉（归入品目25.17或按有关石料归类）；主要包括硅砂、石英砂、土质砂（包括高岭土砂、长石砂等）。

4.本章商品归类应注意事项

（1）**注意本章商品所允许的加工范围**

本章矿产品一般是天然的或经机械物理方法加工的（具体参见本章注释一），但本章还以具体列名方式将一些加工程度超出上述范围的矿产品包括在内（如纯氧化镁）。通过再结晶使产品提纯、将本章同一或不同品目的矿物相互混合、经制作或雕刻等其他方法加工，则一般归入后续相关章（例如第28章、第68章、第96章）。

（2）**注意品目25.30的商品范围**

品目25.30是本章未具体列名的品目，其主要商品范围见本章注释四。需要提醒的是以下4种商品也属于本品目。

①稀土金属矿砂（例如，氟碳铈镧矿、磷钇矿、硅铍钇矿），但不包括独居石及专门用于或主要用于提取铀或钍的其他矿砂（品目26.12）；

②花园土、荒地土、沼泽土、泥灰土、冲积土及沃土，这些土壤不论是否天然含有少量氮、磷、钾，即使用于农业，也不作为肥料归入第31章；

③辉钼“精矿”，用洗涤、研磨、浮选等某些物理方法处理，并通过热处理（煅烧除外）以除去其微量的油及水制得，供润滑用，而非供冶炼用；

④软锰矿，一种含氧化锰重量不低于79%的锰矿砂，不用于提取锰的冶金工业，而是用于制电池。

5.归类原则

品目25.17优先归类的原则：根据本章注释三的规定，既可归入品目25.17又可归入本章其他品目的产品，应归入品目25.17。

例1：用作混凝土集料、铺路或铁道路基的砸碎的白云石。

解析：白云石属于非金属矿产品，其加工方式符合第25章注释一，所以归入第25章。查阅品目条文，其既符合品目25. 18，又符合品目25.17，根据第25章注释三的规定，该商品应优先归入品目25.17。

6. 部分商品归类辨析

（1）盐及其相关产品的归类

- 普通盐以及食用盐，归入品目25.01
- 加调味料的盐（如芹盐），归入品目21.03
- 装于安瓿的氯化钠溶液及其他制成药品的氯化钠，归入第30章
- 氯化钠（符合化学定义，非培养晶体，非光学元件），归入品目25.01
- 每颗重量不低于2.5克的氯化钠培养晶体（光学元件除外），归入品目38.24
- 氯化钠（符合化学定义，培养晶体，光学元件），归入品目90.01

（2）黄铁矿的归类

未焙烧的黄铁矿主要由硫化铁组成，主要用于提炼硫，应按非金属矿归入品目25.02；已焙烧的黄铁矿除去了大量的硫，主要用于冶炼铁，应按铁矿砂归入品目26.01。

（3）硫磺的归类

- 升华硫磺、沉淀硫磺及胶态硫磺，归入品目28.02
- 零售包装或配定剂量的硫磺，归入品目30.04
- 作为杀菌剂等并制成零售形状或包装的硫磺，归入品目38.08
- 其他硫磺，归入品目25.03

（4）黏土的归类

高岭土等陶瓷用黏土，归入品目25.07
除高岭土以外的其他普通黏土（例如，膨润土、耐火黏土等），归入品目25.08
活性黏土，归入品目38.02
膨胀黏土，归入品目68.06

6.3　第26章　矿砂、矿渣及矿灰

1.本章商品范围及结构

本章商品包括各种冶金工业用的金属矿砂以及矿渣、矿灰，也就是在商业上用于提取第71章所列的贵金属、第十五类所列的贱金属、汞及品目28.44所列金属的矿砂，即使这些矿砂不用于冶金工业，也包括在本章。但本章不包括不是以冶金工业正常加工方法处理的各种矿物（如制干电池的调制软锰矿）。

本章的矿砂可经过物理、物理—化学或化学加工，只要这些工序在提炼金属上是正常的。除煅烧、焙烧或燃烧（不论是否烧结）引起的变化外，这类加工不得改变所要提炼金属的基本化合物的化学成分。物理或物理—化学加工包括破碎、磨碎、磁选、重力分离、浮选、筛选、分级、矿粉造块（如通过烧结或挤压等制成粒、球、砖、块状，不论是否加入少量黏合剂）、干燥、煅烧、焙烧以使矿砂氧化、还原或使矿砂磁化等（但不得使矿砂硫酸盐化或氯化等）。化学加工（如溶解加工）主要为了清除不需要的物质。

本章共有21个品目，按照先金属矿砂后矿渣、矿灰的顺序排列，其排列顺序为：金属矿砂（品目26.01～26.17）→冶炼钢铁产生的矿渣、矿灰（品目26.18～26.19）→含有砷、金属及其化合物的矿渣、矿灰（品目26.20）→其他矿渣、矿灰（品目26.21）。

2.本章所涉及的商品知识

（1）矿砂（品目26.01～26.17）

品目26.01～26.17所称“矿砂”，适用于含金属矿物，这些矿物与相关的物质共存于矿藏之中并被一起开采出来，同时还适用于在脉石中的天然金属（如含金属砂）。

（2）精矿（品目26.01～26.17）

品目26.01～26.17所称“精矿”，适用于用专门方法部分或全部除去异物的矿砂。这样做是因为异物有可能影响日后的冶炼或增加运输费用。

（3）生锑（子目2617.1010）

生锑是一种很纯的三硫化二锑，由高品位辉锑矿石或浮选精矿加热熔融离析制成，工业只要求生锑含硫量不低于26%、含锑69%~73%。虽然生锑与其他矿砂税率相同，但考虑到其有出口税，因此单列一个本国子目。

（4）朱砂（子目2617.9010）

朱砂又称“辰砂”“丹砂”，主要成分为硫化汞，是汞的重要天然矿物，用来提炼汞及制造汞齐和硝酸汞等，也可用来制作颜料、中药。

3.本章商品归类应注意事项

（1）注意本章矿砂所允许的加工范围。

本章矿砂可经过物理、物理—化学或化学加工，经煅烧或焙烧以外其他处理后改变了基本矿砂的化学成分或晶体结构的精矿，通常归入第28章；从其脉石或杂矿石中分选出来的天然金属（如金属块或金属粒）及天然合金，应归入第十四类或第十五类。

（2）注意品目26.01～26.17金属矿砂及精矿的范围。

品目26.01～26.17金属矿砂及精矿仅限于冶金工业中提炼汞、品目28.44的金属，以及第十四类、第十五类金属的矿物，即使这些矿物实际上不用于冶金工业，以及未经非冶金工业正常方法处理的。以下几种金属矿砂不归入本章：

①碱金属或碱土金属（锂、钠、钾、铷、铯、钙、锶及钡）的矿物；

②稀土金属矿砂；

③报验时用于提炼镁的矿物（如菱镁矿）；

④不是以冶金工业正常方法处理的（如润滑用的辉钼“精矿”）。

（3）本章的矿灰、矿渣不包括：供铺路用的矿渣及类似的工业废渣（品目25.17）；碱性熔渣（第31章）；贵金属或包贵金属的废碎料，以及主要用于回收贵金属的含贵金属或贵金属化合物的其他废碎料（品目71.12或85.49）；主要含有石油的石油储罐淤渣（品目27.10），以及通过熔炼所产生的铜锍、镍锍或钴锍（第十五类）。

（4）品目26.21主要包括矿质灰及烧结灰，海草灰（稻草灰）及其他植物灰，骨灰及在榨糖工业中处理糖蜜残渣所得的粗钾盐等。虽然这些产品很多都用作肥料（如稻草灰），但不归入第31章（碱性熔渣除外）。

4.归类原则

含有一种以上矿物的矿砂及精矿的归类原则

除品目条文另有规定的以外，含有一种以上矿物的矿砂及精矿，应根据归类总规则三（二）或三（三）归入品目26.01～26.17中的相应品目。

6.4　第27章　矿物燃料、矿物油及其蒸馏产品；沥青物质；矿物蜡

1.本章商品范围及结构

本章商品主要包括：煤及其他天然矿物燃料、石油及从沥青矿物提取的油、这些油的蒸馏产品，以及用任何其他方法获得的类似产品，也包括矿物蜡及天然沥青物质。本章的货品可以是天然的，也可以是精制的；除甲烷及丙烷以外，其余的如果是单独的、已有化学定义的有机化合物或处于商业纯状态的，应归入第29章。

本章共有16个品目，其排列顺序为：煤及其制品（品目27.01～27.08）→石油及其蒸馏产品（品目27.09～27.11）→矿物蜡、矿物沥青（品目27.12～27.15）→电力（品目27.16）。

2.本章所涉及的商品知识

（1）焦炭（品目27.04）

焦炭是在无空气存在下干馏（或炭化、气化）煤、褐煤或泥煤制得的固体产物。

（2）甑炭（品目27.04）

甑炭是从煤气厂或炼焦炉内所得的一种副产品，质硬、色黑、易碎，敲之有金属响声。

（3）煤气（品目27.05）

煤气通常是在煤气厂或炼焦炉内，在无空气存在下干馏煤而制得。它是一种氢、甲烷、一氧化碳等的复杂混合物，用于照明和加热。

（4）石脑油（子目2710.1220）

石脑油又称“轻汽油”，是一种无色透明液体，主要用作裂解、催化重整和制氨原料，也可作为化工原料及一般溶剂。

（5）橡胶溶剂油（子目2710.1230）

橡胶溶剂油又称“120号溶剂油”，为无色、透明、易挥发液体，对橡胶有很强的溶解能力，用于橡胶工业作溶剂。

（6）油漆溶剂油（子目2710.1230）

油漆溶剂油又称“200号溶剂油”，俗称“松香水”，为无色、透明、易挥发液体，用于油漆工业作溶剂和稀释剂。

（7）**抽提溶剂油（子目2710.1230）**

抽提溶剂油为无色、透明、易挥发液体，以原油经常减压蒸馏所得的直馏馏分，或重整抽余油或凝析油为原料经精制、分馏而制成，馏程为60℃～90℃。对大豆油、花生油等植物油具有很强的溶解能力，用于植物油脂萃取过程中的抽提溶剂，芳烃含量不得大于1%。

（8）**石油气（品目27.11）**

石油气一般来自石油系统的分子中含一碳至四碳的混合气，包括天然气、石油伴生气、裂解气、焦化气等。

（9）**凡士林（品目27.12）**

凡士林学名石油脂，是一种呈白色至黄棕色的油脂状产品，由石油的残油经硫酸和白土精制而得，也可以由固体石蜡烃和矿物润滑油调制而成。

（10）**稀释沥青（品目27.15）**

稀释沥青通常含有溶剂和60%及以上的沥青，用于铺路面。

3.本章商品归类应注意事项

（1）除甲烷及丙烷以外，本章不包括单独的已有化学定义的有机化合物。

（2）品目27. 10不包括含石油或沥青矿物油重量低于70%的制剂，例如，纺织材料油脂处理制剂及其他润滑剂（品目34. 03）、闸用液压油（品目38. 19）等，以及《协调制度》其他品目已列名的含任何比例（包括按重量计超过70%的）石油或沥青矿物油的制剂，例如，消毒剂、杀虫剂、杀菌剂等（品目38. 08）。

（3）品目27. 12凡士林包括粗制凡士林和精制或脱色的凡士林，还包括用合成方法制得的凡士林，但不包括零售包装的适于作护肤用的凡士林（品目33. 04）。

4.部分商品归类辨析

（1）**沥青及相关产品的归类**

- 硬脂沥青及甘油沥青，归入品目15.22
- 从煤焦油或其他矿物焦油所得的沥青及沥青焦，归入品目27.08
- 石油沥青，归入品目27.13
- 天然沥青（地沥青）、沥青页岩、沥青岩，归入品目27.14
- 以天然沥青（地沥青）、石油沥青、矿物焦油或矿物焦油沥青为基本成分的沥青混合物（例如，沥青胶粘剂、稀释沥青），归入品目27.15
- 沥青碎石，归入品目25.17
- 植物沥青，归入品目38.07
- 沥青制品，归入品目68.07

（2）矿物蜡的归类

矿物蜡（不论是原蜡或精制蜡，相互混合蜡或着色蜡，还是用合成方法制得），归入品目27.12
用矿物蜡经化学改性的人造蜡，归入品目34.04
用矿物蜡同动物蜡、植物蜡等其他材料混合制得的调制蜡，归入品目34.04
具有人造蜡性质的固体氯化石蜡，归入品目34.04
其他氯化石蜡，归入品目38.24

（3）香烟打火机及类似打火器充气用的液体燃料或液化气体燃料的归类

香烟打火机及类似打火器充气用的液体燃料或液化气体燃料的归类取决于包装容器的容量：超过300立方厘米的归入品目27.11，不超过300立方厘米的归入品目36.06。

本篇小结

本篇简单介绍了矿产品的分布情况，及其所在类章与相关类章的关系；详细介绍了矿产品所在类（第五类）各章（第25章～第27章）的商品范围及结构、部分商品知识及部分品目的主要商品范围；重点讲解了第五类各章所允许的加工方式、归类应注意事项、品目25.17优先归类的原则及相似商品的区分及归类。

通过本篇学习应掌握主要矿产品的归类原则，能正确运用归类依据对矿产品进行准确归类。

第 7 篇

化工类商品的归类

（第六类～第七类）

学习目标 ◁

通过本篇的学习，学生应了解化工类商品的分布情况，其所在类、章之间的联系与区别；熟悉本篇各类、各章的商品范围及结构，了解必要的商品知识，熟悉相关的注释；掌握日用化工品的归类要点。引导学生弘扬工匠精神，积极探索化工类商品的归类规则与方法，遇到疑难商品不退缩，积极探讨，加强团队协作，正确运用归类依据对化工品进行准确归类。引导学生树立守法、诚信意识，践行社会主义核心价值观，遵守进出口商品归类有关的法律法规，规范进出口商品归类操作，如实申报进出口商品的税则号列。

教学重点和难点 ◁

本类商品所涉及的归类原则，特别是优先归类原则，药品、肥料、着色料、感光材料、共聚物的归类，相似商品的区分及归类。

7.1　化工类商品的分布情况

化工类商品主要分布于第六类（第28章～第38章）和第七类（第39章～第40章），其中第七类是高分子化工产品。其具体结构如下：

- 第六类
  - 符合化学定义的纯净物
    - 无机化学品（第28章）
    - 有机化学品（第29章）
  - 不符合化学定义的混合物
    - 药品（第30章）
    - 肥料（第31章）
    - 着色用化工品（第32章）
    - 盥洗、化妆用化工品（第33章）
    - 清洁、光洁、润滑用化工品（第34章）
    - 蛋白类物质（第35章）
    - 易燃易爆化工品（第36章）
    - 照相、电影用化工品（第37章）
    - 杂项化学产品（第38章）
- 第七类
  - 塑料及其制品（第39章）
  - 橡胶及其制品（第40章）

7.2　第六类　化学工业及其相关工业的产品

7.2.1　第六类商品归类概述

1. 本类商品范围及结构

本类商品几乎包括所有的化学原料及化工制品（部分石油化工品及高分子化工品除外），绝大多数产品是由人工合成的（尤其是基本化工原料），例如，氯化铵、樟脑等；少数产品是以天然的动植物或矿物为原料，经过一系列复杂加工处理制得的，例如，胡椒薄荷油、改性淀粉等。

本类共有11章（第28章～第38章），从总体上讲，可分为两大部分：第一部分（第28章～第29章），为基本化工原料，大多属于符合化学定义的非零售包装的纯净物，用于合成或制造其他相关工业的各种制成品。按照产品的化学结构设章，无机化学品（小部分有机化学品）归入第28章，其他有机化学品归入第29章；第二部分（第30章～第38章），为各种不同用途的化工用品，一般为混合物或属于零售包装的产品，主要按用途设章。具体结构详见7.1。

2. **本类涉及的商品知识**

（1）“单独的已有化学定义的化合物”

“单独的已有化学定义的化合物”是由一种分子（如通过共价键或离子键结合）组成的物质，此种物质的各种组成元素的比例（即化学计量比）是固定的，而且可以用确定的结构图进行表示。晶格化合物由于晶格间有间隙或插入物，化学计量比可能出现小偏差，只要这些偏差不是故意造成的，仍然是单独的已有化学定义的化合物。

（2）“杂质”

第28章及第29章章注一所称“杂质”，仅指那些在制造（包括净化）单一化合物过程中残留的物质。这些物质可以因为制造时的任何因素而残留下来，主要包括：未转化原料、存在于原料中的杂质、制造（包括净化）过程中所使用的试剂、副产品。但是如果此种物质是故意残留下来，并使产品适于特殊用途而不适于一般性用途的，则不能视为所允许的杂质。

3. **本类类注涉及的归类原则**

本类共有4条类注，都是阐述归类原则的注释。

（1）注释一（优先归类原则）

注释一由两部分组成：

①注释一（一）规定所有的放射性化学元素及放射性同位素以及它们的化合物（放射性矿砂除外），即使具有其他特征而可归入本《协调制度》的其他品目，也应一律归入品目28.44。例如，放射性氯化钠应归入品目28.44，而不归入品目25.01。但应注意，放射性矿砂（如铀矿砂）应归入第五类。

本条注释还规定非放射性同位素及其化合物，应归入品目28.45，而不归入本《协调制度》的其他品目。例如，重氢（氢的非放射性同位素）应归入品目28.45，而不归入品目28.04。

②注释一（二）规定除放射性化学物质及非放射性同位素外，凡符合品目28.43、28.46或28.52规定的货品，应优先归入这3个品目中最合适的一个品目，而不归入第六类的其他品目。例如，硝酸银即使制成零售包装供摄影用，也应归入品目28.43而不归入品目37.07。又如，硫酸汞应按汞的无机化合物归入品目28.52，而不按硫酸盐归入品目28.33。

但应注意，品目28.43、28.46及28.52只在第六类中优先于其他品目。如果品目28.43、28.46或28.52所述货品也可归入其他类的品目时，其归类取决于有关注释以及归类总规则。例如，硅铍钇矿，是一种稀土金属化合物，符合品目28.46，但第28章注释三（一）规定该章不包括第五类的产品，因此，硅铍钇矿应归入品目25.30，而不归入品目28.46。

（2）注释二（优先归类原则）

注释二规定由于按一定剂量或零售包装而归入品目30.04、30.05、30.06、32.12、33.03、33.04、33.05、33.06、33.07、35.06、37.07或38.08的货品，不论是否可归入本《协调制度》的其他品目，应一律归入上述品目（注释一规定的货品除外）。例如，零售包装的磺胺嘧啶，应归入品目30.04，而不归入品目29.35。

应用类注一和类注二解决归类时，应注意使用的优先顺序是：类注一（一）→类注一（二）→类注二，也就是品目28.44或28.45最优先，品目28.43、28.46或28.52次优先，最后是品目30.04、30.05、30.06、32.12、33.03、33.04、33.05、33.06、33.07、35.06、37.07或38.08。

（3）注释三（配套货品归类原则）

注释三规定，由两种或两种以上单独成分配套的货品，其部分或全部成分属于本类范围以内，混合后则构成第六类或第七类的货品，应按混合后产品归入相应的品目。例如，由金属氧化物、氯化锌、塑料物料组成的配套牙科粘固剂，应按混合后的牙科粘固剂归入品目30.06。但应注意，如果各部分不是混合后使用而是逐个连续使用的，则不属于本规定的范围。这些货品，如果已制成零售包装，则应按归类总规则“一般是总规则三（二）”的规定办理；如果未制成零售包装，则应分别归类。

（4）注释四（优先归类原则）

注释四规定，列名或功能既符合第六类中一个或多个品目的规定，又符合品目38.27的规定的产品，应按列名或功能归入相应品目，而不归入品目38.27。例如，既可作为“有机复合溶剂”归入品目38.14，又可归入品目38.27的产品应归入品目38.14。

7.2.2　第28章　无机化学品；贵金属、稀土金属、放射性元素及其同位素的有机及无机化合物

1. 本章商品范围及结构

本章商品包括绝大部分无机化学品及少数有机化学品。本章分成6个分章，共50个品目（本章无品目28.38、28.48及28.51），按商品分子结构从简

单到复杂排列，即按化学元素→非金属化合物→金属化合物→杂项产品顺序排列，其具体排列结构如下：

第一分章（品目28.01～28.05）：化学元素
第二分章（品目28.06～28.11）：无机酸及非金属氧化物
第三分章（品目28.12～28.13）：非金属卤化物及硫化物
第四分章（品目28.14～28.25）：无机碱和金属氧化物、氢氧化物及过氧化物
第五分章（品目28.26～28.42）：无机盐及金属酸盐
第六分章（品目28.43～28.53）：杂项产品

2. 本章所涉及的商品知识

（1）稀有气体

稀有气体包括氦、氖、氩、氪、氙、氡6种气体，其中氡是一种具有放射性的稀有气体应归入品目28.44，其他稀有气体归入品目28.04。

（2）碱金属

碱金属包括锂、钠、钾、铷、铯、钫6种金属元素，其中钫是放射性元素。

（3）碱土金属

碱土金属包括铍、镁、钙、锶、钡、镭6种金属元素，但品目28.05的碱土金属只包括钙、锶、钡，铍、镁应作为贱金属归入第81章，镭具有放射性归入品目28.44。

（4）稀土金属

稀土金属包括钪、钇、镧、铈、镨、钕、钷、钐、铕、钆、铽、镝、钬、铒、铥、镱、镥17种金属元素，其中钷具有放射性。

（5）无机酸

无机酸是指能解离出氢离子的无机化合物，例如，硫酸。

（6）非金属卤化物

卤素与氧或氢以外的一种其他非金属结合而成的化合物，例如，三氯化砷。

（7）非金属硫化物

硫与氧或氢以外的一种其他非金属结合的化合物，例如，二硫化碳。

（8）碱

电离时所有阴离子都是氢氧根离子的化合物，例如，氢氧化钠。

（9）盐

盐是酸与碱中和的产物，由金属离子（包括铵根离子）与酸根离子构

成，例如，硝酸钾。

（10）汞齐

汞与金属的合金称“汞齐”，其中贵金属与汞的合金称“贵金属汞齐”。

3. 本章部分无机化学品俗名或商业名与化学名对照

本章部分无机化学品俗名或商业名与化学名对照表，如表7-1所示。

表7-1　本章部分无机化学品俗名或商业名与化学名对照表

化学名	俗名或商业名	所属品目	化学名	俗名或商业名	所属品目
汞	水银	28.05	六氟铝酸钠	人造冰晶石	28.26
氯化氢水溶液	盐酸	28.06	氯酸钾	洋硝	28.29
碳酰二氯	光气	28.12	碳酸钠	纯碱、苏打	28.36
氢氧化钠	烧碱	28.15	碳酸氢钠	小苏打	28.36
氢氧化钾	苛性钾	28.15	氧化氘	重水	28.45
一氧化铅	铅黄、黄丹	28.24	过氧化氢水溶液	双氧水	28.47

4. 本章商品归类应注意事项

（1）注意本章优先归类的5个品目及其商品范围。

品目28.44、28.45、28.43、28.46、28.52是优先归类的品目，其中品目28.44、28.45是《协调制度》最优先归类的品目，品目28.43、28.46、28.52是本类次于品目28.44、28.45优先归类的品目，应熟悉这5个品目的商品范围以做到正确归类。

（2）注意不归入本章的符合化学定义的无机化学品的范围。

本章主要包括单独的化学元素及单独的符合化学定义的无机化合物，但是某些单独的化学元素及单独的符合化学定义的无机化合物因为用途等原因并不归入本章。不归入本章的无机化学品主要包括：

①氯化钠、氧化镁等第25章的矿产品；

②第31章注释二、三、四或五所述的无机产品，例如硫酸铵；

③品目32.06用作发光剂的无机产品；

④人造石墨（品目38.01）；

⑤碱金属或碱土金属卤化物培养晶体制光学元件（品目90.01），以及每颗重量不小于2.5克的碱金属或碱土金属卤化物培养晶体（非光学元件）（品目38.24）；

⑥金属单质（第十四类或第十五类）；

⑦因配定剂量或零售包装可归入类注二所述品目的，应优先归入那些品目。例如，供治疗疾病用的零售包装胶态硫磺，应归入品目30.04，而不归入品目28.02。

（3）注意归入本章的不符合化学定义的化学品范围。

本章商品一般是符合化学定义的无机化合物，但是某些品目以具体列名的方式包括了不符合化学定义的无机化合物。例如，品目28.18的人造刚玉，就可以不符合化学定义。

（4）当无机化学品含氮、磷、钾3种肥效元素中的任何一种元素时，应注意是否符合第31章章注二至五的规定，对于符合规定的应归入第31章。例如，硝酸铵符合第31章章注二（一）的规定，应归入第31章，而不归入品目28.34。

（5）熟悉本章编码表中列名的俗名或商业名。

5. 部分商品归类辨析

（1）无机化学品溶液的归类

①无机化学品水溶液与该无机化学品归入同一品目，例如，氢氧化钠水溶液按氢氧化钠归入品目28.15。

②无机化学品非水溶液，如果是为了安全或运输的需要而必须进行的一种正常及必须的方法，同时所用溶剂不致于使产品适于特殊用途而不适于一般性用途，此种溶液仍应归入本章；但溶于非水介质所形成的溶液适于特殊用途而不适于一般性用途，则归入品目38.24，例如，氢氧化钠的乙醇溶液。

（2）碱金属或碱土金属卤化物培养晶体的归类

碱金属或碱土金属卤化物培养晶体制光学元件，归入品目90.01；每颗重量不小于2.5克的碱金属或碱土金属卤化物培养晶体（非光学元件），归入品目38.24；每颗重量小于2.5克的碱金属或碱土金属卤化物培养晶体（非光学元件），除了氯化钠、氧化镁归入第25章以及氯化钾归入第31章外，其他都归入本章。

（3）汞及其相关产品的归类

汞，归入品目28.05
贵金属汞齐，归入品目28.43
非贵金属汞齐，归入品目28.53
其他汞的无机或有机化合物，归入品目28.52

7.2.3 第29章 有机化学品

1. 本章商品范围及结构

除少数品目条文另有规定的以外，本章仅包括单独的已有化学定义的有机化合物。但不是所有的、单独的、已有化学定义的有机化合物都归入本章（例如，甲烷归入品目27.11），也不是所有的不符合化学定义的有机化合物都不归入本章（例如，卵磷脂不论是否已有化学定义均归入品目29.23）。

本章分成13个分章，共有42个品目，按照商品分子结构从简单到复杂排列。其排列结构如下：

第一分章（品目29.01～29.04）：烃类及其衍生物
第二分章（品目29.05～29.06）：醇类及其衍生物
第三分章（品目29.07～29.08）：酚、酚醇及其衍生物
第四分章（品目29.09～29.11）：醚、缩醛及半缩醛及其衍生物
第五分章（品目29.12～29.13）：醛基化合物
第六分章（品目29.14）：酮基化合物及醌基化合物
第七分章（品目29.15～29.18）：羧酸及其酸酐、酰卤化物、过氧化物及其衍生物
第八分章（品目29.19～29.20）：无机酸酯及其盐及其衍生物
第九分章（品目29.21～29.29）：含氮基化合物
第十分章（品目29.30～29.35）：有机—无机化合物、杂环化合物、核酸及其盐
第十一分章（品目29.36～29.37）：维生素原、维生素及激素
第十二分章（品目29.38～29.39）：苷、生物碱及其盐、醚、酯和其他衍生物
第十三分章（品目29.40～29.42）：其他有机化合物

2. 本章所涉及的商品知识

（1）烃

烃又称“碳氢化合物”，即由碳和氢两种元素组成的化合物。烃的种类繁多，按结构和性质可分为：

①无环烃（品目29.01）：

A.饱和烃（烷烃）：分子结构中碳原子仅以单键连接的烃，通式为C_nH_{2n+2}（n≥1）。例如，乙烷、丙烷等。

B.不饱和烃：

烯烃：分子结构中碳原子以双键连接的烃，通式为C_nH_{2n}（n≥2），如乙烯
炔烃：分子结构中碳原子以三键连接的烃，通式为C_nH_{2n-2}（n≥2），如乙炔

②环烃（品目29.02）：

A.脂环烃：

环烷烃：分子结构中环的碳原子间仅以单键连接的烃，通式为C_nH_{2n}（n≥3），如环己烷
环烯烃：分子结构中环的碳原子间含有双键的烃，通式为C_nH_{2n-2}（n≥3），如环己烯

B.芳香烃：具有苯环结构和芳族化合物性质的烃，通式为C_nH_{2n-6}（n≥6），如苯、萘等。

（2）醇

羟基（-OH）与烃基连接的化合物（与芳烃核直接连接的化合物除外），通式为R·OH（R是烃基）。根据烃基的不同可分为：

①无环醇（品目29.05）：羟基与无环烃基连接而成的醇，如甲醇CH_3OH。

②芳香醇（品目29.06）：羟基与芳香烃支链连接而成的烃，如苯甲醇$C_6H_5 \cdot CH_2OH$。

③环醇（品目29.06）：羟基与环烃基连接而成的醇，如环己醇$CH_2(CH_2)_4CHOH$。

（3）酚

羟基（-OH）与芳烃核（苯环或稠苯环）直接连接的化合物，通式是ArOH（Ar为芳烃基），例如，苯酚C_6H_5OH、甲苯酚$CH_3 \cdot C_6H_5 \cdot OH$。

（4）醚

醇或酚羟基中的氢原子被烃基（烷基或芳基）取代即得醚，通式为R—O—R'，式中的R与R'可以相同也可以不同，例如，乙醚C_2H_5—O—C_2H_5、甲乙醚CH_3—O—C_2H_5。

（5）醛

醛基（-CHO）与烃基（或氢）连接的化合物。可分为：无环醛，通式为RCHO，例如，甲醛HCHO、乙醛$CH_3 \cdot CHO$；芳香醛，通式为ArCHO，例如，苯甲醛$C_6H_5 \cdot CHO$、苯乙醛$C_6H_5 \cdot CH_2CHO$。

（6）酮

羰基（C=O）的两个单键分别与两个烃基连接的化合物。

（7）羧酸

烃基与羧基（-COOH）连接的化合物。含有一个羧基的称为一元羧酸，含有两个及以上羧基的称为多元羧酸。

（8）酸酐

由两个一元酸分子或一个二元酸分子缩水而成的化合物，例如，醋（酸）酐（CH_3CO）$_2O$、邻苯二甲酸酐C_6H_4（CO_2）O等。

（9）无机酸酯

由醇（或酚）与无机酸反应而得的化合物，通式为RO · X，式中R表示醇基或酚基，X表示无机酸分子的残余物——酸基，例如，硫酸氢甲酯$CH_3O \cdot SO_3H$。

（10）维生素

生物生长和代谢所必需的微量有机物，存在于许多天然产物中。已知的重要维生素有20余种，一般可分为脂溶性和水溶性两类。脂溶性维生素包括维生素A、D、E、K等；水溶性维生素包括B族维生素和维生素C。

（11）生物碱

生物碱旧称“植物碱”，为具有碱性的含氮有机化合物，通常存在于植物中，有些也存在于动物中，有些已可人工合成。生物碱在医学上很重要，常有独特的和强烈的药理作用，例如，吗啡碱、毛果芸香碱、奎宁等。

3. 本章部分有机化学品俗名或商业名与化学名对照

本章部分有机化学品俗名或商业名与化学名对照表，如表7-2所示。

表7-2　本章部分有机化学品俗名或商业名与化学名对照表

化学名	俗名或商业名	所属品目	化学名	俗名或商业名	所属品目
三氯甲烷	氯仿	29.03	乙二酸	草酸	29.17
三硝基甲苯	TNT	29.04	邻乙酰水杨酸	阿司匹林	29.18
丙三醇	甘油	29.05	环已基氨基磺酸钠	甜蜜素	29.29
甲醛水溶液	福尔马林	29.12	甲硫氨酸	蛋氨酸	29.30
乙酸	醋酸	29.15	头孢三嗪	头孢曲松	29.41

4. **本章部分品目介绍**

品目29.41包括下列各类物质：

（1）杂环类抗菌素，例如，新生霉素、头孢霉素类、链丝菌素。本类最重要的是青霉素类（几种青霉素真菌的分泌物），还包括普鲁卡因青霉素。

（2）相关糖类抗菌素，例如，链霉素类。

（3）四环素类及其衍生物，例如，氯四环素（金霉素）、氧四环素（土霉素）。

（4）氯霉素及其衍生物。

（5）大环内酯类抗菌素，例如，红霉素、泰乐菌素。

（6）多肽类抗菌素，例如，放线菌素、杆菌肽、短杆菌肽、短杆菌酪肽。

（7）其他抗菌素，例如，肉瘤霉素、万古霉素。

本品目也包括具有同样用途的化学改性抗菌素，通过合成法再生的天然抗菌素（如氯霉素），与天然抗菌素紧密相关并用作抗菌素的某些合成产品（如甲砜氯霉素）。

本品目不包括的货品主要有：用于动物饲料的抗菌素制剂；喹啉羧酸衍生物、硝基呋喃、磺酰胺及其他归入本章前面各品目所列具有抗菌作用，并且已有化学定义的有机化合物；将各种抗菌素人工合成的产品（品目30.03或30.04）。

5. **本章商品归类应注意事项**

（1）注意不归入本章商品的符合化学定义的有机化学物的范围。

本章商品包括单独的已有化学定义的有机化合物，但并不是所有的已有化学定义的有机化合物都归入本章，不归入本章的符合化学定义的有机化学物主要有：化学纯蔗糖（品目17.01）；化学纯乳糖、麦芽糖、葡萄糖及果糖（品目17.02）；乙醇（品目22.07或22.08）；甲烷及丙烷（品目27.11）；尿素（品目31.02或31.05）；合成有机色料（包括颜料），以及用作荧光增白剂的合成有机产品（品目32.04）。

（2）注意归入本章商品的不符合化学定义的有机化学品的范围。

归入本章商品的不符合化学定义的有机化学品主要有：过氧化酮（品目29.09）、卵磷脂及其他磷氨基类脂（品目29.23）、核酸及其盐（品目29.34）、维生素原及维生素（包括浓缩物及相关混合物）（品目29.36）、激素（品目29.37）、生物碱及其衍生物（品目29.39）、抗菌素（品目29.41）。

（3）本章许多产品可作为药品的原料（例如，抗菌素、激素等），若配定剂量或零售包装或相互混合应归入第30章（维生素的混合物仍归入本章）。

例如，零售包装的磺胺嘧啶，不能归入品目29.35，而应该归入品目30.04。

（4）本章的聚乙醛及类似物质应呈晶体状或粉状，呈片状、条状作燃料用的应归入品目36.06。

（5）熟悉常见有机化学品的俗名或商业名。

7.2.4 第30章 药品

1. 本章商品范围及结构

本章商品不仅包括具有治病或防病作用的药品，还包括本身不具备治病或防病作用但可单独用于医疗、外科、牙科或兽医用的产品，但本章商品不包括具有强身壮体作用的食品及饮料（例如，营养品、糖尿病食品、强化食品、保健食品、滋补饮料等）。

本章共有6个品目，其排列顺序为：供治疗或预防疾病用的人体或动物制品（品目30.01）→疫苗、毒素（品目30.02）→具有治病或防病作用的药品（品目30.03～30.04）→不具有治病或防病作用的医药用品（品目30.05～30.06）。

2. 本章所涉及的商品知识

（1）橡皮膏（子目3005. 1010）

橡皮膏仅指以橡胶为主要基质同树脂、油脂、氧化锌等混合，均匀涂在布上而制成的黏性外贴制品，常用以固定外科敷料等。具有药物作用的（如风湿止痛膏）应归入子目3005.1090。

（2）造口术

在人体上人工开口称为造口，实施该种造口的外科手术称为造口术。常见的造口术有结肠造口术、回肠造口术和尿道造口术。

（3）废药物（子目3006. 9200）

废药物指因超过有效保存期等原因而不适于作原用途的药品。

3. 本章商品归类应注意事项

（1）注意品目30.04、30.05、30.06是优先归类的品目。

凡配定剂量或零售包装可归入品目30.04、30.05或30.06的，除非符合品目28.44、28.45、28.43、28.46、28.52的规定，否则一律归入以上3个品目中的某个品目（参见第六类类注二）。例如，用于局部麻醉的普鲁卡因针剂，既可按含氧基氨基化合物归入品目29.22，又可按配定剂量的药品归入品目30.04，根据第六类类注二应优先归入品目30.04。

（2）本章商品不包括具有强身壮体作用的食品及饮料（例如，营养品、糖尿病食品、强化食品、保健食品、滋补饮料等），但供静脉摄入用的滋养品仍归入本章。

（3）正确理解品目30.03、30.04及本章注释四（四）所述的非混合产品及混合产品的含义。

品目30.03、30.04及本章注释四（四）所述的非混合产品包括：溶于水的非混合产品；第28章及第29章的所有货品；品目13.02的单一植物浸膏，只经标定或溶于溶剂的。

品目30.03、30.04及本章注释四（四）所述的混合产品包括：胶体溶液及悬浮液（胶态硫磺除外）；从植物性混合物加工所得的植物浸膏；蒸发天然矿质水所得的盐及浓缩物。

这与我们日常生活所理解的“非混合”“混合”不完全一致，例如，维生素A与维生素E的混合物，是品目29.36的货品，因为第28章及第29章的所有货品都是非混合物，所以维生素A与维生素E的混合物在品目30.03、30.04及本章注释四（四）中就属于非混合产品。

（4）注意区分品目30.03与30.04。

品目30.03、30.04都是治疗或预防疾病的内服或外用药品，但是品目30.03是混合的非零售包装或未配定剂量的药品，配定剂量或零售包装的药品应归入品目30.04。

（5）并不是所有的医药用品都归入品目30.06，品目30.06只包括章注四所列的医药用品（具体的商品范围查阅本章章注四）。

4. 部分商品归类辨析

药品原料及药品的归类如下：

- 动物性药品原料（如麝香），归入第5章
- 植物性药品原料（如人参），归入第12章
- 有机性药品原料（如抗菌素），归入第29章
- 混合的非零售包装或未配定剂量的药品，归入品目30.03
- 混合或非混合的零售包装或配定剂量的药品，归入品目30.04

7.2.5 第31章 肥料

1. 本章商品范围及结构

本章商品主要包括通常用作天然或人造肥料的绝大多数产品，但本

章商品不包括虽能改良土壤，但不能增加肥力的物质，例如，石灰（品目25.22）、泥灰及腐殖质土（品目25.30）、泥煤（品目27.03）等，还不包括已制成的植物生长培养介质，例如，盆栽土（品目38.24），尽管这些产品可含有少量的氮、磷或钾肥料要素。

本章共5个品目，其排列顺序为：动、植物肥（品目31.01）→单一肥效成分的矿物肥或化学肥（品目31.02～31.04）→多种肥效成分的复合肥；其他肥料；制成片状及类似形状或每包毛重不超过10千克的本章各项货品（品目31.05）。

2. 本章部分品目介绍（品目31.01）

品目31.01主要包括：只适于作肥料用的排泄物、人畜粪肥及污秽废羊毛，只适于作肥料的腐烂植物产品，用硫酸处理皮革后剩余的产品，由已腐烂废植物和其他物质组成并用石灰等进行加速或控制腐烂的堆肥，羊毛洗刷残渣，干血和骨粉的混合物，经城市污水处理厂处理的性质稳定的下水道淤泥。本品目不包括骨、木材、泥煤或煤烧成的灰（品目26.21）及天然肥料与化学肥料混合而成的混合物（品目31.05）。

3. 归类原则

（1）含氮、磷、钾3种肥效元素中的任何一种元素的纯净化学品的归类。

①在第31章注释二至注释五中没有列名的，即使作肥料用，也不应归入第31章，例如，不论是否作肥料用的硝酸钾，均应归入第28章。

②在第31章注释二至注释五中已明确列名的，即使不作肥料用，仍应归入第31章。例如，不论是否作肥料用的硫酸铵，均应归入第31章。

例1：
- 纯氯化铵（符合化学定义、粉状、每包毛重10千克、肥料用）
- 纯氯化钾（符合化学定义、粉状、每包毛重10千克、肥料用）

解析：该组商品都是符合化学定义作肥料用的无机化学品，其中氯化铵含有氮，氯化钾含有钾，看起来既可以按无机化学品归入第28章，又可以按肥料归入第31章。根据第28章章注三（三）“本章不包括第31章注释二、三、四或五所述的产品”，因为第31章注释二中没有“氯化铵，不论是否纯净”，而注释四中列有“氯化钾，不论是否纯净”，所以氯化铵应归入第28章，而氯化钾应归入第31章。

（2）制成片状及类似形状或每包毛重不超过10千克的本章各类货品应归入子目3105. 1000。

例2：
- 纯氯化钾（符合化学定义、粉状、每包毛重10千克、肥料用）
- 纯氯化钾（符合化学定义、粉状、每包毛重20千克、肥料用）

解析：该组商品都是符合化学定义做肥料用的氯化钾，所不同的是毛重不同，根据第31章注释四："品目31.04只适用于下列货品，但未制成品目31.05所述形状或包装"，毛重10千克的氯化钾应归入品目31.05，进而归入子目3105.1000；毛重20千克的氯化钾应归入品目31.04，进而归入子目3104.2020。

7.2.6 第32章 鞣料浸膏及染料浸膏；鞣酸及其衍生物；染料、颜料及其他着色料；油漆及清漆；油灰及其他类似胶粘剂；墨水、油墨

1. 本章商品范围及结构

本章商品主要包括用于鞣制及软化皮革的制剂（植物鞣膏，不论是否与天然鞣料混合的合成鞣料以及人造脱灰碱液）；植物、动物或矿物着色料及有机合成着色料；着色料制成的大部分制剂（油漆、陶瓷着色颜料、墨水等）；清漆、干燥剂及油灰等各种其他制品。

除品目32.03及32.04的货品、用作发光体的无机产品（品目32.06）、品目32.07所述形状的熔融石英或其他熔融硅石制成的玻璃、制成零售形式或包装的染料及其他着色料（品目32.12）外，本章商品不包括由已有化学定义的化学元素或化合物构成的货品，这些货品一般归入第28章或第29章。

本章共有15个品目，其排列顺序为：鞣料（品目32.01～32.02）→着色料（品目32.03～32.07）→油漆（品目32.08～32.10）→配制的催干剂（品目32.11）→零售形状及零售包装的着色料（品目32.12）→艺术家、学生用零售包装的颜料（品目32.13）→嵌缝胶（品目32.14）→墨水（品目32.15）。

2. 本章所涉及的商品知识

（1）植物鞣料浸膏（品目32.01）

通常用温水（有时经酸化）对预先粉碎或切丝的植物材料（木、树皮、树根等）进行萃取而制得，主要用于鞣制皮革。

（2）色淀（品目32.05）

色淀是将天然着色料（动物或植物质）或有机合成着色料（不论是否能溶于水），固定在一种通常为矿物质（例如，硫酸钡、碳酸钙、瓷土等）的基底上而制得。

（3）**钛白粉（子目3206.1110）**

钛白粉主要化学成分为二氧化钛，是一种常用的白色颜料。

（4）**锌钡白（子目3206.4210）**

锌钡白俗称“立德粉”，是硫化钡跟硫酸锌的混合晶体，是一种优良的白色颜料。

（5）**配制的催干剂（品目32.11）**

配制的催干剂是一种能使干性油更易氧化，从而加速油漆或清漆干燥的混合物。

（6）**压印箔（子目3212.1000）**

压印箔是金属或金属粉末（包括贵金属或贵金属粉末）固定于其他支撑物上，或经辅助黏合剂简单烧结在一起的颜料箔片。

3. 本章部分品目介绍

（1）**品目32.03**

本品目包括主要用作着色料的大部分动植物产品。这些产品通常是用水、弱酸或氨溶液浸取植物原料（木材、树皮、根、籽、花及地衣等）或动物原料制得（不论是否已有化学定义）。具体包括以下3种：

①植物质着色料及染料浸膏（例如，苔色素及石蕊，从各种葡萄皮制得的葡萄霜，从荨麻及其他植物提取而得的叶绿素，也包括叶绿素钠、叶绿素铜及叶黄素，从靛蓝植物制得的天然靛蓝等）；

②动物质着色料（例如，胭脂虫浸膏、虫胭脂、乌贼染料，从虫胶制得的紫胶染料、天然珍珠颜料）；

③以动植物色料为基料，用于任何物料着色的或用作色料制剂拼料的制剂。

（2）**品目32.15**

本品目包括：

①印刷油墨（或色料）；

②普通书写用或绘图用墨水；

③其他墨水，包括：拷贝墨水及胶版誊写墨水、圆珠笔用油墨、油印机用墨、印台或打印色带用墨水、标记用不褪色墨水、金属墨水、配制的隐显墨水。

4. 本章商品归类应注意事项

（1）品目32.12是《协调制度》次于品目28.44、28.45、28.43、28.46、28.52优先归类的品目，因此，零售形状或零售包装的染料或其他着色料应优先归入品目32.12。例如，零售包装的钛白粉，应归入品目32.12而不归入品目32.06。

（2）子目3213.1000“成套的颜料”，可以附带画笔、调色板、调色刀、擦笔及扁盘等。

（3）品目32.14的胶粘剂除了能将物体的组成部分牢固地粘结起来，还具有堵塞、封闭或嵌填缝隙的作用，应注意与品目35.06的调制胶或黏合剂相区分。

5. 部分商品归类辨析

（1）着色料的归类

- 零售形状或零售包装的着色料，归入品目32.12
- 非零售形状或零售包装的着色料
  - 天然
    - 动植物质着色料，归入品目32.03
    - 矿物质着色料，归入品目32.06
  - 人工合成
    - 有机合成着色料，归入品目32.04
    - 无机合成着色料，归入品目32.06

（2）品目39. 01～39. 13所列产品溶于挥发性有机溶剂的溶液的归类

①胶棉溶于挥发性有机溶剂，不论溶剂的比例如何均归入第39章。

②除胶棉以外的品目39.01～39.13所列产品溶于挥发性有机溶剂的溶液，挥发性有机溶剂重量超过溶液重量50%的则归入品目32.08；挥发性有机溶剂重量不超过溶液重量50%的归入第39章。

7.2.7 第 33 章 精油及香膏；芳香料制品及化妆盥洗品

1. 本章商品范围及结构

本章商品主要包括芳香物质（例如，精油、香膏等），以及芳香物质的制品（例如，香水、香粉等）。

本章共有7个品目，其排列顺序为：精油及香膏（品目33.01）→工业用混合香料及其制品（品目33.02）→化妆盥洗品（品目33.03～33.07）。

2. 本章所涉及的商品知识

（1）精油（品目33. 01）

精油是指通过压榨等方法从植物获取的一类含有各种比例的醇、醛、酮、酯、醚及萜烯等的物质，大多具有挥发性，通常按来源的植物名称命名。

（2）香膏（品目33. 01）

香膏是通过萃取某些干燥的动、植物树脂渗出物制取的工业用定香剂，主要由不挥发性物质构成。归入子目3301.3090的香膏有阿魏香膏、麝香香膏、没药香膏、乳香香膏等。

（3）提取的油树脂（品目33.01）

在商业上也称作“调制油树脂”或“香味油树脂”，主要用于食品工业中作香味剂。提取的油树脂归入子目3301.9010，但是天然的油树脂应归入品目13.01。

3. 本章商品归类应注意事项

（1）子目3301.12所称“橙”不包括橘（含蜜橘及莎摩橘）、克莱芒柑、威尔金斯柑橘及类似的杂交柑橘。

（2）品目33.03～33.07是优先归类的品目。

凡零售包装或配定剂量可归入品目33.03～33.07的货品应优先归入这些品目中的某个品目，而不归入《协调制度》的其他品目（品目28.43～28.46及品目28.52的货品除外），例如，零售包装的护肤用凡士林，应归入品目33.04而不归入品目27.12。

（3）品目33.03～33.07的产品不论是否含有起辅助作用的药物或消毒成分，也不论是否具有辅助治疗或预防作用，其中室内除臭剂即使其消毒性能已超出辅助作用，但仍应归入品目33.07。

（4）注意品目33.07所称“芳香料制品及化妆盥洗品”的范围。

品目33.07所称“芳香料制品及化妆盥洗品”主要包括：香袋，通过燃烧散发香气的制品，香纸及用化妆品浸渍或涂布的纸，隐形眼镜片或假眼用的溶液，用香水或化妆品浸渍、涂布、包覆的絮胎、毡呢及无纺织物，动物用盥洗品。

7.2.8 第34章 肥皂、有机表面活性剂、洗涤剂、润滑剂、人造蜡、调制蜡、光洁剂、蜡烛及类似品、塑型用膏、“牙科用蜡”及牙科用熟石膏制剂

1. 本章商品范围及结构

本章商品主要包括通过工业处理各种油、脂或蜡而得的产品（例如，肥皂、某些润滑剂、调制蜡、光洁剂、蜡烛），以及某些人造产品（例如，表面活性剂、表面活性剂制品及人造蜡）。本章不包括已有化学定义的单独化合物，也不包括未混合或未经处理的天然产品。

本章共有7个品目，其排列顺序为：肥皂（品目34.01）→有机表面活性

剂及其制品（品目34.02）→润滑剂（品目34.03）→人造蜡（品目34.04）→光洁剂（品目34.05）→蜡烛（品目34.06）→塑型用膏及零售包装的牙科用蜡（品目34.07）。

2. 本章所涉及的商品知识

（1）肥皂（品目34. 01）

品目34.01所称"肥皂"仅适用于水溶性肥皂，包括盥洗皂（一般都着色并加香料，包括浮水皂、除臭皂、甘油皂、剃须皂、药皂、消毒皂及呈条状、块状或模制形状的磨蚀皂），家用皂（可以着色或加入香料），松香、妥尔油或环烷酸盐皂，工业用皂。

（2）人造蜡及调制蜡（品目34. 04）

品目34.04的"人造蜡及调制蜡"仅适用于：

①用化学方法生产的具有蜡质特性的有机产品，不论是否为水溶性的；

②各种蜡混合制成的产品；

③以一种或几种蜡为基本原料并含有油脂、树脂、矿物质或其他原料的具有蜡质特性的产品。

（3）通称为"牙科用蜡"或"牙科造形膏"的制品（品目34. 07）

这些制品是供牙科造形用的组分各异的制剂，一般由蜡、塑料或古塔波胶与松香、虫胶及填料（例如，云母粉）等混合组成，通常着色。

（4）以熟石膏（煅烧石膏或硫酸钙）为基本成分的牙科用其他制品（品目34. 07）

这些制品包括以熟石膏和碱金属藻酸盐或甲基纤维素组成的货品，也包括由不论是否着色的熟石膏与淀粉及香草料等产品混合组成的货品。主要供牙科造形、制模或其他牙科用途。

3. 本章部分品目介绍

品目34.03主要包括：

（1）所含作为基本成分的石油或从沥青矿物提取的油类重量低于70%的混合制剂：

①用以减少机器等动件之间的摩擦力的润滑剂，以及以癸二酸二辛酯等为基料的合成润滑剂；

②用于拉丝中保证盘条易于通过拉丝模的润滑剂；

③切削油剂；

④螺栓或螺母松开剂；

⑤主要含润滑剂的防锈或防腐蚀剂；

⑥各种工业用（例如，塑料、橡胶、建筑、铸造等工业用）的以润滑剂为基料的脱模剂（作脱模剂的食用动、植物油，脂混合物或制剂除外）；

⑦用于润滑、油化或脂化纺织品、皮革、生皮、毛皮等的制剂。

（2）二硫化钼在矿物油中的稳定悬浮液，含有按重量计达到70%及以上的矿物油，供发动机等作润滑油。

（3）以羊毛脂为基料并溶于石油溶剂中的防锈剂（不论石油溶剂的含量按重量计是否达到70%及以上）。

（4）由凡士林及钙皂组成，装配真空机动闸时用于润滑及密封接头及螺纹用的不硬化膏。

本品目不包括：人造油鞣回收脂（品目15.22）、胶态或半胶态石墨或石墨膏（品目38.01）、凝胶制品（品目30.06）、传动带防滑剂（品目38.24）及品目38.24的防锈剂。

4. 本章商品归类应注意事项

（1）品目34.01的肥皂及其他产品可以含有添加料（例如，药料、色料、芳香剂或消毒剂）。但含磨料粉的产品，只有条状、块状或模制形状才可以归入品目34.01，其他形状的应作为“去污粉及类似品”归入品目34.05。

（2）洁肤用的有机表面活性产品及制剂（不论是否含有肥皂），只有液状或膏状并制成零售包装的才可以归入品目34.01，非零售包装的应归入品目34.02。

（3）含有肥皂或其他有机表面活性剂的洗发剂、洁齿品、剃须膏及泡澡用制剂不归入本章，应归入第33章。

（4）品目34.07的牙科用制品，不包括牙科用熟石膏（应归入品目25.20），也不包括牙科粘固剂及品目30.06的其他牙科填料。

5. 部分商品归类辨析

蜡的归类

- 未经混合的动物蜡或植物蜡，归入品目15.21（例如，虫蜡、棉蜡）
- 矿物蜡（不论是否混合），归入品目27.12（例如，地蜡）
- 人造蜡及调制蜡，归入品目34.04（例如，化学改性的褐煤蜡）
- 蜡烛，归入品目34.06（例如，生日蜡烛）
- 牙科用蜡（成套、零售包装或制成片状、条状及类似形状的），归入品目34.07
- 经硫磺处理的蜡烛（零售包装，具有杀虫作用），归入品目38.08

7.2.9 第35章 蛋白类物质；改性淀粉；胶；酶

1. 本章商品范围及结构

本章商品主要包括蛋白质及蛋白质衍生物，糊精及其他改性淀粉，适于作胶或黏合剂的产品，酶及其制品。

本章共有7个品目，其排列顺序为：蛋白质及蛋白质衍生物（品目35.01~35.04）→糊精及其他改性淀粉（品目35.05）→适于作胶或黏合剂的产品（品目35.06）→酶及其制品（品目35.07）。

2. 本章所涉及的商品知识

（1）酪蛋白（品目35. 01）

酪蛋白是构成乳的主要蛋白，通常用酸或粗制凝乳酶沉淀脱脂奶而得。品目35.01包括各种类型的酪蛋白，这些酪蛋白因乳凝方法各异而不同，例如，酸酪蛋白、酪蛋白原籍酶凝酪素（衍酪蛋白）。

（2）白蛋白（品目35. 02）

白蛋白是动、植物蛋白质，尤以动物蛋白质为主，包括卵清蛋白、血清蛋白、乳清蛋白及鱼白蛋白。

（3）明胶（品目35. 03）

明胶是指由温水处理动物的皮、骨、筋腱或类似动物物料制取的水解蛋白质。

（4）蛋白胨（品目35. 04）

蛋白胨是蛋白质通过水解或在某些酶（胃蛋白酶、木瓜蛋白酶、胰酶等）的作用下所得的可溶性物质，主要品种有：肉胨、酵母胨、血胨及酪蛋白胨。

（5）其他品目未列名的蛋白质（品目35. 04）

主要有谷蛋白、球蛋白（例如，乳球蛋白、卵球蛋白）、大豆球蛋白、角蛋白、核蛋白、离析蛋白等。

（6）皮粉（品目35. 04）

皮粉是纯净的胶原蛋白，用新鲜皮张精制而得，用以测定天然鞣料物质及植物鞣膏中的鞣酸。

3. 本章商品归类应注意事项

（1）品目35.06是优先归类的品目

根据第六类类注二的规定，凡零售包装每件净重不超过1千克的适合作胶或黏合剂用的产品应优先归入品目35.06（品目28.43~28.46及品目28.52

的货品除外）而不归入《协调制度》的其他品目。例如，每件净重500克的酪蛋白胶应归入品目35.06，而不归入品目35.01。

（2）含有酶的浸透剂、洗涤剂等有机表面活性剂产品应归入第34章。

（3）品目35.03的明胶可以制成长方形、正方形薄片，可以表面加工（例如，压花纹）或着色，其他形状的明胶及其制品应归入第96章（例如，明胶制装药空囊）。

7.2.10　第36章　炸药；烟火制品；火柴；引火合金；易燃材料制品

1. 本章商品范围及结构

本章商品主要包括发射药及配制炸药，引爆时所需的辅助产品（例如，雷管、火帽、引爆管等），用爆炸、发火、易燃或可燃材料制的用以产生光、声、烟、火焰或火花的制品（例如，烟火制品、火柴、各种形状的铈铁及其他引火合金及某些特定的易燃材料制品）。

本章共有6个品目，其排列顺序为：发射药（品目36.01）→配制炸药（品目36.02）→雷管等引爆时所需的辅助产品（品目36.03）→烟火制品（品目36.04）→火柴（品目36.05）→易燃材料制品（品目36.06）。

2. 本章所涉及的商品知识

引火合金（品目36.06）

引火合金是在粗糙表面摩擦时能产生足以点燃煤气、汽油、火绒或其他易燃物料的合金，通常是铈与其他金属的合金，最常见的有铈铁。

3. 本章部分品目介绍

品目36.04包括能够产生光、声、气、烟雾或燃烧效应的烟火制品。主要有：

（1）娱乐用烟火制品，包括烟火（如鞭炮）及烟火玩具（如玩具手枪用的砸炮）。

（2）技术用烟火制品，包括声、光信号制品（如航海用的遇险信号弹）及农业或工业用烟火制品（如抗冰雹弹）。

本品目不包括闪光灯材料（品目37.07），也不包括通过化学发光现象产生光效应的物品（品目38.24）。

4. 本章商品归类应注意事项

（1）除本章注释二（一）、二（二）所述物品外，本章不包括单独的已有化学定义的化合物。具有爆炸性，能用作发射药或炸药的符合化学定义的化合物应按结构归入第28章或第29章，例如，三硝基甲苯（TNT）、雷酸汞等。

（2）注意品目36.06所称“易燃材料制品”的范围。

品目36.06所称“易燃材料制品”只适用于：

①聚乙醛、六甲撑四胺及类似物质，已制成片、棒或类似形状作燃料用的；以酒精为基本成分的固体或半固体燃料及类似的配制燃料；

②直接灌注香烟打火机及类似打火器用的液体燃料或液化气体燃料，其包装容器的容积不超过300立方厘米；

③树脂火炬、引火物及类似品。

（3）直接灌注香烟打火机及类似打火器用的液体燃料或液化气体燃料，其包装容器的容积超过300立方厘米，一般应归入品目27.11。

7.2.11　第 37 章　照相及电影用品

1. 本章商品范围及结构

本章商品主要包括照相感光硬片、软片、纸、纸板及纺织品，不论是否已曝光或已冲洗，还包括照相用的各种化学制剂及某些未混合产品。

本章共有7个品目，其排列结构如下：

- 感光材料
  - 已曝光
    - 以纸、纸板、纺织物以外的材料制成
      - 平片（品目37.01）
      - 卷片（品目37.02）
    - 以纸、纸板、纺织物为材料制成（品目37.03）
  - 未曝光
    - 未冲洗（品目37.04）
    - 已冲洗
      - 非电影胶片（品目37.05）
      - 电影胶片（品目37.06）
- 摄影用化学制剂（品目37.07）

2. 本章所涉及的商品知识

（1）感光硬片、软片、纸、纸板及纺织物

通常是指涂有一层或多层，对光线、其他具有足够能量，可使感光材料起必要反应的射线及对粒子（或核子）射线敏感的乳剂，不论其是单色还是彩色显像的；也包括某些不涂感光乳剂而是全部或基本由可附于基板上的感光塑料构成的感光硬片。

（2）感光乳液（品目37. 07）

对光线、其他具有足够能量可使感光材料起必要反应的射线及对粒子（或核子）射线敏感的乳剂。最普通的乳剂以卤化银（如溴化银）或其他贵金属盐为基本成分，但也有使用其他材料的。

3. 本章商品归类应注意事项

（1）品目37.07是优先归类的品目。

根据第六类类注二的规定，配定剂量或零售包装的摄影用化学制剂应优先归入品目37.07而不归入《协调制度》的其他品目。例如，零售包装的硫代硫酸钠，应按摄影用定影剂优先归入品目37.07，而不按硫代硫酸盐归入品目28.32。

同时还应注意，品目37.07的优先级次于品目28.43～28.46及品目28.52。例如，零售包装的硝酸银，既可以按摄影用的感光剂归入品目37.07，又可以按含贵金属的无机化合物归入品目28.43，应优先归入品目28.43。

（2）本章不包括非感光材料，它们应按其构成材料归入相应品目。

（3）本章感光材料归类时应考虑的因素主要有：是否曝光、材料属性、形状、用途、有无齿孔、尺寸、是否冲洗等。

（4）品目37.07所称“摄影用化学制剂”，是直接用以显现摄影图像的零售包装或配定剂量的产品，主要包括：感光乳剂（如溴化银）、显影剂（如氢醌）、定影剂（如硫代硫酸铵）、增厚剂及减薄剂（如重铬酸钾）、调色剂（如硫化钠）、去污渍剂（如钾钒）。不包括非直接用于产生摄影影像、蓝图等的辅助产品（如贴照片的胶水、底片或正片保护及上光用的漆、修描用漆及铅笔等）。

7.2.12　第 38 章　杂项化学产品

1. 本章商品范围及结构

本章是第六类的最后一章，包括不能归入第28章～第37章的化学产品及相关工业产品，还包括各类城市垃圾、下水道淤泥、医疗废物、废有机溶剂、废的金属酸洗液、液压油、制动液和防冻液以及其他化学及相关工业废物。除章注另有规定以外，本章不包括单独的已有化学定义的化学元素及化合物，也不包括其他类、章具体列名的化学产品。

本章共有27个品目，先各种化学产品后化学工业废物，化学品又按照具体列名→一般列名→未列名的规律编排。

2. 本章所涉及的商品知识

（1）动物炭黑（品目38. 02）

炭化动物材料所得的炭黑，主要有骨炭黑、血炭黑、象牙炭黑、皮炭黑、角炭黑、蹄炭黑、龟炭黑等。

（2）妥尔油（品目38. 03）

妥尔油又称"液体松香"，是从碱法（主要为硫酸盐法）制木浆时所残余的黑色溶液制得，主要成分是脂肪酸和松香酸，属于混合物。

（3）再熔胶（品目38. 06）

再熔胶是加热处理天然树脂使其能溶于干性油而获得的产品。应注意与由橡胶（或塑料）等为基料制成的热熔胶区分。

（4）植物沥青（品目38. 07）

植物沥青是用蒸馏或其他方法处理植物物料所剩的残渣，包括木沥青、松香沥青、硫酸盐沥青等。

（5）生物柴油（品目38.26）

品目38.26所称的"生物柴油"，是指从动植物或微生物油脂（不论是否使用过）得到的用作燃料的脂肪酸单烷基酯。

3. 本章商品归类应注意事项

（1）本章不包括单独的化学元素及单独的已有化学定义的化合物，但下列产品除外：

①人造石墨（品目38.01）。

②制成品目38.08所述形状或包装的杀虫剂、杀鼠剂、杀菌剂、除草剂、抗萌剂、植物生长调节剂、消毒剂及类似产品。

③灭火器的装配药及已装药的灭火弹（品目38.13）。

④有证标准样品（品目38.22）。

⑤每颗重量不低于2.5克的氧化镁、碱金属或碱土金属卤化物制成的培养晶体（光学元件除外）（品目38.24）。

⑥零售包装的除墨剂（品目38.24）。

（2）品目38.08是优先归类的品目。

根据第六类类注二的规定，零售包装或制成制剂的可归入品目38.08的产品，应优先归入品目38.08（品目28.43～28.46及品目28.52的货品除外）而不归入《协调制度》的其他品目。例如，零售包装的经硫磺处理的蜡烛，应作为杀虫剂归入品目38.08，而不按蜡烛归入品目34.06。

（3）按重量计石油或从沥青矿物提取的油类含量在70%及以上的液压

传动用液体不能归入品目38.19，而应归入品目27.10。

（4）品目38.25的“医疗废物”是指医学研究、诊断、治疗以及其他内科、外科、牙科或兽医治疗所产生的被污染的废物（例如，脏的敷料、用过的手套及注射器等），通常含有病菌和药物，须作专门处理。它们不同于品目30.06的“废药物”（因超过有效保存期等原因而不适于按原用途使用的药品）。

（5）列名或功能既符合第六类中一个或多个品目的规定，又符合品目38.27的规定的产品，应按列名或功能归入相应品目，而不归入品目38.27。

4. 部分商品归类辨析

（1）活性产品的归类

①活性炭及活性天然矿产品（包括活性硅藻土、活性珍珠岩、活性黏土、活性铝土矿等），归入品目38.02。

②活性化学品，若符合化学定义的按化学结构归入第28章，否则一般归入品目38.24。

③具有药物作用的活性炭，归入品目30.03或品目30.04；零售包装的供汽车、冰箱等作除臭剂的活性炭，归入品目33.07。

（2）溶剂及稀释剂的归类

①有机复合溶剂及稀释剂，归入品目38.14。

②无机复合溶剂，归入品目38.24。

③非复合的有机溶剂及稀释剂，归入第29章。

（3）有证标准样品的归类

①对于可归入第28章或第29章的有证标准样品应归入第28章或第29章。

②其他有证标准样品若既可以归入品目38.22又可以归入《协调制度》其他品目，应优先归入品目38.22。

7.3　第七类　塑料及其制品；橡胶及其制品

7.3.1　第七类商品归类概述

1. 本类商品范围及结构

本类商品主要包括塑料、橡胶及其制品，它们从货品的材料属性上看都属于高聚物；从加工程度来看，既包括原料也包括半制成品和制成品。原料主要用于化学加工业，制品广泛应用于国民经济各个领域。除了按用途、功能或杂项货品等方式在其他类、章具体列名，或因为与其他材料混合制等原因归入其他类、章以外，塑料或橡胶制品一般都应该归入本类。此外，对橡胶与塑料的界定不能简单凭货品名称，而是要通过对货品的化学结构进行区分后，再根据相关注释进行判断。例如，环化橡胶、二元乙丙橡胶，虽然名称中有“橡胶”，但不是橡胶而是塑料。

本类只包括两章（第39章和第40章），按材料设章，先塑料及其制品（第39章），后橡胶及其制品（第40章）。

2. 本类类注涉及的归类原则

（1）配套货品的归类原则（参阅第七类类注一）

全部或部分由第七类货品构成的配套货品的归类原则，与第六类配套货品的归类原则相同，具体见第六类归类原则部分。

（2）印有花纹、文字、图画的塑料或橡胶制品的归类原则（参阅第七类类注二）

品目39.18（塑料铺地制品、糊墙品）及品目39.19（自粘的塑料板等扁平形状材料）的货品，可以印有花纹、文字或图画，而且可以以所印花纹、字画作为主要用途。但本类其他塑料、橡胶货品，如果以所印字画等作为主要用途，则应按印刷品归入第49章。

7.3.2 第 39 章 塑料及其制品

1. 本章商品范围及结构

本章商品包括初级形状的塑料（粒状、粉片状等）、塑料的废碎料及下脚料、塑料半制成品（板、片、带等）及其制成品（衣服、百叶窗等）。

本章共有26个品目，按照加工程度分为两个分章，其中第一分章是原料，第二分章是半制成品和制成品，各分章商品范围及结构如下：

第一分章（品目39.01～39.14）包括初级形状的高聚物，按照聚合物主链的结构设置品目。

第二分章（品目39.15～39.26）包括废碎料及下脚料、半制成品及制成品，按照加工程度由浅至深的顺序排列品目，制成品按照用途设置品目。其排列顺序大体为：塑料的废碎料及下脚料（品目39.15）→塑料半制成品（品目39.16～39.21）→塑料制成品（品目39.22～39.26）。

2. 本章所涉及的商品知识

（1）钢纸

钢纸是采用对纤维具有剧烈润胀和胶化特性的金属盐（通常为氯化锌

溶液）为处理剂，对钢纸原纸进行处理、层叠制得的变性加工纸，又称“硬化纸”，是一种优良的电器绝缘材料和结构材料。在《协调制度》中，钢纸属于塑料。

（2）单体单元

单体单元是聚合过程中单个单体分子所产生的最大结构单元。例如，聚氯乙烯，单体单元为-CH_2-CHCl-。

（3）热塑性塑料

热塑性塑料指加热软化、冷却后硬化，可多次反复加热而仍具有可塑性的塑料。主要有聚乙烯（PE）、聚丙烯（PP）、聚苯乙烯（PS）、聚甲基丙烯酸甲酯（PMMA，俗称“有机玻璃”）、聚氯乙烯（PVC）、尼龙（Nylon）、聚碳酸酯（PC）、聚氨酯（PU）、苯乙烯-丙烯腈-丁二烯共聚物（ABS）、聚甲醛（POM）等。

（4）热固性塑料

热固性塑料是指在一定温度下能软化或熔化，具可塑性，但继续加热则伴随化学反应而变坚硬，再加热也不再软化只能分解不再有可塑性的塑料，主要有酚醛树脂（PF）、环氧树脂（EP）、氨基树脂、不饱和聚酯树脂（UP）等。

（5）泡沫塑料

泡沫塑料是在整体内部遍布无数微孔（敞开、封闭或两者兼有）的塑料，包括多孔塑料、海绵塑料及微孔塑料。

（6）丙烯酸聚合物（品目39.06）

丙烯酸聚合物主要包括：聚甲基丙烯酸甲酯（有机玻璃）（PMMA）、聚丙烯酰胺、聚丙烯醛、聚丙烯腈等。

（7）管子附件

管子附件是用于连通管子或将管子连接于其他设备或将管口封闭的物品，主要包括：法兰、接头、肘管、弯头、管套、管夹、管帽等。

（8）人造革（第39章）

人造革是以纺织物（如针织物）作底基，表面用树脂（常用聚氯乙烯树脂）涂覆或贴合加工而成的刚性的真皮感较差的仿皮革。

（9）合成革（第39章）

合成革是以无纺布作底基，表面用树脂（常用微孔的聚氨脂树脂）涂覆加工而成的刚性的真皮感较强的仿皮革。

3. 本章未列名品目介绍

品目39.26包括其他品目未列名的塑料制品及品目39.01～39.14所列其他材料的制品。主要包括：用塑料片缝合或焊接而成的衣着及衣着附件（玩具除外）；家具、车厢或类似品的附件；小雕塑品及其他装饰品；挡尘片、防护袋、遮蓬、文件夹、公文套、书籍封面、读物封套及用塑料片缝合或黏合的类似防护用品；镇纸、裁纸刀、吸墨水纸滚台、笔架、书签等；螺丝、螺栓、垫圈及类似的通用紧固件；环状、裁成一定长度并首尾相接或用紧固件连接的传动带、输送带或升降机带；聚合物的离子交换柱；装有羧甲基纤维素的塑料容器（用作冰袋）；未制成特定形状或未在内部装有配件，专门适于盛装工具（带或不带附件）的工具箱、盒；其他各种物品（例如，手袋紧固件、衣箱包角、挂钩、装于家具底部的防护碗及滑轨、工具和刀叉等的手柄、穿孔小珠、表"玻璃"、数码及字母、行李标签夹）。

4. 本章商品归类应注意事项

（1）注意本章第一分章所称"初级形状"仅指本章注释六所述形状：液状及糊状，包括分散体（乳浊液及悬浮液）及溶液；不规则形状的块、团、粉（包括压型粉）、颗粒、粉片及类似的散装形状。

（2）品目39.17的"塑料管子"，其形状、尺寸必须符合本章注释八的规定，否则应作为塑料异型材归入品目39.16。

（3）归入品目39.18的"塑料糊墙品"，其形状、尺寸及用途必须符合本章注释九的规定，否则即使用作糊墙也不能按"塑料糊墙品"归类。

（4）品目39.18（塑料铺地制品、糊墙品）及品目39.19（自粘的塑料板等扁平形状材料）的货品，可以印有花纹、文字或图画，而且可以以所印花纹、字画作为主要用途。本章其他货品，如果以所印字画等作为主要用途，则应归入第49章。

（5）塑料单丝截面尺寸不超过1毫米、塑料扁条表观宽度不超过5毫米的应按纺织原料归入第54章。

（6）商品名称带有"橡胶"但不是橡胶而是塑料的货品范围。主要包括：乙丙橡胶、硅橡胶和天然橡胶的化学衍生物（例如，氯化橡胶、盐酸橡胶、氧化橡胶、环化橡胶等）。

（7）注意本章的"人造革"与"合成革"是"刚性产品"（温度在15℃至30℃时，用手工将其绕于直径7毫米的圆柱体上会发生断裂的产品）；非刚性的"人造革"应归入第59章，非刚性的"合成革"应归入第56章。

5. 归类原则

（1）共聚物的归类（参阅本章注释四及子目注释一）

①共聚物的概念

共聚物是指在整个聚合物中按重量计没有一种单体单元的含量在95%及以上的各种聚合物。若聚合物中有一种单体单元的含量在95%及以上，则不能视为共聚物，应按含量在95%及以上的那种单体单元的聚合物归类。

例1：由96%的乙烯单体单元及4%的丙烯单体单元组成的聚合物（初级形状）。

解析：因为乙烯单体单元的含量在95%以上，所以不能视为乙烯-丙烯共聚物归入子目3901.9010，而应按聚乙烯归入子目3901.1000或3901.2000。

②共聚物品目的归类

除品目条文另有规定的以外，共聚物应按聚合物中重量最大的那种共聚单体所构成的聚合物归入相应品目。如果没有任何一种共聚单体单元重量最大，应按税则号列顺序归入其可归入的最末一个品目。比较重量时，应将归入同一品目的聚合物的共聚单体单元合并计重，再和其他品目比较。

③共聚物子目的归类

共聚物子目的归类应视同级子目中有无列名为“其他”的子目，而分别按照本章子目注释一（一）或一（二）的规定确定归类。

A.在同级子目中有列名为“其他”子目的

首先，看能否按所列名称冠有“聚（多）”的聚合物或列名的共聚物归类。聚合物名称冠有“聚（多）”的（如聚乙烯），是指列名的该种聚合物单体单元含量在整个聚合物中按重量计必须占95%及以上；列名的共聚物是指子目3901.30、3901.40、3903.20、3903.30及3904.30这5个子目的共聚物，其子目所列聚合物的单体单元含量按重量计必须占95%及以上。

若不能，则按重量大的单体单元所构成的共聚物所在的子目归类，重量相同则从后。在计重时，同一子目的单体单元要合并计重。

B.在同级子目中没有列名为“其他”子目的

与共聚物品目的归类原则相似，即按重量大的单体单元所构成的共聚物所在的子目归类，重量相同则从后。在计重时，同一子目的单体单元要合并计重。

例2：乙烯-丙烯-异丁烯共聚物（粒状），按重量计乙烯单体单元为45%、丙烯单体单元为35%、异丁烯单体单元为20%。

解析：第一步，确定品目：

因为是初级形状的共聚物，所以归入第39章第一分章，又因为丙烯单体单元和异丁烯单体单元都是归入品目39.02的，合并后计重含量为55%，比乙烯单体单元大，所以归入品目39.02。

第二步，确定子目：

因为品目39.02最后一个一级子目是“其他”，因此根据本章子目注释一（一）确定一级子目。因为丙烯单体单元、异丁烯单体单元没有超过95%，所以不能按聚丙烯或聚异丁烯归类，又因为丙烯含量大于异丁烯的含量，所以归入“丙烯共聚物”所在子目。三级子目因为丙烯、乙烯合并计重含量没有超过95%，不能按“乙烯-丙烯共聚物”归类，而只能按“其他”归入子目3902.3090。

例3：苯乙烯-丙烯腈-丁二烯共聚物（粉状），按重量计苯乙烯单体单元40%、丙烯腈单体单元30%、丁二烯单体单元30%（未改性）。

解析：第一步，确定品目：

粉状共聚物是初级形状的塑料归入第39章第一分章，苯乙烯、丙烯腈、丁二烯分别归入品目39.03、39.06和品目39.02，没有合并计重的，直接按重量最大的苯乙烯聚合物归入品目39.03。

第二步，确定子目：

因为品目39.03最后一个一级子目是“其他”，因此根据本章子目注释一（一）确定一级子目。因为苯乙烯单体单元没有超过95%，不能按聚苯乙烯归类。又因为苯乙烯、丙烯腈合并计重后含量为70%没有超过95%，也不能按苯乙烯-丙烯腈列名共聚物归类。最后因为苯乙烯、丙烯腈、丁二烯3种单体单元合并后含量为100%超过了95%，所以归入“丙烯腈-丁二烯-苯乙烯共聚物”所在子目，三级子目按“未改性”归入3903.3090。

例4：含60%碳酸酯单体单元、40%环氧树脂单体单元的共聚物（初级形状）。

解析：第一步，确定品目：

碳酸酯和环氧树脂都归入品目39.07，所以不用比较，直接归入品目39.07。

第二步，确定子目：

因为品目39.07下的一级子目没有“其他”，因此根据本章子目注释一（二）确定一级子目。因为碳酸酯的含量大于环氧树脂，所以按聚碳酸酯（不要求碳酸酯的含量超过95%）归入子目3907.4000。

（2）**化学改性聚合物的归类（具体见本章注释五及子目注释一）**

①化学改性聚合物品目的归类

按未改性的聚合物所在的品目归类。

②化学改性聚合物子目的归类

有列名归列名，无列名归“其他”，无“其他”则归入未改性聚合物所在的子目。

例5：氯磺化聚乙烯（初级形状）。

解析：第一步，确定品目：

按初级形状的聚乙烯归入品目39.01。

第二步，确定子目：

因为品目39.01下没有“氯磺化聚乙烯”，有“其他”子目，所以归入子目3901.9090。

③塑料的废碎料及下脚料的归类（具体见本章注释七）

“塑料的废碎料及下脚料”（品目39.15）是指明显不能再作为原用途使用的破损塑料物品，以及制造加工过程中产生的废料（刨花、粉屑、边角料等）。热固性塑料的废碎料及下脚料，由两种或两种以上热塑性塑料的废碎料及下脚料构成的混合物（即使加工成初级形状）以及废碎的塑料制品都应按“塑料的废碎料及下脚料”归入品目39.15。但制成初级形状的单一热塑性塑料的废碎料及下脚料，应按初级形状的塑料归入品目39.01～39.14的相应品目。

例6：聚丙烯细小碎片（在加工中产生的下脚料）。

解析：因为聚丙烯是热塑性塑料，细小碎片是初级形状，即该商品是初级形状的单一热塑性塑料的下脚料，根据第39章注释七“品目39.15不适用于已制成初级形状的单一的热塑材料废碎料及下脚料（品目39.01~39.14）”，该商品不能按“塑料的废碎料”归入品目39.15，而应按“初级形状的聚丙烯”归入品目39.02。

7.3.3 第40章 橡胶及其制品

1. 本章商品范围及结构

本章商品包括初级形状的橡胶（粒状、粉片状等）、橡胶的废碎料及下脚料、橡胶半制成品（板、片、带等）及其制成品（轮胎、手套等）。

本章共有17个品目，按照橡胶属性、加工程度及用途设置品目，其排列顺序为：初级形状及板、片、带状天然橡胶、合成橡胶及再生橡胶（品目40.01～40.03）→废碎料（品目40.04）→其他未硫化橡胶及其制品（品目40.05～40.06）→硫化橡胶半制成品（品目40.07～40.09）→硫化橡胶制品（品目40.10～40.16）→硬质橡胶及其制品（品目40.17）。

2. 本章所涉及的商品知识

（1）橡胶

除品目条文另有规定的以外，《协调制度》所称“橡胶”是指不论是否硫化或硬化的下列产品：天然橡胶、巴拉塔胶、古塔波胶、银胶菊胶、糖胶树胶及类似的天然树胶，合成橡胶，从油类中提取的油膏，以及上述物品的再生品。

（2）烟胶片（R. S. S.）（品目40. 01）

将凝结胶乳通过辊轧机切成片，然后悬挂在烟熏室里并通过燃烧椰子壳等产生的烟和热加以熏烤制得的片状物为烟胶片。

（3）技术分类天然橡胶（TSNR）（品目40. 01）

该货品必须随附生产国（地区）出具的检验证书，列名橡胶等级、规格及检验结果。用聚乙烯包裹，打成重$33\frac{1}{3}$千克的胶包并附有标明等级、重量、货号等详细情况的标签。

（4）再生橡胶

再生橡胶是旧橡胶制品（特别是轮胎）或硫化橡胶废碎料，经过化学及机械加工处理后所制得的具有某些橡胶特性的一种材料。

（5）复合橡胶

复合橡胶是指任何凝结前或凝结后与下列物质相混合的橡胶或橡胶混合物：

①硫化剂、促进剂、防焦剂或活性剂（为制造预硫胶乳所加入的除外）；

②颜料或其他着色料，但仅为易于识别而加入的除外；

③增塑剂或增量剂（用油增量的橡胶中所加的矿物油除外）、填料、增强剂、有机溶剂或其他物质。

（6）硫化橡胶

将硫磺（一般加硫量为3%～10%）或其他化合物加入生橡胶内进行硫化，使其溶解性减少，弹性增加，并减少温度对橡胶的影响，经此处理的橡胶称为硫化橡胶或熟橡胶。

（7）硬质橡胶（品目40. 17）

硬质橡胶是用高比份的硫磺（每100份橡胶对15份以上的硫磺）使橡胶

硫化制得的橡胶，又称“硬橡胶”“硬质胶”。天然橡胶与47%硫磺制成的硬质胶称为“纯硬质胶”“角质橡胶”“胶木”，硫磺在20%左右的为硬质胶。

3. 本章商品归类应注意事项

（1）注意本章所称“初级形状”的范围，仅指章注三所述形状：液状及糊状，包括胶乳（不论是否预硫化）及其他分散体和溶液；不规则形状的块、团、包、粉、粒、碎屑及类似的散装形状。

（2）天然橡胶的化学衍生物（例如，氯化橡胶、盐酸橡胶、氧化橡胶、环化橡胶等）及乙丙橡胶，虽然商品名称带有“橡胶”但属于塑料。

（3）注意品目40.01及品目40.02所能添加及不能添加的物质，其中本章注释五（一）所列物质是品目40.01及品目40.02不能添加的物质，如添加了就属于复合橡胶；本章注释五（二）所列物质是品目40.01及品目40.02能添加的物质。

（4）全部用硫化橡胶制成的线，其任一截面的尺寸超过5毫米的，应作为带、杆或型材及异型材料归入品目40.08。

（5）注意橡胶的形状、类别、加工程度及用途。

本章主要根据橡胶的形状、类别、加工程度及用途设置品目，因此归类时，应考虑上述因素。

本篇小结

本篇简单介绍了化工品的分布情况，其所在类、章之间的联系与区别；详细介绍了化工品所在类（第六类~第七类）、各章（第28章~第40章）的商品范围及结构、部分商品知识、部分未列名品目的主要商品范围；重点讲解了化工品所涉及的归类原则（主要包括第六类部分品目优先归类的原则，药品的归类，肥料的归类，着色料、感光材料及共聚物的归类）及各章归类应注意事项。化工类商品是国际贸易中常见的商品，因此本篇内容是本教材的重点，应重点掌握。

通过本篇的学习应掌握主要化工品的归类原则，能正确运用归类依据对化工品进行准确归类。

第 8 篇

皮革类商品的归类

（第八类）

学习目标 ◁

通过本篇的学习，学生应了解皮革类商品的分布情况，其所在类、各章之间的联系与区别；熟悉皮革类商品所在类各章（第 41 章～第 43 章）的商品范围及结构，了解必要的商品知识，熟悉相关的注释；掌握皮革类商品的归类要点。引导学生弘扬工匠精神，积极探索皮革类商品的归类规则与方法，遇到疑难商品不退缩，积极探讨，加强团队协作，正确运用归类依据对皮革类商品进行准确归类。引导学生树立守法、诚信意识，践行社会主义核心价值观，遵守进出口商品归类有关的法律法规，规范进出口商品归类操作，如实申报进出口商品的税则号列。

教学重点和难点 ◁

皮革与其他材料组合制品的归类原则。

8.1　皮革类商品的分布情况

皮革类商品主要分布于第八类，主要包括皮革行业的重要原料——动物皮张（鸟皮除外），以及各种材料制的具有皮革行业产品特征的制品。

第八类共有3章（第41章～第43章），其排列结构如下：

生皮及皮革（第41章）
皮革行业制品（第42章）
毛皮及毛皮制品（第43章）

第八类是按材料属性及加工程度来设章的，其中第41章～第42章是不带毛的皮张及其制品，第41章是原料及半成品，第42章是制成品；第43章是带毛的皮张及其制品。归类时应考虑材料属性（是带毛的皮张还是不带毛的皮张）及加工程度（是原料还是制品）。

8.2　第41章　生皮（毛皮除外）及皮革

1.本章商品范围及结构

本章商品包括生皮（毛皮除外）及皮革。本章的生皮仅包括制革用的动物皮张，不包括可食用的动物皮张（如供食用的鲜猪皮），可食用的动物皮张经简单加工的归入第2章或第3章，复杂加工的归入第16章。

本章共有11个品目（本章无品目41.08、41.09、41.10及41.11），按照加工程度由浅至深的顺序排列：生皮（品目41.01～41.03）→经鞣制后未进一步加工的皮革（品目41.04～41.06）→鞣制后进一步加工的皮革（品目41.07、品目41.12、品目41.13）→特种皮革（品目41.14）→再生皮革及皮革的边角废料（品目41.15）。

2.本章所涉及的商品知识

（1）生皮（品目41.01～41.03）

生皮是从屠宰后动物胴体上剥下的、未经鞣制成革的皮。

（2）鞣制

鞣制是制革和制裘的首要工序，是皮肤原与鞣剂结合，使生皮变得不易腐烂的过程。

（3）皮革

生皮经鞣制加工，即为皮革。

（4）**漆皮（品目41.14）**

漆皮是指涂有一层清漆或大漆，或在皮革表面覆盖一层塑料膜的皮革，该涂层或塑料膜的厚度不得超过0.15毫米。

（5）**层压漆皮（品目41.14）**

商业上称为“特种漆革”，其表面覆盖着一层塑料片，该层塑料片的厚度超过0.15毫米，但不超过皮革总厚度的一半，如果超过则应归入第39章。

（6）**再生皮革（品目41.15）**

再生皮革是指以天然皮革或天然皮革纤维为基本原料制成的皮革。切割成矩形以外的其他形状的再生皮革应归入第42章。

3.本章商品归类应注意事项

（1）注意本章包括的带毛生皮的范围。

本章主要包括不带毛的生皮，带毛的生皮一般应归入第43章，但本章注释一（三）所述的带毛的生皮应归入本章。

（2）本章所称鞣制不包括逆鞣及预鞣，仅经逆鞣或预鞣加工的应作为生皮归入品目41.01～41.03。

（3）本章是按照加工程度由浅至深的顺序排列品目的，归类时应注意加工方式。

（4）品目41.15所称“边角废料”不包括可供制造皮革制品的皮革碎片及破旧皮革制品，该货品应作为皮革归入适当的品目（品目41.07或品目41.12~41.14）。大包装的旧皮鞋应归入品目63.09。

8.3　第42章　皮革制品；鞍具及挽具；旅行用品、手提包及类似容器；动物肠线（蚕胶丝除外）制品

1.本章商品范围及结构

本章商品主要包括鞍具、挽具，衣箱、手提包及类似容器，皮革或再生皮革的制品，动物肠线（蚕胶丝除外）、肠膜、膀胱或筋腱制品。本章商品在材料上以皮革、再生皮革为主，但也包括某些不是用皮革材料制成，而在贸易中具有皮革制品特征的货品，例如，涤纶制书包。

本章共有5个品目（本章无品目42.04），其排列顺序为：鞍具、挽具（品目42.01）→衣箱、手提包及类似容器（品目42.02）→皮革或再生皮革的制品（品目42.03、42.05）→动物肠线（蚕胶丝除外）、肠膜、膀胱或筋腱制品（品目42.06）。

2.本章商品归类应注意事项

（1）本章标题虽为“皮革制品”，但也包括某些不是用皮革材料制成的，而在贸易中具有皮革制品特征的一些货品，例如，塑料制眼镜盒。

（2）品目42.01包括适合各种动物用的各种材料制成的鞍具及挽具，其品种主要有：缰绳、挽绳、马用护膝垫、眼罩、护蹄、口套、项圈、鞍褥、鞍垫、狗外套等。

（3）品目42.02包括两组物品，列在分号之前的物品为一组，列在分号之后的物品为另一组，两组货品的材料要求不同。第一组容器可用任何材料制成（章注一、二另有规定的除外）；第二组容器只能用皮革或再生皮革、塑料片、纺织材料、钢纸或纸板制成，或者全部或主要用上述材料或纸包覆制成。例如，木制衣箱归入品目42.02，但木制首饰盒应归入品目44.20。

（4）注意本章注释三对品目42.02作了补充规定。根据该注释品目42.02可以带有贵金属、包贵金属、天然或养殖珍珠以及宝石或半宝石制的零件（但构成物品基本特征的应归入第71章）；不包括非供长期使用的带把手塑料薄膜袋，不论是否印刷（品目39.23）及编织材料制品（品目46.02）。

（5）品目42.02所包括的容器是单独报验的，符合归类总规则五规定的包装容器应与所装物品一并归类。例如，与望远镜同时报验的塑料制望远镜盒应按望远镜一并归类。

（6）品目42.02子目中所称“通常置于口袋或手提包内的物品”包括：眼镜盒、皮夹子、钱夹、钱包、钥匙包、香烟盒、雪茄烟盒、烟斗盒及烟袋。

（7）皮革与毛皮或人造毛皮组合制的衣服及衣着附件，除手套归入品目42.03外，其他的均应按毛皮或人造毛皮制衣服及衣着附件归入第43章（毛皮仅起装饰作用的除外）。

8.4　第43章　毛皮、人造毛皮及其制品

1.本章商品范围及结构

本章商品包括生毛皮、已鞣制的带毛皮张、毛皮的制品、人造毛皮及其制品。

本章按照加工程度及材料属性共设置4个品目，其排列顺序为：生毛皮（品目43.01）→已鞣制的带毛皮张（品目43.02）→毛皮制品（品目43.03）→

人造毛皮及其制品（品目43.04）。

2.本章商品归类应注意事项

（1）品目43.01不包括第41章章注一（三）所述的归入第41章的带毛生皮。

（2）毛皮是指已鞣制的各种动物的带毛毛皮，但不包括品目43.01的生毛皮。

（3）人造毛皮是指以毛、发或其他纤维粘附或缝合于皮革、织物或其他材料之上而构成的仿毛皮，但不包括以机织或针织方法制得的仿毛皮（一般应归入品目58.01或品目60.01）。

3.归类原则

毛皮或人造毛皮与其他材料组合制的衣服及衣着附件的归类原则（参见第43章注释四）。

（1）毛皮或人造毛皮与皮革组合制的手套，应归入品目42.03；

（2）其他与毛皮或人造毛皮组合制的衣服、衣着附件均应归入第43章（毛皮仅起装饰作用的除外）。

例：女式大衣（面料为兔毛皮；衬里为涤纶）。

解析：该商品看起来可以按“兔毛皮制衣服”归入品目43.03，又可以按“纺织服装”归入第十一类，根据第43章注释四及第十一类类注一（十），应按“毛皮制衣服”归入品目43.03。

本篇小结

本篇简单介绍了皮革类商品的分布情况，其所在类各章之间的联系与区别；详细介绍了皮革类商品所在类各章（第41章～第43章）的商品范围及结构，部分商品知识；重点讲解了皮革与其他材料组合制品的归类原则及各章归类应注意事项。通过本篇学习应重点掌握皮革类商品的归类要点，能正确运用归类依据对皮革类商品进行准确归类。

第 9 篇

木及编结类商品的归类

（第九类）

学习目标 ◁

通过本篇的学习，学生应了解木及编结类商品的分布情况，其所在类各章之间的联系与区别；熟悉本类商品所在章的商品范围及结构，了解必要的商品知识，熟悉相关的注释；掌握本类商品的归类要点。引导学生弘扬工匠精神，积极探索木及编结类商品的归类规则与方法，遇到疑难商品不退缩，积极探讨，加强团队协作，正确运用归类依据对木及编结类商品进行准确归类。引导学生树立守法、诚信意识，践行社会主义核心价值观，遵守进出口商品归类有关的法律法规，规范进出口商品归类操作，如实申报进出口商品的税则号列。

教学重点和难点 ◁

本类商品所涉及的归类原则，特别是木材、木制家具的归类；编结材料的范围。

9.1 木及编结类商品的分布情况

木及编结类商品主要分布于第九类，包括木及木制品、软木及软木制品、编结材料制品。

第九类共有3章（第44章～第46章），其排列结构如下：

木及木制品（第44章）
软木及软木制品（第45章）
编结材料制品（第46章）

从原料属性上看，本类3章大部分都是植物类产品。从加工程度上看，本类的第44章及第45章既包括原料也包括制品，木及软木是木材行业的重要原料，即使是未经加工或简单加工的也不归入第二类，而应该归入本类；而第46章只包括制品，其植物质编结材料（如柳条）应归入第二类。

9.2 第44章　木及木制品；木炭

1.本章商品范围及结构

本章商品包括未加工的木材、木的半制成品及普通的木制品。本章品目中所称的“木”也包括具有木质材料性质的竹子及其他材料，例如，竹制筷子应按木制餐具归入品目44.19。但不具有木质材料特征的竹子不要归入本章，例如，“整根的毛竹，适合编结用”应归入第14章。本章包括绝大部分的木制品，但不包括按用途在其他章具体列名的木制品，例如，木制衣箱应归入第42章。

本章共有21个品目，按照加工程度由浅至深的顺序排列：木材原料（品目44.01～44.06）→经简单加工的木材（品目44.07～44.09）→木质碎料板、木纤维板等复杂加工的木材（品目44.10～44.13）→木制品（品目44.14～44.21）。

2.本章所涉及的商品知识

（1）针叶木

针叶木是指叶子的形状像针或鳞片的树木。在植物学中，针叶木属于裸子植物树木，松树、杉树和柏树都属于针叶木类。

（2）非针叶木

非针叶木是指叶子形状宽阔的树木，也称“阔叶木”。在植物学中，阔叶木属于双子叶植物树木，楠木、杨木、柳木、樟木、桦木等都属于阔叶木类。

（3）原木（品目44.03）

原木一般指砍伐后呈天然状态的木材，包括经粗加修整（例如，剥皮、粗斩、粗锯成方、去边材等加工）的木材，也包括经防腐处理、着色等表面处理的木材。

（4）箍木（品目44.04）

箍木为柳树、榛树、桦树等的木劈条，不论是带皮的或粗削的，用于制造桶箍、栅栏等，报验时一般成捆或成卷。

（5）木质碎料板（44.10）

木质碎料板是经压紧或挤压而得的各种长度、宽度、厚度的平板产品。通常用圆木头或木废料经机械碾磨所制得的木片或木粒，也可用其他木质材料（例如，蔗渣、竹子的碎片）制得。

（6）胶合板（品目44.12）

胶合板是由3层及以上薄板层叠胶合后，再压合制成，相邻薄板的木纹成一定的角度以增加成品的强度，减少翘曲。每层板都被称为“夹板”，胶合板通常由单数的多层夹板组成，中间一层被称为“芯板”。

（7）单板饰面板（品目44.12）

单板饰面板是由一层饰面薄板在压力下胶粘于一块通常为较次木质的底板上而构成的木板。

3.本章未列名品目介绍

品目44.21包括其他品目未列名的所有经车制，或任何其他方法制成的木制品。本品目还包括品目44.16所列物品的零件以外的各品目所列物品的木制零件。主要包括：

（1）卷轴、纡子、筒管、缝纫用线轴等。这些物品通常有车制的木芯以供纱线或细金属丝在上缠绕。

（2）兔笼、鸡笼、蜂箱、鸟笼、狗屋、饲料槽，畜用轭。

（3）舞台布景，木匠工作台，梯子及楼梯，搁凳，活字、路标、图案，招牌，园艺等用的标签牌，牙签，棚架及围栏板，卷帘、百叶窗及其他挡阳板，塞子，模板，弹簧百叶窗用滚子，衣架，搓衣板，熨衣板，挂衣木钉，榫钉，橹、桨，棺材。

（4）一般有统一尺寸并且通常为长方形的铺地木块。它们是经万能圆锯机切割制成。有时木块边上钉有间隔条，以备铺地的木块膨胀。

（5）将拉拔木，更多的是将刨切或旋切木切割成火柴尺寸的火柴梗。

火柴梗可浸渍化学物质（如磷酸铵），但具有易燃物质火柴头的不应归入本章。

（6）用于鞋靴的木钉或木栓。

（7）容积量器，品目44.19的厨房用具除外。

（8）餐刀、餐匙及餐叉用的木柄。

4.本章商品归类应注意事项

（1）注意加工程度及用途。

本章主要按照加工程度由浅至深的顺序排列品目，归类时应注意加工程度。制品归类时应注意用途。

（2）木材品目的归类既不受因保存所需而进行处理的影响（例如，干燥、表面炭化、用防腐剂处理），也不受涂油漆、着色剂或清漆的影响。然而，在品目44.03及品目44.06下的子目归类时，则会受是否处理的影响。

（3）本章的木制容器不包括品目42.02的容器，例如，木制乐器盒。

（4）品目44.14～44.21所包括的货品既可用天然木制成，也可以用木质碎料板或类似木质材料板、纤维板、层压板或强化木制成。

5. 部分商品归类辨析

（1）木材的归类

木材按其材质及加工方式归入品目44.07～44.13，具体如下：

①普通木材按其厚度归入品目44.07或44.08。

②普通木材端部和侧面制成连续形状（例如，带有槽、榫等）的归入品目44.09。

③木质碎料板，不论端部和侧面是否制成连续形状，都归入品目44.10。

④木纤维板，不论端部和侧面是否制成连续形状，都归入品目44.11。品目44.11下的一级子目是按纤维板的生产工艺分类的。其中，子目4411.1的中密度纤维板只包括用干法生产工艺获得的纤维板，按其厚度和密度进行归类；而子目4411.9的其他木纤维板一般是用湿法生产工艺获得的纤维板，只按其密度进行归类。

⑤胶合板，不论端部和侧面是否制成连续形状，都归入品目44.12。

⑥强化木板，不论端部和侧面是否制成连续形状，都归入品目44.13。

例：表面为巴栲红柳桉木薄板，其他两层为针叶木薄板制的三合板（每层厚度为1毫米）。

解析：该商品属于胶合板，归入品目44.12。因为仅由薄板制成的胶合板，且每层厚度不超过6毫米，所以归入子目4412.3，又因为巴栲红柳桉木属于热带木，所以归入子目4412.3100。

（2）木制工具的归类

①由木质材料制成的工具（如头和手柄都是木制的木锤）应归入品目44.17。

②以木质材料为柄、装有第82章注释一所述材料（如贱金属）制成的刀片、工作刃、工作面或其他工作部件的工具，应作为贱金属工具归入第82章（如在木柄上装有金属头的榔头）。

（3）木制家具的归类

①符合第94章章注二规定的木制家具归入第94章，即木制的落地式家具，以及不论是否落地的碗橱、书柜、架式家具、组合家具、坐具及床应归入第94章。

②其他非落地式木制家具归入品目44.20。

9.3 第45章 软木及软木制品

1. 本章商品范围及结构

本章商品包括天然软木、压制软木及其制品。本章只有4个品目，按软木的性质及加工程度设置品目，其排列顺序为：天然软木（品目45.01）→天然软木的半制成品（品目45.02）→天然软木制品（品目45.03）→压制软木及其制品（品目45.04）。

2. 本章所涉及的商品知识

（1）天然软木

天然软木通常来自栓皮槠树的外层树皮，质轻而富有弹性，可压缩性强，柔软，有不透水、抗腐蚀、绝热及隔音等特性。

（2）压制软木（品目45.04）

压制软木通常是将软木碎、软木粒或软木粉高温加压制得。

3.本章商品归类应注意事项

（1）本章归类时应注意软木的性质（天然软木还是压制软木）及加工程度。

（2）本章的软木制品不包括第64章的鞋靴及其零件、第65章的帽类及其零件和第95章的物品。

9.4 第46章 稻草、秸秆、针茅或其他编结材料制品；篮筐及柳条编结品

1.本章商品范围及结构

本章商品主要包括稻草、秸秆、针茅或其他编结材料制品，篮筐及柳条编结品，丝瓜络制品。本章所有产品都是制品（包括半制成品和制成品），编结原料（例如，稻草、纸带等）应按材料属性归入其他章。

本章只有2个品目，先缏条后其他编结材料制品及丝瓜络制品。

2.本章商品归类应注意事项

（1）用本章注释一所述"编结材料"以编结的方式制造是归入本章必备的条件。

（2）本章注释一所述"编结材料"是指其状态或形状适于编结、交织或类似加工的材料，这些材料主要包括：稻草、秸秆、柳条、竹子、灯芯草、芦苇、木片条、其他植物材料扁条（例如，酒椰叶纤维、狭叶或从阔叶获取的条、树皮条），未纺制的天然纺织纤维，截面尺寸超过1毫米的塑料单丝及表观宽度超过5毫米的塑料扁条，纸带。

（3）本章注释一所述的"编结材料"不包括：皮革、再生皮革、毡呢或无纺织物的扁条、人发、马毛、纺织粗线或纱线，以及截面尺寸不超过1毫米的塑料单丝、表观宽度不超过5毫米的塑料扁条。用这些材料编结而成的制品不归入本章。

（4）并不是所有的编结材料制品都归入本章（例如，草帽），具体不归入本章的编结材料制品见本章注释二。

本篇小结

本篇简单介绍了木及编结类商品的分布情况；详细介绍了木及编结类商品所在类各章（第44章～第46章）的商品范围及结构，部分商品知识；重点讲解了木材的归类、木制工具及木制家具的归类及各章归类应注意事项。本篇的重点章是第44章，通过本篇的学习应重点掌握木材及重要木制品的归类，注意编结材料的范围限制。

第 10 篇

纸品及纸制品的归类

（第十类）

学习目标 ◁

通过本篇的学习，学生应了解纸品及纸制品的分布情况，其所在章之间的联系与区别；熟悉本类各章的商品范围及结构，了解必要的商品知识，熟悉相关的注释；掌握纸品及纸制品的归类要点。引导学生弘扬工匠精神，积极探索纸品及纸制品的归类规则与方法，遇到疑难商品不退缩，积极探讨，加强团队协作，正确运用归类依据对纸品及纸制品进行准确归类。引导学生树立守法、诚信意识，践行社会主义核心价值观，遵守进出口商品归类有关的法律法规，规范进出口商品归类操作，如实申报进出口商品的税则号列。

教学重点和难点 ◁

纸及纸板的归类；印刷品的归类。

10.1　纸品及纸制品的分布情况

纸品及纸制品主要分布于第十类，包括纸浆、纸及纸制品、印刷品，第十类共有3章（第47章～第49章），按照加工程度排列章次，其排列结构为：

- 纤维素浆及回收纸或纸板（第47章）
- 纸及纸制品（第48章）
- 印刷品（第49章）

其中第47章是纸浆，第48章是用纸浆制成的纸及纸板制品，这两章都是与纸有关的货品，但第49章的印刷品可以以纸之外的材料为载体，例如，印有图画的塑料制明信片（品目49.09）。

10.2　第47章　木浆及其他纤维状纤维素浆；回收（废碎）纸或纸板

1.本章商品范围及结构

本章商品包括造纸行业的主要原料——纸浆及回收纸或纸板。本章的纸浆主要是从各种纤维素含量高的植物材料或某些植物质纺织物废料中制得的纤维素浆。在国际贸易中，最重要的纤维素浆是木浆。

本章共有7个品目，主要按照纸浆的类型及制浆方法排列，其结构如下：

- 纸浆
  - 木浆
    - 机械木浆/磨木浆　品目47.01
    - 化学木浆
      - 溶解级　品目47.02
      - 非溶解级
        - 碱木浆或硫酸盐木浆　品目47.03
        - 亚硫酸盐木浆　品目47.04
    - 用机械与化学联合制浆法制得的木浆（半化学木浆/化学—机械木浆）　品目47.05
  - 其他纤维素纸浆　品目47.06
- 回收（废碎）纸或纸板　品目47.07

2.本章所涉及的商品知识

（1）纸浆（第47章）

纸浆是以植物纤维为原料，经不同加工方法制得的纤维状物质，一般多用于制造纸张和纸板。可根据加工方法分为机械纸浆、化学纸浆和化学机械纸浆，也可根据所用纤维原料分为木浆、草浆、蔗浆、竹浆等。

（2）机械木浆（品目47.01）

机械木浆又称“磨木浆”，是利用机械方法磨解纤维原料制成的木浆，主要包括白色机械木浆和褐色机械木浆两种。

（3）硫酸盐木浆（品目47.03）（溶解级除外）

硫酸盐木浆是采用氢氧化钠和硫化钠混合液为蒸煮剂制得的木浆。

（4）亚硫酸盐木浆（品目47.04）（溶解级除外）

亚硫酸盐木浆是以亚硫酸和酸性亚硫酸盐的混合液为蒸煮剂制得的木浆，主要包括亚硫酸盐未漂浆和亚硫酸盐漂白浆。

（5）用机械与化学联合法制得的木浆（品目47.05）

它是指结合化学药剂与机械磨解两种方法制得的木浆，又称“化学—机械木浆”“半化学木浆”，主要包括化学热磨机械木浆及漂白浆、化学木片机械木浆等。

3.本章商品归类应注意事项

（1）本章是按照纸浆的类型及制浆方法排列品目的，归类时应注意纸浆的类型及加工方式。

（2）品目47.07“回收（废碎）纸或纸板”不包括主要用于回收贵金属的含有贵金属或贵金属化合物的废碎料。

10.3　第48章　纸及纸板；纸浆、纸或纸板制品

1.本章商品范围及结构

本章商品包括由第47章的木浆或其他纤维状纤维素浆制成的纸、纸板及其制品，还包括复合纸或复合纸板的制品。但并非所有的纸、纸板或纸制品都归入本章，不归入本章的纸制品主要有印刷品（第49章），香纸及用化妆品浸渍或涂布的纸（第33章），用肥皂或洗涤剂浸渍、覆盖或涂布的纸（品目34.01），感光纸或感光纸板（第37章）等（具体见本章章注二）。

本章共有22个品目（本章无品目48.15），其排列顺序为：未经特殊加工的纸（品目48.01～48.05）→经特殊加工的纸（品目48.06～48.11）→特定用途的纸（品目48.12~48.14、品目48.16）→具体列名的纸制品（品目48.17～48.22）→未列名纸制品及切成一定尺寸的纸、纸板（品目48.23）。

2.本章所涉及的商品知识

（1）手工制纸（品目48.02）

《协调制度》规定，凡纸浆纤维抄造这一关键工序是用手工操作的纸，

无论其他工序是否由机器完成，均应视作手工制纸。

（2）植物羊皮纸

植物羊皮纸也称“硫酸纸”，是用硫酸处理原纸，从而改变原纸性质的一种变性加工纸。规格符合本章章注八规定的植物羊皮纸应归入品目48.06。

（3）复合纸及纸板

复合纸及纸板是指用黏合剂（例如，糊精、动物胶、焦油、树胶、沥青、乳胶）将两层或多层纸黏合而成的纸及纸板。其黏合剂可兼作防水材料，内部可用纺织品或其他材料（例如，纺织或金属薄纱、塑料）增强，以不改变纸和纸板的主要特征为限。这种纸主要用于防水包装、印刷、文具及制盒和书本封面等方面。规格符合本章章注八规定的复合纸及纸板应归入品目48.07。

（4）自印复写纸

自印复写纸也称“无碳复写纸”，通过办公室机器或铁笔在原文纸上缮写时的压力，使同一纸上或相邻两张纸上的两种不同成分产生反应，从而印写原文。

（5）胶印版纸及胶印版

胶印版纸是一面具有不透平印油墨特殊涂层的纸品。胶印版是用于办公室型胶印机上的印版，可将手工机器或其他任何印记方法印记于胶印版上的文字或图案复印到普通纸上。

（6）铜版纸（胶版印刷涂布纸）

铜版纸是铜版印刷纸的简称，由原纸涂布白色无机涂料加工而成的印刷用纸。用于印刷高级书刊的彩色插图和封面、精美的商品广告、样本、商标等。铜版纸为平板纸，它可分为单面、双面、光面、布纹等多种。

（7）铸涂纸

铸涂纸又称“高光泽铜版纸”，俗称“玻璃卡纸”，是印刷请柬等的一种单面高光泽的无机涂布印刷纸。

（8）窗用透明纸（品目48.14）

窗用透明纸由又薄又硬的高光泽透明或半透明纸制得，印有各种装饰性图案，通常着色以仿彩色玻璃，用于装饰或仅起减弱玻璃透明度的作用。

（9）封缄信片

封缄信片是边上涂胶（有时打排孔）或可以用其他方式封合而不需使用信封的成张的纸、纸板或纸卡。

3.本章部分品目介绍

（1）品目48. 13包括所有的卷烟纸（包括用于包卷滤嘴及滤嘴与卷烟连接处的滤嘴纸），不论其规格及形状。卷烟纸的形状一般成本、成卷或成管状。

（2）品目48.21包括附于任何物品之上，以标明其性质、特性、所有者、价格等的各种纸或纸板制的标签。可以是粘贴式（上胶水或自粘）的，也可以是用系带等其他方法附上的。标签可以用金属或其他材料加强，也可以打排孔或制成大张、小本子。其中印制标签，不论其所印内容及程度如何均视作“印制”。

（3）品目48.23包括其他品目未列名的纸或纸板及其制品，主要包括矩形（包括正方形）以外其他形状的滤纸（如圆形滤纸）；非矩形（包括正方形）的已印制的自动记录器用纸盘；本章其他品目未包括的切成矩形（包括正方形）以外其他形状的书写、印刷或类似用途的纸及纸板；纸或纸板制的盘、碟、盆、杯及类似品；模制或压制的纸浆制品；编结或其他用途的（书写、印刷或类似用途的除外）未经涂布的纸条（不论是否折叠）；纸丝；糖纸、水果包装纸及其他切成一定尺寸的包装纸；糕饼卡纸及纸；果酱罐封纸；袋用成形纸；提花机或类似机器用的穿孔纸及纸板卡片即打有操作织机所需孔眼的纸及纸板卡片（打孔纸及纸板卡片）；纸花边及刺绣品；纸垫片及垫圈；集邮衬纸、相角及照片衬纸、手提箱的加固角；用作缠绕纱、带等的扁平纸卡；包装蛋品的模制纸片；纸制肠衣；服装纸样、模型及样板，不论是否装配；纸扇。

4. 本章商品归类应注意事项

（1）与造纸行业不同，在《协调制度》中不以厚度或每平方米重量区分“纸”与“纸板”，即纸包括纸板。

（2）本章除品目48.14及品目48.21的货品以外，如果以所印花纹图案、文字或图画为其主要用途，则应按印刷品归入第49章。

（3）本章注释（包括章注及子目注释）对“新闻纸”“书写、印刷或类似用途的纸及纸板”“牛皮纸及纸板”“壁纸及类似品”“牛皮衬纸”“半化学的瓦楞纸”等纸品作出了明确的规定。这些纸品归类时，不能简单根据其名称或用途归类，而应该根据其是否符合相关注释的规定来归类。

（4）品目48.01～48.05的纸和纸板的加工方法不能超出本章章注三的规定。

根据第48章章注三的规定，品目48.01～48.05的纸和纸板可以经过研光、高度研光、釉光或类似处理、仿水印、表面施胶等加工；纸、纸板、纤维素絮纸及纤维素纤维网纸可用各种方法将本体着色或染成斑纹。品目48.03的纸品还可以起纹、压花、打孔、染面或印花。

（5）品目48.03～48.09的纸品，其形状及尺寸应符合本章章注八的规定。

根据第48章章注八的规定，品目48.03～48.09仅适用于下列规格的纸、纸板、纤维素絮纸及纤维素网纸：

①成条或成卷，宽度要大于36厘米；

②成张矩形（包括正方形），一边超过36厘米，另一边超过15厘米（以未折叠计）。

因此，形状不符合本章章注八规定（非成卷、成张）的同类纸品应归入品目48.23；尺寸不符合本章章注八规定的成卷、成张的卫生纸、面巾纸、餐巾纸及家庭或卫生用的类似纸、纤维素絮纸和纤维素纤维网纸应归入品目48.18，复写纸、自印复写纸及其他拷贝或转印纸（包括涂布或浸渍的油印蜡纸或胶印版纸）应归入品目48.16，其他尺寸不符合本章章注八规定的与品目48.04～48.08同类的成卷、成张的纸品一般应归入品目48.23。

例1：成卷的卫生纸（零售用，宽度10厘米）。

解析：卫生纸属于纸品，应归入第48章。该卫生纸形状符合本章章注八，但尺寸不符合本章章注八，应归入品目48.18。

例2：成张的圆形滤纸。

解析：滤纸属于纸品，应归入第48章。该滤纸形状不符合本章章注八，应归入品目48.23。

5. 归类原则

（1）可同时归入品目48.01～48.11中两个或两个以上品目的，应按税则号列顺序归入有关品目中的最后一个品目。

（2）既可作铺地制品，也可作壁纸的以纸或纸板为底的，应按铺地制品归入品目48.23。

（3）本章经涂布的纸及纸板的归类。

涂布的纸及纸板是指单面或双面加以涂布，以产生特殊的光泽或适合特定需要的纸及纸板。其归类原则如下：

①成卷或成张矩形（包括正方形）的涂布或浸渍的油印蜡纸或胶印版纸归入品目48.09或品目48.16；

②成卷或成张矩形（包括正方形）的经高岭土或其他无机物质涂布的纸及纸板，归入品目48.10，例如，铜版纸、玻璃卡纸；

③成卷或成张矩形（包括正方形）的经无机物质以外的其他物质（例如，塑料、沥青、焦油、蜡）涂布的纸及纸板，则归入品目48.11，例如，涂塑相纸、绝缘纸、沥青纸；

④非成卷、成张矩形（包括正方形）经涂布的纸及纸板，归入品目48.23。

10.4 第49章 书籍、报纸、印刷图画及其他印刷品；手稿、打字稿及设计图纸

1.本章商品范围及结构

本章商品包括书籍、报纸等印刷品，还包括手稿、打字稿及设计图纸。较常见的印刷品有：书籍、报纸、小册子、图画、广告品等，除此之外还包括：印刷的转印贴花纸（移画印花法用图案纸），印刷的图画明信片、贺卡，印刷的日历、地图、设计图表及绘画，邮票、印花税票及类似票证。本章包括的印刷品，除极个别物品外均以所印花纹图案、文字或图画为其基本性质或用途。但本章不包括以所印文字、图案为主要用途的品目48.14及品目48.21的纸品（如已印制的纸标签）。

本章共有11个品目，其排列顺序遵循：具体列名→一般列名→未列名的编排规律。

2. 本章所涉及的商品知识

（1）转印贴花纸（移画印花法用图案纸）（品目49.08）

由平版印刷或其他方法印在轻质吸水纸（有时为透明塑料薄片）上的单色或多色图画、图案或字母组成，用淀粉及树胶等制剂涂布。这类纸常以一张重质纸制作背衬。当把这种经过印刷的纸弄湿并贴在一个永久性表面（例如，玻璃、陶器、木、金属、石或纸）上轻轻压紧，印有图画等的涂层便转移到该永久性表面上。转印贴花纸可用于装饰或实用用途，例如，装饰陶器、玻璃，或在车辆、机器及仪器等各类物品上印制标记。

（2）无商业价值的（子目4911.1010）

这是指进口商不以营利为目的，进口后主要用作介绍、宣传、推广（销）商品并免费发送，不在市场销售的本章商品，例如，商品广告、产品说明书等。

3. 本章未列名品目介绍

品目49.11包括本章其他品目未具体列名的所有印刷品，主要包括广告

印刷品（包括海报），载有马戏节目、体育大事、歌剧、戏剧或类似表演消息的小册子，解剖学、植物学等的示教图表及图解，娱乐场所的入场券（例如，电影院、戏院及音乐会的入场券）、运输的旅行票据及其他类似票券，印在不透明底基上的本章物品的微缩本，无邮票的集邮大型张及印有图画的首日封，供宣传、广告用或仅作装饰用的自粘印制张贴品（例如，漫画及橱窗张贴品），彩票、"刮擦幸运卡"、销售抽彩券及奖券。

4.本章商品归类应注意事项

（1）本章所称"印刷"，包括以普通手工印刷（例如，雕版印刷）或机械印刷（例如，胶版印刷、平版印刷、照相凹版印刷等）、用复印机复制、油印机印制，在自动数据处理设备控制下打印绘制，压印、冲印、感光复印、热敏复印或打字。但不包括着色、装饰性或重复图案的印制。

（2）品目49.10不仅包括印在纸或纸板上的日历，还包括印在其他材料上（例如，纺织物或木片上）的日历及日历芯，只要以所印日历为基本特征。

（3）品目49.05所包括的"地球仪、天体仪"是平面的，立体的应归入品目90.23。

（4）主要做广告用的出版物（例如，商业目录）应归入品目49.11。

5.归类原则

（1）报纸、杂志和期刊的归类

用纸以外的材料装订成册的报纸、杂志和期刊，以及一期以上装订在同一封面里的成套报纸、杂志和期刊，应归入品目49.01（例如，用塑料封皮装订成册的《中国日报》）；其他的报纸、杂志和期刊应归入品目49.02。

（2）邮票及类似票证的归类

承认或将承认其面值的国家流通或新发行并未使用过的邮票及类似票证，应归入品目49.07（例如，未经使用的中国2001年发行的北京申奥成功纪念邮票）。

使用过的（例如，已经使用的中国2001年发行的北京申奥成功纪念邮票），或所在国（地区）不承认其面值的邮票及类似票证（不论是否使用过），均应归入品目97.04（例如，美国2001年发行的冬奥会纪念邮票）。

本篇小结

本篇简单介绍了纸品及纸制品的分布情况，其所在章之间的联系与区别；详细介绍了其所在类各章（第47章～第49章）的商品范围及结构，部分商品知识；重点讲解了纸品和印刷品的归类及各章归类应注意事项。本篇的重点章是第48章，通过本篇学习应重点掌握纸品的归类。

第 11 篇

纺织类商品的归类

（第十一类）

学习目标 ◁

通过本篇的学习，学生应了解纺织类商品的分布情况，其所在类各章之间的联系与区别；熟悉第十一类各章（第 50 章～第 63 章）的商品范围及结构，了解必要的纺织行业商品知识，熟悉相关的注释；掌握纺织品的归类要点。引导学生弘扬工匠精神，积极探索纺织品的归类规则与方法，遇到疑难商品不退缩，积极探讨，加强团队协作，正确运用归类依据对纺织品进行准确归类。引导学生树立守法、诚信意识，践行社会主义核心价值观，遵守进出口商品归类有关的法律法规，规范进出口商品归类操作，如实申报进出口商品的税则号列。

教学重点和难点 ◁

纱线的归类，机织物的归类，服装的归类，混纺纺织品的归类，特殊纱线及特殊机织物的范围。

11.1 纺织类商品归类概述

1.纺织类商品的分布情况

纺织类商品主要分布于第十一类，包括纺织工业用的各种纺织原料（例如，丝、毛、棉、麻、化纤等）、各种纺织半制成品或中间产品（例如，纱线、机织物等），以及纺织制成品（例如，地毯、服装、毛巾被等）。

第十一类共有14章（第50章～第63章），按照各章所包括商品的特性，可分为两部分，其这里排版按第三版如下：

- 第一部分（纺织原料、普通纱线和普通机织物）按纤维属性设章
  - 蚕丝（第50章）
  - 动物毛（第51章）
  - 棉花（第52章）
  - 其他植物质纤维（第53章）
  - 化学纤维长丝（第54章）
  - 化学纤维短纤（第55章）
- 第二部分（特殊纱线、特殊机织物、针织物及各种纺织制成品）按纺织品的织造方式、用途等设章
  - 非织造类纺织品及特种纱线（第56章）
  - 铺地制品（第57章）
  - 特殊机织物（第58章）
  - 浸渍的织物及工业用纺织制品（第59章）
  - 针织或钩编织物（第60章）
  - 针织或钩编的服装及衣着附件（第61章）
  - 非针织或非钩编的服装及衣着附件（第62章）
  - 其他纺织制成品（第63章）

第一部分（第50章～第55章），包括纺织原料、普通纱线、普通机织物，不包括纺织制成品。按照纤维属性设章，其排列顺序为：先天然纤维后化学纤维；天然纤维中，先动物质纤维后植物质纤维；化学纤维以长短为序，长丝居前，短纤居后。各章基本上按照加工程度由浅至深的顺序排列品目，即未梳纤维→已梳纤维→纱线→机织物。

第二部分（第56章～第63章），包括各种纺织制成品及一些以特殊方式或工艺制成的或有特殊用途的纱线、织物及制成品。按照织造方式、用途等设章，除品目58.09及品目59.02外，本部分各章品目的设置不考虑原料的属性。例如，品目62.13，在品目条文中不分原料，只列出货品名称为“手帕”，而在品目下进一步按原料属性细分子目。

2.本类商品归类应注意事项

（1）纺织纱线若符合第十一类类注三的规定，应按“线、绳、索、缆”归入品目56.07。例如，用金属线加强的纱线，不能按棉纱线归入第52章，而应按“线、绳、索、缆”归入品目56.07。

（2）“供零售用”的纱线其包装应符合第十一类类注四（一）的规定，但下列纱线一律不能视为“供零售用”：

①丝、绢丝、棉或化纤的单纱，不论何种包装。

②羊毛或动物细毛的单纱，经漂白、染色或印花的，细度在5000分特及以下的，不论何种包装。

③丝或绢丝的未漂白多股纱线或缆线，不论何种包装。

④棉或化纤的未漂白多股纱线或缆线，成绞或成束的。

⑤丝或绢丝的多股纱线或缆线，经漂白、染色或印花的，细度在133分特及以下。

⑥任何纺织材料的单纱、多股纱线或缆线，交叉绕成绞或束的。

⑦任何纺织材料的单纱、多股纱线或缆线，绕于纱芯上（例如，绕于纱管、加捻管、纬纱管、锥形筒管或锭子上），或以其他方式卷绕（例如，绕成蚕茧状以供绣花机使用的，或离心式纺纱绕成饼状的），明显用于纺织工业的。

（3）“缝纫线”应符合第十一类类注五的规定。

“缝纫线”是指符合下列条件的多股纱线或缆线：

①绕于芯子（例如，线轴、纱管）上，重量（包括纱芯）不超过1000克；

②上过浆的；

③终捻为反手（Z）捻的。

不符合上述条件的纱线，即使用作缝纫线，也不能按“缝纫线”归类。

（4）“高强力纱”应符合第十一类类注六的规定。

第十一类类注六规定了“高强力纱”的断裂强度，因此断裂强度不符合类注六规定的纱线不能作为“高强力纱”归类。

（5）纺织“制成品”应符合第十一类类注七的规定。

第十一类类注七对纺织制成品作了规定，共有7条，只要符合其中任意一条的规定，即可视为“制成品”；不符合第十一类类注七规定的纺织品不能作为“制成品”归类。例如，裁剪成正方形的涤纶无纺织物制桌布（周边未经处理），不能按制成品“桌布”归入第63章，只能按未制成的“无纺织物”归入第56章。

（6）第十一类子目注释对一些纺织名词术语作了明确解释，这些术语包括：未漂白纱线、漂白纱线、着色（染色或印色）纱线、未漂白机织物、漂白机织物、染色机织物、色织机织物、印花机织物及平纹织物。这些定义在作必要修改后也适用于针织或钩编织物。归类时应严格按照第十一类子目注释的规定。

3.第十一类涉及的归类原则

（1）纺织纤维的分布及归类

①纺织纤维在第十一类的分布情况

- 纺织纤维
  - 天然纤维
    - 动物质纤维
      - 蚕丝（第50章）
      - 除蚕丝以外的其他动物质纤维（第51章）
    - 植物质纤维
      - 棉花（第52章）
      - 除棉花以外的其他植物质纤维（第53章）
  - 化学纤维
    - 化学纤维长丝（第54章）
    - 化学纤维短纤（第55章）

②纺织纤维的归类

纺织纤维的归类比较简单，首先根据纤维的属性（若为化学纤维还要根据其长短）确定章，然后根据其加工程度（如有无梳理加工）及纤维种类确定品目及子目。

例1：已梳的喀什米尔山羊绒。

解析：首先该商品属于蚕丝以外的动物质纺织纤维，应归入第十一类的第51章，然后根据第51章的章注，喀什米尔山羊绒属于动物细毛，因此按已梳的动物细毛归入品目51.05，进而按喀什米尔山羊绒的细毛归入子目5105.3100。

（2）普通混纺纱线、普通混纺机织物及品目58.09、59.02混纺织物的归类

根据第十一类类注二的规定，普通混纺纱线、普通混纺机织物及品目58.09、59.02混纺织物应按其中重量最大的那种纺织材料归类。当没有哪种纺织材料重量较大时，则归入可归入品目中的最后一个品目（即从后归类）。

在计算重量时，应注意以下几点：

①首先确定章，因此同章不同的纺织材料应合并计算重量，再和其他章比较；第54章和第55章都属于化学纤维，当这两章与其他章比较的时候，应将这两章作为一个单一的章对待，即化学纤维长丝和短纤应合并计算重量再和其他章比较。

然后确定品目，在选择合适的品目时，同一品目所列各种不同的纺织材料应合并计算重量再和可归入的本章其他品目比较，对不归入该章的其他材料则不予考虑。

②在确定主要与哪种纺织材料混纺时，应以混纺材料中重量最大的为主要混纺对象，重量相等则从后。

③马毛粗松螺旋花线和含金属纱线应作为一种单一的纺织材料对待，即其重量应为它们在纱线中的合计重量。

④在机织物的归类中，金属线应作为一种纺织材料。

例2：棉30%、羊毛30%、涤纶短纤25%、腈纶短纤15%的浅黄色平纹机织物，250克/平方米。

解析：该商品为普通混纺机织物，因为涤纶短纤与腈纶短纤都是第55章的合成纤维短纤，应合并计重再和其他章纤维比较。合成纤维短纤合并计重后为40%，其重量最大，因此应归入第55章。与棉混纺应归入品目55.14，与羊毛混纺应归入品目55.15，因为棉与羊毛均为30%，二者重量相等，应从后归类。因此该商品应作为合成纤维短纤在85%以下，主要与羊毛混纺的机织物归入品目55.15。涤纶短纤属于聚酯纤维，其含量（25%）超过了腈纶短纤（15%），应按聚酯纤维短纤归入一级子目5515.1，进而按与羊毛混纺归入子目5515.1300。

例3：按重量计，含40%棉、35%合成纤维长丝和25%人造纤维短纤的漂白机织物。

解析：该商品为普通混纺机织物，合成纤维长丝属于第54章，人造纤维短纤属于第55章，棉属于第52章，合成纤维长丝和人造纤维短纤应合并计重后再与棉比较。合并计重后为60%，比棉多，应作为化学纤维机织物归类。又因为合成纤维长丝（35%）比人造纤维短纤（25%）多，因此归入第54章，然后按“合成纤维长丝机织物”归入品目54.07。因为棉（40%）比人造纤维短纤（25%）多，所以一级子目按“合成纤维长丝含量在85%以下，主要与棉混纺的机织物”归入5407.8，二级子目按“漂白”归入5407.8100。

（3）第56章～第63章混纺产品的归类

第56章～第63章品目的设置是不考虑纤维属性的，只是在子目划分时才依据纤维属性，所以第56章～第63章混纺产品只影响子目的归类。根据子目注释二，第56章～第63章混纺产品在子目中的归类比照本类类注二对第50章～第55章的混纺产品（普通混纺纱线、普通混纺机织物）的归类规定来确定，即按重量大的纤维所在的子目归类，同子目的不同纤维应合并计重再和其他子目比较，重量相同则从后。

在计算重量时，应注意：

①对由底布和绒面或毛圈面构成的纺织品，在归类时不考虑底布的属性；

②品目58.10的刺绣品及其制品，归类时应只考虑底布的属性，但不见底布的刺绣品及其制品应根据绣线的属性确定归类。

例4：机织女衬衫，按重量计含棉50%、涤纶30%、腈纶20%。

解析：该商品属于纺织类机织服装，应归入第十一类的第62章，然后按女衬衫归入品目62.06。该衬衫含有3种纤维，属于混纺产品，若按棉制应归入子目6206.3，涤纶和腈纶都是化学纤维，同属于子目6206.4，合并计重后为50%，与棉相同比重，因此从后归入子目6206.4000。

例5：结织栽绒地毯，底布为纯棉，栽绒层按重量计含羊毛55%、涤纶25%、粘胶纤维20%。

解析：该商品属于纺织材料作面的结织栽绒地毯，应归入第十一类的第57章。查阅品目条文符合品目57.01，子目归类根据子目注释二的规定应按栽绒层的纤维归类。涤纶与粘胶纤维都是化学纤维合并计重后为45%，仍小于羊毛的重量，因此按羊毛归入子目5701.1000。

例6：按重量计，底布（亚麻机织布）占绣品总重45%，纯棉绣线占绣品总重55%的成匹刺绣品。

解析：该商品属于纺织刺绣品，应归入第十一类的第58章，查阅品目条文符合品目58.10。根据子目注释二，刺绣品子目归类时应只考虑底布的属性，即按亚麻纤维归入子目5810.9900。

（4）纺织纱线（包括纺织扁条）的分布及归类

①纺织纱线（包括纺织扁条）的分布

- 纺织纱线
  - 普通纱线（第50章～第55章）
  - 特殊纱线
    - 用橡胶或塑料浸渍、涂布、包覆或套裹的纺织纱线（品目56.04）
    - 含金属纱线（品目56.05）
    - 螺旋花线、绳绒线、纵行起圈纱线（品目56.06）
    - 具有线、绳、索、缆特征的纱线（品目56.07）

其中，螺旋花线不包括品目56.05的货品及马毛粗松螺旋花线；具有线、绳、索、缆特征的纱线包括用金属线加强的纱线及其他符合本类类注三规定的纱线。

②纺织纱线（包括纺织扁条）品目的归类

纺织纱线品目归类的步骤：

第一，判断是否为特殊纱线，若是则归入第56章相应品目。

第二，判断纤维是否单一，若是则按普通单一纤维纱线归入纤维所在章，即第50章~第55章，然后根据是否为缝纫线、是否供零售用等确定品目。

第三，按普通混纺纱线的归类原则确定章及品目［普通混纺纱线的归类原则具体见“3.第十一类涉及的归类原则”中的“（2）普通混纺纱线、普通混纺机织物及品目58.09、59.02混纺织物的归类”］。确定品目时，还需考虑是否为缝纫线、是否供零售用、与何种纤维混纺等因素。

其归类流程如图11-1所示：

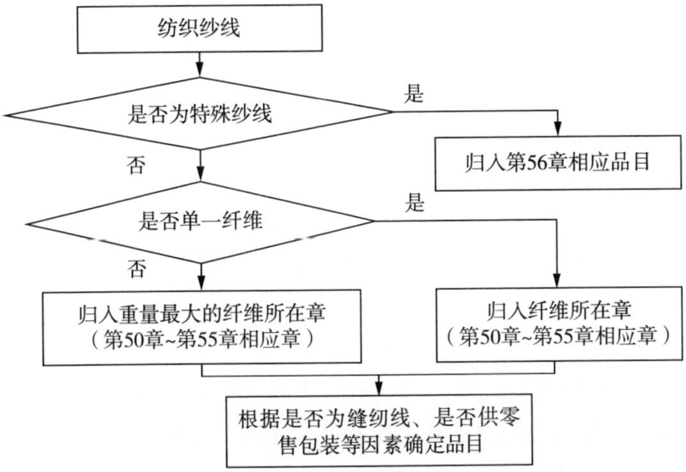

图11-1　纺织纱线（包括纺织扁条）品目的归类流程图

例7：聚酯薄膜真空镀铝扁条（表观宽度为1毫米）。

解析：该聚酯扁条的表观宽度为1毫米，属于纺织材料，应归入第十一类。又因为镀铝，属于用金属包覆制得的扁条，是一种特殊的扁条，应归入第56章，查阅品目条文，符合品目56.05，所以该扁条作为用金属包覆制得的特殊扁条归入品目56.05。

例8：用金属丝增强的尼龙多股纱线。

解析：该纺织纱线用金属丝增强，符合第十一类类注三的规定，即属于“线、绳、索、缆”，所以应作为特殊纱线归入第56章，按“线、绳、索、缆”归入品目56.07。

例9：精梳多股纱线，按重量计含有55%棉花，45%的腈纶短纤（每根单纱细度为97分特，非零售，非缝纫线）。

解析：该纺织纱线不符合第56章特殊纱线的规定，且由两种纤维混纺而成，所以是普通混纺纱线。因为棉花的含量（55%）大于腈纶短纤的含量（45%），所以按普通棉纱线归入棉花所在章，即第52章。然后根据非缝纫线、非零售以及棉花的含量，确定应归入品目52.06。

（5）纺织机织物的分布及归类

①纺织机织物的分布

- 纺织机织物
  - 普通机织物（第50章～第55章）
  - 特殊机纱线
    - 特殊机织物经浸渍、涂布、包覆、层压或有工业用途的机织物（第59章）
    - 狭幅机织物（品目58.06）
    - 织造方式特殊的机织物（品目58.01～58.03）
    - 用于衣着、装饰及类似用途的金属线机织物（品目58.09）

②纺织机织物品目的归类

纺织机织物归类步骤：

第一，判断是否为特殊机织物。若是则归入第58章或第59章的相应品目。根据第58章章注一的规定“本章不适用于第59章的货品”，所以在判断是否为特殊机织物时，应按以下顺序：首先判断是否经非纺织材料浸渍、涂布、包覆或层压或具有其他第59章的特征，若是则归入第59章相应品目；其次判断是否为狭幅机织物，若是则归入品目58.06；接着判断织造方式是否特殊，若是则归入品目58.01～58.03中的相应品目；最后判断是否为用于衣着、装饰及类似用途的金属线机织物，若是则归入品目58.09。

第二，判断是否单一纤维纺制，若是则按普通单一纤维机织物归入纤维所在章，即第50章～第55章。然后根据纤维含量、每平方米重量、纤维属性等确定品目。

第三，按普通混纺机织物的归类原则确定章及品目［普通混纺机织物的归类原则具体见“3.第十一类涉及的归类原则”中的“（2）普通混纺纱线、普通混纺机织物及品目58.09、59.02混纺织物的归类”］。确定品目时，还需考虑纤维属性、纤维含量、每平方米重量、与何种纤维混纺等因素。在判断与何种纤维混纺时，应将比例大的作为混纺对象，比例相同则从后。

其归类流程如图11-2所示：

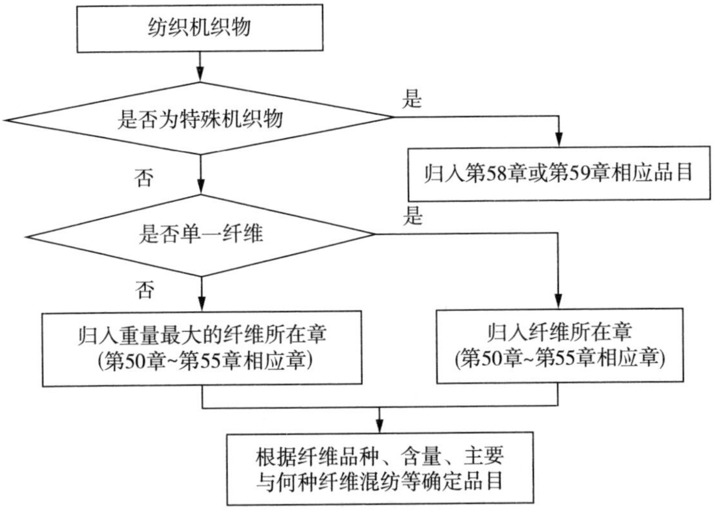

图11-2　纺织机织物品目的归类流程图

例10： 色织斜纹机织物，按重量计含棉花40%、粘胶短纤30%、锦纶短纤30%（幅宽30厘米，每平方米210克）。

解析： 该机织物是纺织机织物应归入第十一类，经判断不符合第59章的特征，幅宽30厘米属于狭幅机织物，应按狭幅机织物归入品目58.06。

例11： 棕色机织长毛绒，绒面按重量计含羊毛50%，含涤纶短纤50%（幅宽110厘米，每平方米重360克）。

解析： 该机织物是纺织机织物应归入第十一类，经判断不符合第59章的特征，也不是狭幅机织物，机织长毛绒属于起绒机织物，所以按起绒机织物归入品目58.01。

例12： 聚乙烯涂布的纯棉绝缘布，幅宽28厘米。

解析： 该机织物是纺织机织物应归入第十一类，聚乙烯是一种塑料，经涂布符合第59章的特征，应按塑料涂布的机织物归入品目59.03。

例13： 蓝色机织物，按重量计含40%合成纤维短纤、35%精梳羊毛、25%粗梳动物细毛（幅宽180厘米，每平方米210克）。

解析： 该机织物是纺织机织物应归入第十一类，不符合第59章，也不符合第58章机织物的特征，属于普通混纺机织物。因为羊毛和动物细毛都是第51章的纤维，所以合并计重，比例为60%，比短纤大，所以归入第51章；又因为精梳羊毛比粗梳动物细毛多，所以按“精梳羊毛机织物”归入品目51.12。

（6）纺织服装的分布及归类

①纺织服装的分布

纺织服装
- 动物用（第42章）
- 玩偶用（第95章）
- 人类用
  - 针织或钩编（第61章）
  - 非针织或非钩编（第62章）

②纺织服装品目的归类

首先，判断是否为第十一类的服装。第十一类为只适用于人穿戴的服装。

其次，判断是否针织，若是则归入第61章；若不是则归入第62章。

再次，判断是否为婴儿服装，若是则归入品目61.11或品目62.09。

从次，判断是否为面料特殊的服装，若是则归入品目61.13或品目62.10。所谓“面料特殊”，是指用品目56.02、56.03、59.03、59.06或品目59.07的面料纺成。其中品目61.13是用品目59.03、59.06或品目59.07的针织或钩编织物制成的服装；品目62.10是用品目56.02、56.03、59.03、59.06或品目59.07的非针织非钩编织物制成的服装。

最后，根据服装的类型、适合对象等确定品目。对于套装应符合第61章或第62章相应注释的规定，否则应按非套装分开归类。

其归类流程如图11-3所示：

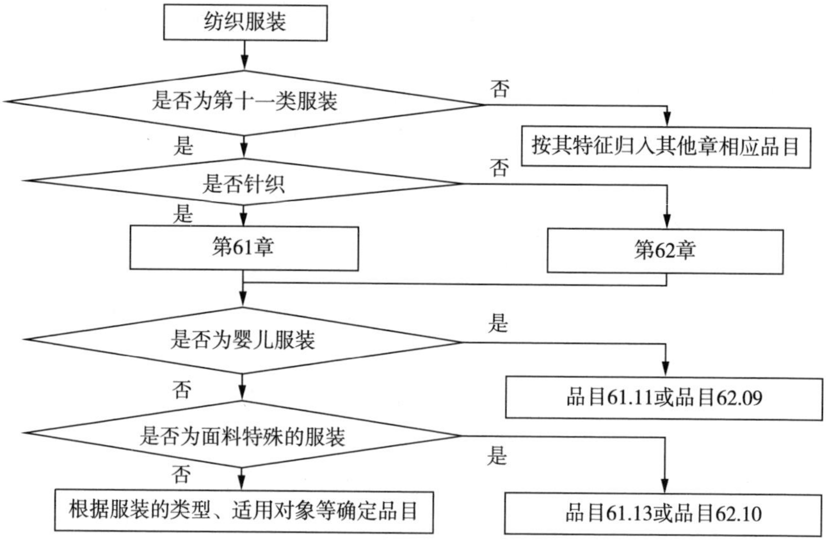

图11-3　纺织服装品目的归类流程图

例14：粘胶短纤无纺织物制外科手术服。

解析：首先该纺织服装是人穿的，应归入第十一类，然后因为无纺织物是品目56.03的面料，所以按用品目56.03的面料制成的服装归入品目62.10。

例15：针织棉制短裤（适合身高85厘米幼儿）。

解析：首先该纺织服装是人穿的，应归入第十一类，其次因为是针织的应归入第61章，最后“适合身高85厘米幼儿”符合第61章章注六关于婴儿服装的规定，按婴儿服装归入品目61.11。

例16：供猫穿的纯毛针织外套。

解析：因为该纺织服装是猫穿的，所以应按动物鞍具归入品目42.01。

例17：完全由同一块涤纶机织布缝制的女西服套装（上衣衣身面料纵向由3片缝合而成）。

解析：首先该纺织服装是人穿的，应归入第十一类，其次因为是机织的应归入第62章；又因为该服装既不符合婴儿服装的规定也不是特殊面料制成的服装，所以根据服装类型及适用对象归类。第62章章注三对“西服套装”及“便服套装”作了详细规定，该注释规定“西服套装除袖子外，应由4片或4片以上面料组成”，所以该服装不能按“西服套装”归类，查阅“便服套装”的规定完全符合，所以最终该服装应按“女式便服套装”归入品目62.04。

（7）电子纺织品和电子纺织制品的归类

除第十一类注释一另有规定的以外，装有用作附加功能的化学、机械或电子组件（无论是作为内置组件还是组合在纤维或织物内）的纺织品、服装和其他纺织物，如果其具有第十一类货品的基本特征，应归入第十一类相应品目中。例如，带有心率和体温监测的运动内衣，其本质特征依然是纺织服装，因此按运动内衣归入第十一类相应品目。

11.2 第50章 蚕丝

1.本章商品范围及结构

本章商品包括丝的原料、废丝、普通丝纱线和普通丝机织物，还包括蚕胶丝，以及作为丝归类的混纺纱线和混纺机织物。

本章共有7个品目，按照加工程度由浅至深的顺序排列：蚕茧、生丝及废丝（品目50.01～50.03）→各种丝纱线、蚕胶丝（品目50.04～50.06）→

丝或绢丝机织物（品目50.07）。

2.本章所涉及的商品知识

（1）**生丝（品目50.02）**

品目50.02的生丝是指未加捻的丝。加捻的丝应按纱线归类。

（2）**丝纱线**

用品目50.02的生丝（单条、双条或多条）加捻纺成的纱线。

（3）**绢纺纱线**

用丝落棉或其他废丝纺成的纱线，包括绢丝纱线和紬丝纱线。绢丝纱线是以疵茧和缫丝过程中产生的废丝为原料，经绢丝纺工艺纺成的短纤纱线。紬丝纱线是以丝落绵为原料，经紬丝纺工艺纺成的短纤纱线，其质地疏松、支数较低、绵粒较多，比绢丝纱线质量差。

（4）**蚕胶丝（品目50.06）**

在蚕准备吐丝织茧时将其浸于稀醋酸中杀死，取出蚕体内的丝腺，拉细成丝。

（5）**绵绸**

用紬丝纱线织制的织物，多采用平纹组织织造。绵绸表面布满不规则的绵粒，具有呢的风格。

3.本章商品归类应注意事项

（1）本章所称“丝”的范围。

本章所称“丝”，不仅包括家蚕（桑蚕）丝，也包括野蚕丝、蜘蛛丝、海丝及贝足丝。野蚕丝中最重要的品种是柞蚕丝（食栎树叶的蚕所吐的丝）。

（2）本章纱线归类时应注意纱线的品种、是否供零售用。

（3）本章不包括特殊纱线（第56章）和特殊机织物（第59章或第58章）。

11.3 第51章 羊毛、动物细毛或粗毛；马毛纱线及其机织物

1.本章商品范围及结构

本章商品包括羊毛、其他动物细毛或粗毛、普通毛纱线及普通毛机织物，也包括作为毛归类的混纺纱线和混纺机织物。本章商品还包括马毛纱线及机织物，但不包括马毛及废马毛（品目05.11）。

本章共有13个品目，按照加工程度由浅至深的顺序排列：羊毛、动物细毛或粗毛及废料（品目51.01～51.05）→毛纱线（品目51.06～51.10）→毛机织物（品目51.11～51.13）。

2.本章所涉及的商品知识

（1）含脂羊毛（品目51.01）

含脂羊毛是尚未水洗或用其他方法清洗的羊毛，又称“原毛”。含脂剪羊毛常为“套毛”形状，即略呈一张毛皮的外形。

（2）碳化羊毛（品目51.01）

化学除草又称“碳化”，原毛通过浸酸使混入的草类变为易碎的碳质与羊毛分离而成的羊毛为碳化羊毛。

（3）精梳片毛（子目5105.2100）

精梳片毛也称“散装精梳羊毛”“洗净除籽羊毛”“开松毛条”，一般利用精梳毛纺部分机器通过机械方法清除洗净羊毛中的植物杂质，将精梳后的长毛条经牵伸并拉断成不规则蓬松毛片。

（4）无毛山羊绒（子目5105.3921）

无毛山羊绒是指经过洗净、分梳，除去粗毛和杂质，不含非动物纤维和其他动物纤维的纯山羊绒。

（5）粗梳毛纱（第51章）

粗梳毛纱是指用长度在55毫米以下的羊毛，并可混用部分回用毛，按粗梳毛纺工艺纺制的毛纱，多为单纱，适于织造较厚重的绒面和呢面织物。

（6）精梳毛纱（第51章）

精梳毛纱是指用长度在55毫米以上优质细羊毛做原料，按精梳毛纺工艺纺制的毛纱，多为股线，适于织造细薄毛织物。

（7）粗纺呢绒（品目51.11）

粗纺呢绒是用粗梳毛纱织制的毛织品，粗纺呢绒分为麦尔登类、大衣呢类、海军呢类、制服呢类、女式呢类、法兰绒类、粗花呢类、大众呢类和其他类共9类。

（8）精纺呢绒（品目51.12）

用精梳毛纱织制的毛织品，精纺呢绒分为哔叽类和啥味呢类、华达呢类、中厚花呢类（195克／平方米～315克／平方米）、凡立丁和派力司类、女衣呢类、贡呢类（马裤呢、巧克丁、驼丝锦等）、薄花呢类（195克／平方米以下）和其他类共8类。

3.本章商品归类应注意事项

（1）明确“羊毛”“动物细毛”及“动物粗毛”的范围。

《税则》中的“羊毛”“动物细毛”及“动物粗毛”与我们日常生活中所说的是不完全一致的。其特定含义如下：

①“羊毛”，是指绵羊或羔羊身上长的天然纤维。

②“动物细毛”，是指下列动物的毛：羊驼、美洲驼、驼马、骆驼（包括单峰骆驼）、牦牛、安哥拉山羊、西藏山羊、喀什米尔山羊及类似山羊（普通山羊除外）、家兔（含安哥拉兔）、野兔、海狸、河狸鼠或麝鼠。

③“动物粗毛”，是指以上未提及的其他动物的毛，但不包括制刷用鬃毛（品目05.02）及马毛（品目05.11）。

（2）本章纱线归类时应注意纱线的品种、是否供零售用。

（3）本章机织物归类应注意原料属性、含量、与何种纤维混纺等因素。

（4）加工后供制假发或类似品的羊毛等动物毛应归入品目67.03。

（5）本章不包括特殊纱线（第56章）和特殊机织物（第59章或第58章）。

（6）马毛粗松螺旋花线是普通纱线。

11.4　第 52 章　棉花

1.本章商品范围及结构

本章商品包括棉花、废棉、已梳棉、普通棉纱线和普通棉机织物，也包括作为棉归类的混纺纱线和混纺机织物。

本章共有12个品目，按照加工程度由浅至深的顺序排列：未梳棉、废棉、已梳棉（品目52.01～52.03）→普通棉纱线（品目52.04～52.07）→普通棉机织物（品目52.08～52.12）。

2.本章部分品目介绍

品目52.01所称“未梳的棉花”包括籽棉和皮棉，其纤维一般长度在1厘米～5厘米。从棉铃上采摘下的棉花带有棉籽，称“籽棉”。去除棉籽的棉纤维称“皮棉”“原棉”。本品目不包括棉短绒，棉短绒也称“棉籽绒”，是籽棉经轧花加工后，在棉籽上存留的一层纤维很短的细茸毛，其长度一般不超过5毫米，不能纺纱。但它的纤维素含量高，是制火药、纸浆、塑料及人造纤维的理想原料，应归入品目14.04。

3.本章商品归类应注意事项

（1）本章纱线归类时应注意纱线是否为缝纫线、是否供零售用、棉的含量、是否精梳、种类（单纱、多股纱线或缆线）、细度等因素。

（2）本章机织物归类应注意棉的含量、每平方米重量、与何种纤维混纺、印染方式（未漂白、漂白、染色、色织、印花）、织造方式（平纹、斜纹、其他）等因素。

（3）经药物浸渍或零售用的药棉和绷带应归入第30章。

（4）本章不包括特殊纱线（第56章）和特殊机织物（第59章或第58章）。

11.5 第 53 章 其他植物纺织纤维；纸纱线及其机织物

1.本章商品范围及结构

本章商品包括除棉以外的各种植物纺织纤维、普通纱线和普通机织物，也包括纸纱线及其机织物，以及作为本章产品归类的混纺纱线和混纺机织物。

本章共有10个品目（本章无品目53.04），按照加工程度由浅至深的顺序排列：各种植物纺织纤维（品目53.01～53.03、品目53.05）→各种植物纤维普通纱线及纸纱线（品目53.06～53.08）→各种植物纤维普通机织物及纸纱线机织物（品目53.09～53.11）。

2.本章所涉及的商品知识

纸纱线（品目53.08）

纸纱线包括纸制的单纱和多股纱线。单纱是指将潮湿的纸条纵向搓捻而得，多股纱线则由两根或两根以上单纱合股而成。

3.本章商品归类应注意事项

（1）本章归类应注意纤维属性、加工程度。

（2）本章不包括特殊纱线（第56章）和特殊机织物（第59章或第58章）。

4.部分商品归类辨析

纸纱线的归类

- 简单纵向一次或多次折叠的纸，归入第48章
- 纸纱线，归入品目53.08
- 用金属包覆的纸纱线，归入品目56.05
- 用金属增强的纸纱线及纸纱线编结的绳、索、缆，归入品目56.07

11.6　第54章　化学纤维长丝；化学纤维纺织材料制扁条及类似品

1.本章商品范围及结构

本章商品包括化学纤维长丝、普通化学纤维长丝纱线和普通化学纤维长丝机织物，以及作为化纤长丝归类的混纺纱线和混纺机织物。本章还包括品目54.04或品目54.05的扁条和类似品及其机织物。

本章共有8个品目，基本按照加工程度由浅至深的顺序排列：化学纤维长丝纱线及单丝和扁条（品目54.01～54.06）→化学纤维长丝机织物（品目54.07～54.08）。

2.本章所涉及的商品知识

（1）合成纤维

合成纤维是将有机单体物质加以聚合而制成的聚合物，例如，聚酰胺、聚酯、聚烯烃、聚氨基甲酸醋，或经上述加工将聚合物经化学改性制得（例如，聚乙酸乙烯酯水解制得的聚乙烯醇）。

（2）人造纤维

人造纤维是将天然有机聚合物（例如，纤维素）溶解或经化学处理制成聚合物（例如，铜胺纤维或粘胶纤维）；或将天然有机聚合物（例如，纤维素、酪蛋白及其他蛋白质、藻酸）经化学改性制成聚合物（例如，醋酸纤维素纤维或藻酸盐纤维）。

（3）化学纤维长丝与短纤（第54章、第55章）

化学纤维长丝是由化学纤维纺丝加工得到的连续丝条，未经过切断工序，分为单丝和复丝；短纤是化学纤维纺丝加工得到连续丝条后，将丝束切断而成的各种长度规格的短纤维。

（4）变形纱线（加工丝）（第54章）

用机械或物理方法，使长丝纱线改变几何形状，获得与短纤维纱线有关特性的加工工艺称为“变形”或“加工”，变形加工后得到的产物称作变形纱线或加工丝。变形加工使长丝纱中的每根光滑纤维变为卷曲、皱缩、起圈、蓬松等非线形状，在拉力下变形纱线会被部分或全部拉直，一旦撤去外力变形即得到恢复。有弹力丝和空气变形丝之分。

（5）部分定向聚酯纱线（POY丝）

它是由分子部分取向的纤维构成的长丝纱线，有较大的塑性，在拉伸外力下可伸长至原长的一倍以上，并易被拉断，不直接用于织造，常需要经过拉伸和拉伸—变形工序，制成加工丝后再使用。

3.本章部分纤维化学名与俗名或简称的对照

本章部分纤维化学名与俗名或简称的对照如表11-1所示。

表11-1　本章部分纤维化学名与俗名或简称对照表

化学名	俗名或简称	化学名	俗名或简称
聚酰胺纤维	国际称尼龙，国内称锦纶	聚酯纤维	国内称涤纶
聚丙烯腈纤维	国内称腈纶	聚氨基甲酸酯纤维	氨纶或莱卡或橡筋丝
聚丙烯	丙纶		

4.本章商品归类应注意事项

（1）化学纤维长丝废料及化学纤维长丝丝束应归入第55章。

（2）截面尺寸超过1毫米的化纤单丝或表观宽度超过5毫米的扁条及类似品应归入第39章，其编结品应归入第46章。

（3）注意区分弹力丝与弹性纱线。

弹力丝与弹性纱线都具有弹性，但弹力丝的弹性是通过变形加工获得，属于一种变形纱线；弹性纱线是合成纤维纺织材料制成的长丝纱线，不属于变形纱线，其弹性是本身具有的。

（4）本章不包括特殊纱线（第56章）和特殊机织物（第59章或第58章）。

11.7　第 55 章　化学纤维短纤

1.本章商品范围及结构

本章商品包括化学纤维短纤、化学纤维长丝丝束、化学纤维短纤纺制的普通纱线和普通机织物，以及可视为化学短纤产品归类的混纺纱线和混纺机织物。化学纤维长丝或短纤的废料（包括落棉、废纱和拉松的废碎化学纤维布）也归入本章，但本章不包括长度不超过5毫米的化纤屑（子目5601.3000）。

本章共有16个品目，按照加工程度由浅至深的顺序排列：化学纤维长丝丝束、化学纤维短纤及化学纤维废料（品目55.01～55.07）→化学纤维短纤纱线（品目55.08～55.11）→化学纤维短纤机织物（品目55.12～55.16）。

2. 本章商品归类应注意事项

（1）符合本章注释规定的丝束才能按长丝丝束归入品目55.01和品目55.02，否则应视情况按长丝或短纤归入相应品目。

（2）本章不包括特殊纱线（第56章）和特殊机织物（第59章或第58章）。

11.8　第56章　絮胎、毡呢及无纺织物；特种纱线；线、绳、索、缆及其制品

1. 本章商品范围及结构

本章商品包括一些具有专门特性的纺织品，主要包括非织造类纺织物絮胎、毡呢、无纺织物；特种纱线；线、绳、索、缆及其制品。

本章共有9个品目，其排列顺序为：非织造类纺织物（包括絮胎及其制品、毡呢、无纺织物）（品目56.01～56.03）→特种纱线（品目56.04～56.06）→线、绳、索、缆及其制品（品目56.07～56.08）→用线性纺织材料制成的其他品目未列名商品（品目56.09）。

2.本章所涉及的商品知识

（1）絮胎

絮胎是由粗梳纺织纤维（通常为棉纤维或人造纤维短纤）网或气流成网法制成的网，经层层叠加，然后靠压紧增强纤维间抱合力而制成的片状物。絮胎主要用于衬垫、用作包装材料或用于卫生方面。

（2）毡呢

毡呢是将数层纺织纤维（通常为羊毛或其他动物毛，也有用动物毛与其他天然纤维或化纤的混合纤维）相互叠层，然后施以重压及摩擦或打呢，使纤维相互联结，成为厚度均匀的呢片。毡呢比絮胎结实，其纤维很难分离，可用于制衣、帽、鞋、装饰制品及花哨物品等，也可作各种专门的技术用途（例如，作隔音或隔热材料）。

（3）无纺织物

无纺织物也称“无纺布”，是将纺织纤维定向或随意取向黏合而成的片状或网状织物，其生产过程通常分为3个阶段：成网阶段、黏合阶段及整理阶段。

（4）合成革（第56章）

合成革以合成纤维无纺布为底布，经聚酰胺或聚氨酯等涂层加工或贴膜而成的非刚性仿皮革织物。

（5）粗松螺旋花线（品目56.06）

通常以一根或数根纺织纱线为芯，用一根或数根其他纱线螺旋卷绕于该纱芯上制得，主要用作装饰。

（6）**绳绒线（品目56.06）**

由两股或两股以上搓捻在一起的纺织纱线及其夹住的纱线断头构成，断头与纱线几乎成直角垂直立起，看起来整条纱线上都簇满绒毛（例如，雪尼尔线）。绳绒线主要用于织造绳绒织物或各种装饰带。

3.本章商品归类应注意事项

（1）除品目56.01的絮胎制品、品目56.08的渔网及其他网、品目56.09的货品以外，本章不包括制成品。

（2）用各种物质或制剂（例如，香水、洗涤剂等）浸渍、涂布、包覆的絮胎、毡呢或无纺织物，其中纺织材料仅作为承载介质的，应归入相应制剂所属章。

（3）明确"特殊纱线"的范围。

特殊纱线包括：用橡胶或塑料浸渍、涂布、包覆或套裹的纺织纱线（品目56.04），含金属纱线（品目56.05），螺旋花线、绳绒线、纵行起圈纱线（品目56.06），具有线、绳、索、缆特征的纱线（品目56.07）。

注意马毛粗松螺旋花线（品目51.10）、纸纱线（品目53.08）不是特殊纱线。

（4）用肉眼无法辨别出是否经过浸渍、涂布或包覆的纺织纱线或品目54.04或品目54.05的扁条及类似品，应作为普通纱线或扁条归入第50章～第55章。

（5）絮胎制卫生巾（护垫）及卫生棉条、尿布及尿布衬里和类似品，不能按絮胎制品归入品目56.01，而应归入品目96.19。

4.部分商品归类辨析

（1）**"含金属纱线"与"用金属线加强的纱线"的区别**

"含金属纱线"，金属起装饰作用，是一种装饰性纱线，应归入品目56.05；"用金属线加强的纱线"，金属起加强或增强作用，属于线、绳、索、缆，应归入品目56.07。

（2）**纺织材料制网状产品的归类**

- 纺织材料制发网，归入品目65.05
- 纺织材料制网球网、捞鱼网等运动或嬉戏娱乐用网，归入第95章
- 纺织材料制渔网及其他网，归入品目56.08

11.9　第57章　地毯及纺织材料的其他铺地制品

1.本章商品范围及结构

本章商品包括使用时以纺织材料作面的地毯及其他纺织材料铺地制品，

也包括具有纺织材料铺地制品特征（例如，具有铺地制品的厚度、硬挺度及强度）但作其他用途（例如，挂在墙上、铺在桌面上或作其他装饰用途）的物品。本章物品可以是制成的，也可以是呈大段供剪裁铺设的成幅地毯料。经浸渍或用机织物、无纺织物、海绵橡胶或泡沫塑料衬背的地毯及铺地品也归入本章。

本章共有5个品目，按照加工方法设置品目，其排列顺序为：结织栽绒地毯（品目57.01）→机织地毯（品目57.02）→簇绒地毯（品目57.03）→毡呢地毯（品目57.04）→其他地毯（品目57.05）。

2.本章所涉及的商品知识

（1）结织栽绒地毯（品目57.01）

结织栽绒地毯是指绒纬至少在一根紧经上绕一圈呈打结或扭绞状，然后竖立形成地毯绒面，并由地纬将绒纱固定的地毯。

（2）机织地毯（品目57.02）

机织地毯指用双层毛圈织机或装有钢丝起圈装置织机所制成的带毛圈铺地织物，一般由纬纱、毛经与地经组成，其毛圈靠经纱构成，然后将毛圈经割绒后即成为绒头地毯。

（3）簇绒地毯（品目57.03）

经簇绒工艺形成毛绒的一种地毯，其毛绒由特制的簇绒针在底布上植入毛纱以形成毛圈，割断毛圈形成毛绒，底布背面涂上树脂、胶料固着毛圈或毛绒，防止绒毛松散脱落和起毛起球，并可提高毛毯的尺寸稳定性。

3.本章未列名品目介绍

品目57.05包括本章未列名的地毯及纺织材料铺地制品，主要包括：粘绒地毯（将绒面黏合于底基上或直接将黏合剂作为底基黏合起来构成的地毯）、无纺地毯（将一层粗梳纺织纤维通过有槽滚筒之间碾压卷曲毛圈，然后用橡胶、塑料等厚层涂布作为底基将毛圈加以固定，或用类似的胶粘剂将毛圈粘于底布上制成的地毯）、“植绒”地毯（把纺织纤维垂直植于涂有橡胶、塑料等的纺织底布上制成的地毯）、针织地毯及地毯料。

4.部分商品归类辨析

（1）地毯及铺地用品的归类

以纺织材料作面的新、旧地毯及铺地用品归入第57章，对由底布和绒面构成的地毯及铺地用品，在子目归类时按绒面的纤维属性归类；以非纺织材料作面、纺织材料作底的地毯及铺地用品归入第59章；非纺织材料制的铺地用品按构成材料归类；超过100年，十分珍稀有收藏价值的地毯及铺地用品归入第97章。

（2）铺地制品衬垫的归类

铺地制品衬垫是指置于地板与地毯之间的粗糙织物或毡呢衬垫，不能视为地毯，应按构成材料归类。

11.10　第58章　特种机织物；簇绒织物；花边；装饰毯；装饰带；刺绣品

1.本章商品范围及结构

本章商品主要包括特种机织物、簇绒织物、花边、装饰毯、装饰带、刺绣品，以及衣着、装饰和类似用途的金属线机织物。本章的纺织品大部分是经特殊方法加工制得的织物（例如，起绒机织物、毛圈机织物等）。除装饰毯不论是否制成以外，本章不包括制成品，具有装饰性的未制成的纺织品大部分都归入本章。除品目58.09以外，本章其他品目在品目条文中没有限制纤维属性，也就是说，在本章品目归类时不用考虑纤维的属性（品目58.09除外）。

本章共有11个品目，按照品种及加工方法设置品目，其排列顺序为：特种机织物（品目58.01～58.03）→网眼织物、狭幅机织物及装饰性织物（品目58.04～58.10）→被褥状纺织品（品目58.11）。

2.本章所涉及的商品知识

（1）起绒机织物（品目58.01）

起绒机织物是指在专用的起绒织机上生产的经起绒或纬起绒织物。一般是由两个系统的三组纱线构成。一系统的经纱或纬纱形成绒面，绒面可以是绒头（经割绒）也可以不经割绒；另一系统的一组经纱和一组纬纱（地经和地纬）构成织物的地组织（底布）。起绒机织物分为两种：经起绒织物（例如，长毛绒等）和纬起绒织物（例如，灯芯绒等）。

（2）灯芯绒（品目58.01）

灯芯绒俗称“条绒”，是选用纬起绒组织织造的起绒织物，织物表面耸立着由割断后的绒纬形成的灯芯状纵向绒条。

（3）绳绒织物（品目58.01）

一般是在织造底布时，通过在经纱中附加或插入一组不同长度和颜色的绳绒纬纱制成。

（4）毛巾织物（品目58.02）

采用毛巾组织织造的起圈机织物，毛圈较短，有单、双面之分。

（5）簇绒织物（品目58.02）

通过一组针与钩掉设备将纱线插入纺织底布上形成毛圈，将毛圈割开则成为簇绒割绒织物。底布可以是机织物、针织物、钩编织物或非织造布等。

（6）罗类丝织物（品目58.03）

全部或部分采用罗组织形成孔眼的丝织物。在织物表面形成经向排列的直条孔眼称“直罗”，在织物表面形成纬向排列的直孔眼称“横罗”，传统品种杭罗大多是横罗。罗有三梭、五梭、七梭等。

（7）纱类丝织物（品目58.03）

全部或局部采用由经纱扭绞形成全部或局部透明纱孔眼的纱组织织物。经纬密度较疏松，质地轻薄，透气性好，如芦山纱。有些丝织物采用强捻丝作经纬，织品密度较稀，由于经纬丝返捻作用，在织品表面形成均匀细微的纱孔和皱纹也可将其定名为纱，如乔其纱（第50章）。

（8）手织装饰毯（品目58.05）

手织装饰毯是用织机把经纱绷紧，然后用不同颜色的纬纱与其交织，将其覆盖，从而产生图案并成为机织物。这类毯包括“哥白林”“弗朗德”“奥步生”或“波威”型装饰毯。

（9）绒球（品目58.08）

绒球即中间扎在一起，绒头向四面蓬松的短线。

（10）被褥状纺织品（品目58.11）

它是由几层材料组成的成匹纺织品，通常一层为针织或机织物，另一层为胎料（例如，絮胎、毡呢）；或两层织物中间夹一层胎料。各层材料通常用黏合剂黏合起来，或由热黏合、针刺黏合或直接缝合，针迹可直线或形成图案（包括缝编），但缝合应主要起绗缝作用，而不是使产品具有刺绣品特征。这类产品常用于生产绗缝外套、被褥、床罩、坐垫等。

3.本章商品归类应注意事项

（1）根据本章章注一的规定，经浸渍、涂布、包覆或层压的纺织物或工业用纺织制品，应归入第59章。

（2）明确本章“特种机织物”的范围。

本章“特种机织物”包括狭幅机织物（品目58.06），起绒机织物及绳绒机织物（品目58.01），毛巾及簇绒织物（品目58.02），纱罗（品目58.03），用于衣着、装饰及类似用途的金属线机织物（品目58.09）。

（3）明确“狭幅机织物”的范围。

根据本章注释五，“狭幅机织物”包括以下3种织物：

①幅宽不超过30厘米的机织物，不论是否织成或从宽幅料剪成，但两边必须有织成的、胶粘的或用其他方法制成的布边；

②压平宽度不超过30厘米的圆筒机织物；

③折边的斜裁滚条布，其未折边时的宽度不超过30厘米。

但流苏状的狭幅机织物归入品目58.08。

（4）品目58.01～58.03不包括狭幅机织物，即幅宽不超过30厘米的起绒机织物、绳绒机织物、毛圈机织物、纱罗机织物应按狭幅机织物归入品目58.06。

（5）品目58.04不包括线、绳、索结制的网状织物（品目56.08）。

（6）品目58.10所称“刺绣品”，除了一般纺织材料绣线绣制的刺绣品外，还包括在可见底布上用金属线或玻璃线刺绣的刺绣品，也包括用珠片、饰珠、纺织材料或其他材料制的装饰用花纹图案所缝绣的贴花织物。但不包括手工针绣嵌花装饰毯（品目58.05）。

（7）对由底布和绒面或毛圈面构成的纺织品，在归类时不考虑底布的属性；品目58.10的刺绣品及其制品，归类时应只考虑底布的属性，但不见底布的刺绣品及其制品，应根据绣线的属性确定归类。

4.部分商品归类辨析

（1）刺绣品的归类

成匹、成条或成小块图案的刺绣品（包括经刺绣的标签、徽章及类似品），归入品目58.10；刺绣织物的制成品，应按用途归入其他章的相应品目（例如，经刺绣的窗帘应归入品目63.03）。

（2）品目58.08的编带与品目56.07的编织品或编结品的区别

品目58.08的编带，编得较为松散，结构不够紧密；而品目56.07的编织品或编结品则紧密编结、结构密实。

11.11　第59章　浸渍、涂布、包覆或层压的纺织物；工业用纺织制品

1.本章商品范围及结构

本章商品主要包括能够用肉眼辨别的经浆料、塑料或橡胶等非纺织材料浸渍、涂布、包覆或层压的纺织物，以及常用于工业、机械或技术上的

纺织品。

本章共有11个品目，按照与纺织物混合的非纺织物的属性及用途设置品目，其排列顺序为：浸渍、涂布、包覆或层压的纺织物（品目59.01～59.07）→工业、机械或技术用纺织品（品目59.08～59.11）。

2.本章所涉及的商品知识

（1）高强力纱制帘子布（品目59.02）

高强力纱制帘子布是指用尼龙或其他聚酰胺、聚酯或粘胶人造丝高强力纱为经线，用其他纱线作纬线组成的供用于制造汽车轮胎骨架的织物。该帘子布的特点是，经纱排列紧密，纬纱大间隔排列起固定作用，经纬向强度差异悬殊。

（2）列诺伦（品目59.04）

列诺伦又称“亚麻油地毡”，是通过在一层纺织底布（通常为黄麻帆布，但有时为棉布等）的一面涂上由氧化亚麻子油和树脂、胶及填充料（通常是软木粉，但有时是锯屑或木粉）组成的稠实浆料制成的一种铺地用品。

（3）人造革（第59章）

人造革是以聚氯乙烯、聚酰胺、聚氨酯等合成树脂为涂覆材料，以机织物或针织物等为底布的非刚性拟革织物。

3.本章商品归类应注意事项

（1）明确本章所称“纺织物”的范围。

根据本章注释一的规定，除品目条文另有规定以外，本章所称“纺织物”仅适用于第50章～第55章、品目58.03及品目58.06的机织物、品目58.08的成匹编带和装饰带，以及品目60.02～60.06的针织物或钩编织物，不包括第56章的毡呢和无纺织物，以及品目60.01的针织或钩编起绒织物。因此，经浸渍、涂布、包覆或层压的毡呢、无纺织物及针织或钩编起绒织物不归入本章。

（2）明确品目59.05所称“糊墙织物”的范围。

根据本章注释四的规定，品目59.05所称“糊墙织物”是指以纺织材料作面，固定在一衬背上或在背面进行处理（浸渍或涂布以便于裱糊），适于装饰墙壁或天花板，且宽度不小于45厘米的成卷产品。

纺织纤维屑或粉末直接粘于纸上的糊墙物品，应归入品目48.14；纺织纤维屑或粉末直接粘于布底上的糊墙物品，通常归入品目59.07。

（3）品目59.11的货品必须完全符合本章注释八的规定，不能仅凭“工业用”就将货品归入该品目。

（4）用肉眼无法辨别出是否经过浸渍、涂布或包覆的织物，应作为普通织物归入第50章～第55章、第58章或第60章。

4.部分商品归类辨析

纺织材料制的传动带或输送带及带料的归类

①与有关机器或设备一同报验的传动带或输送带，不论是否已实际装配于机器上，均应与机器或设备一同归类。

②单独报验的纺织材料制的传动带或输送带。

A.用橡胶浸渍、涂层、包覆或层压的织物制成的或用橡胶浸渍、涂层、包覆或套裹的纱线或绳制成的传动带或输送带，归入品目40.10。纺织材料仅起增强作用的硫化橡胶制传动带或输送带也归入品目40.10。

B.纺织材料制的其他传动带或输送带（不论其厚度是否小于3毫米），均归入品目59.10。

③单独报验的纺织材料制的传动带带料或输送带带料。

A.厚度不小于3毫米的，应归入品目59.10。

B.厚度小于3毫米的，应按普通机织物归入第50章～第55章或作为狭幅织物归入品目58.06或作为第59章其他货品归类。

11.12　第60章　针织物及钩编织物

1.本章商品范围及结构

本章商品主要包括纬编针织物、经编针织物、缝编织物以及钩编织物。其织造方式不同于经纬纱交织而成的机织物，而是通过一系列相互串联的线圈制成。本章还包括明显用作衣着、装饰或类似用途的金属线制针织物与钩编织物。本章的针织物或钩编织物可以是成匹（包括圆筒织物匹头）的，也可以是简单裁成矩形（包括正方形）的，但进一步加工（例如，缝边）的制成品、现成的可供使用的制成品（例如，围巾），以及针织或钩编成一定形状，不论报验时是单件还是若干件相连成幅的物品均不归入本章。

本章共有6个品目，按照织造方式、幅宽及弹性纱线或橡胶线含量设置品目，其排列顺序为：针织或钩编的起绒织物及毛圈织物（品目60.01）→宽度不超过30厘米的其他针织或钩编织物（品目60.02～60.03）→宽度超过30厘米的其他针织或钩编织物（品目60.04～60.06）。

2.本章所涉及的商品知识

（1）针织物（第60章）

针织物是由织针将一根或若干根纱线，沿纬向或经向弯成线圈，再把线圈相互串套而成的织物。根据加工方式不同分为经编针织物和纬编针织物，也包括由纺织纱线用链式针法构成的缝编织物。例如，表面有毛圈的毛圈针织物、绒面的针织天鹅绒和针织长毛绒、薄型的汗布、中厚型的棉毛布等。

（2）经编针织物（第60章）

经编针织物是由几根沿纵向（沿织物长度）走向的经纱构成，每根经纱组成的线圈都交替着和左右两排线圈相互串联。

（3）纬编针织物（第60章）

纬编针织物是由一根连续卷绕的纱线构成，该纱线形成一行行的线圈，方向一致地横向布满整幅织物，各排相邻线圈相互串联而形成网眼组织。

（4）钩编织物（第60章）

钩编织物是由手工通过钩针把一根连续长线钩成一系列的线圈，线圈与线圈相穿，按照线圈的不同编组方式而形成的素色织物或者具有紧密或透孔结构图案的装饰性织物。

（5）长毛绒

长毛绒分为机织长毛绒（第58章）与针织长毛绒（第60章）。机织长毛绒是由3组纱线交织而成，地经、地纬均用棉纱以平纹交织形成上、下两幅底布，起毛经纱用精纺毛纱或化纤纱联结于上、下两幅底布之间，织成双层绒坯，经剖绒刀割开，形成两幅长毛绒织物坯布；针织长毛绒是把纱线或纤维直接编织（或插入）在针织物的地组织中（底布），毛纱或纤维与地纱一起形成毛圈，再割断使织物表面形成较长的绒毛。有纬编和经编两种。

3.本章商品归类应注意事项

（1）经浸渍、涂布、包覆或层压的针织物及钩编织物应归入第59章，但经浸渍、涂布、包覆或层压的起绒针织物及起绒钩编织物仍归入品目60.01。

（2）本章不包括簇绒针织物或钩编织物（品目58.02）、钩编花边（品目58.04）、针织或钩编的标签、徽章及类似品（品目58.07），以及针织或钩编织物的制成品（通常按用途归入第57章、第61章或第63章）。

（3）本章品目归类时应注意针织或钩编织物的织造方式、宽度及弹性纱线或橡胶线的含量。

11.13　第 61 章　针织或钩编的服装及衣着附件

1.本章商品范围及结构

本章商品包括针织或钩编的男式或女式服装（包括婴儿服装）、衣着附件及其零件，但不包括针织或钩编的胸罩、束腰带、紧身胸衣、吊裤带、吊袜带、束袜带和类似品及其零件（品目62.12）。

本章商品不因带有其他材料（例如，机织物、毛皮、羽毛、皮革、塑料或金属）的零件或附件而影响其归类。但如果这些材料超出了“仅作为装饰”的范围，则应按有关章注的规定［特别是第43章注释四及第67章注释二第（二）款中有关带毛皮及羽毛制品的规定］归类，若无规定则按照归类总规则进行归类。

本章共有17个品目，按照先外衣后内衣，同类服装先男装后女装，然后是不分性别的服装，最后是衣着附件及零件的顺序排列，具体排列顺序为：针织外衣（品目61.01～61.04）→针织内衣（品目61.05～61.08）→不分性别的服装（61.09～61.14）→衣着附件及零件（品目61.15～61.17）。

2.本章所涉及的商品知识

（1）衬衣及仿男式女衬衣（第61章、第62章）

衬衣及仿男式女衬衣是指人体上身穿着并从领口处全开襟或半开襟的长袖或短袖衣服，其腰身以上可缝有口袋和衣领，腰围下无口袋、无棱纹紧腰带并且下摆不收紧。

（2）T恤衫（第61章）

T恤衫是指针织或钩编的内衣类轻质服装，是用棉花或化学纤维织成的非起绒、割绒或毛圈组织织物制成的，有单色或多色，不论是否带衣兜，有紧身长袖或短袖，无领、无扣、领口无门襟而且开口有高有低（圆形、方形、船形或V形领口）。这类服装除花边以外，可以印制、针织或用其他方法加上广告、图画或文字进行装饰，其下摆通常缝边。

（3）运动服（第61章、第62章）

运动服为两件套的无衬里织物（有时其内表面是起绒的）。这类服装的整个外观及织物特征清楚地表明是专门或主要在运动时穿着的。

（4）渐紧压袜类（子目6115.1000）

渐紧压袜类是一种专门治疗腿部静脉曲张的长筒袜类。该袜在脚踝部建立最高支撑压力，再顺着腿部向上逐渐递减，即产生的压力自上而下逐渐加强。压力的这种递减变化和人腿部正常的静脉压力变化趋势相吻合，从而促使下肢静脉血回流，有效地缓解或改善下肢静脉和静脉瓣膜所承受的压力。

（5）无外绱鞋底的鞋类（品目61.15）

此类鞋是指没有用粘、缝或其他方法将外底固定在鞋面上的鞋类。

3.本章未列名品目介绍

（1）品目61.14包括本章其他品目未具体列名的针织或钩编服装。主要包括：围裙、连身工作服、工作罩服及技工、工人或外科医生等穿着的其他防护性衣服，教士或牧师的服装（例如，僧侣袍、黑色法衣、带风兜教士法衣、天主教士服、白色宽袖法衣），专职人员或学者穿着的袍服，飞行员穿着的特种服装（例如，飞行员电热服），某些运动、舞蹈或体操所需穿着的特种衣着（例如，击剑服、骑师绸服、芭蕾舞裙、舞蹈练功紧身衣）。

（2）品目61.17包括本章其他品目未具体列名的针织或钩编衣着附件，还包括服装或衣着附件的针织或钩编零件（品目62.12所列物品的零件除外）。主要包括：披巾、头巾、围巾、披纱、面纱及类似品；领带及领结；吸汗垫布、垫肩或其他衬垫；不论是否有弹性的各式腰带（包括子弹带）及肩带（例如，军队或教会中使用的肩带），这类物品可以带有贵金属制的搭扣或其他配件，饰有珍珠、宝石或半宝石（天然、合成或再造的）；手笼（包括仅用毛皮或人造毛皮饰边的）；衣袖护套；护膝布（但品目95.06体育运动用的除外）；非裁切成形的标签、徽章、纹章、军衔符号及类似品（品目58.10的小块图案刺绣品除外）；单独报验的雨衣及类似服装的可拆卸衬里；服装的口袋、袖子、领子、领围、褶裥、各种服饰（例如，玫瑰花结、蝴蝶结、褶裥饰边、褶边及荷叶边）、襞饰、袖口、覆肩、卜头及类似品；手帕；头带，用于御寒、防止头发散乱等。

4.本章商品归类应注意事项

（1）带有仅起装饰作用的毛皮、金属、塑料等非纺织材料制零件或附件的服装和衣着附件，仍按纺织材料制相应物品归类。

（2）如何判断男式服装、女式服装。

凡门襟为左压右的，应视为男式；右压左的，应视为女式。但本规定不适用于其式样已明显为男式或女式的服装。无法区别是男式还是女式的服装，应按女式服装归入有关品目。

（3）注意本章两个优先归类的品目及商品范围。

根据本章注释六及注释八，品目61.11及品目61.13是本章优先归类的品目，其中品目61.13的优先级次于品目61.11。

品目61.11所称“婴儿服装及衣着附件”，是指用于身高不超过86厘米幼儿的服装。

品目61.13的服装是用品目59.03、59.06或59.07的针织物或钩编织物制成的服装。

（4）针织或钩编的胸罩、束腰带、紧身胸衣、吊裤带、吊袜带、束袜带和类似品及其零件，应归入品目62.12。

（5）符合第63章注释三规定的旧衣着和衣着附件及其零件，应归入品目63.09。

（6）纺织材料制尿布应归入品目96.19。

5.归类原则

（1）服装的归类（具体见11.1）

（2）成套服装的归类

本章注释对“西服套装”“便服套装”及“滑雪套装”作了明确规定，不符合规定的供零售用的成套包装服装，应按各自品目分别归类。

例1：由同块涤纶短纤针织物制成的女式西服套装（上衣衣身由3片面料组成）。

解析：该套装不符合“西服套装”但符合“便服套装”的规定，应按针织女式便服套装归入子目6104.2300。

例2：成套零售包装服装，内有男式针织涤纶衬衫一件、男式针织纯棉长裤一条。

解析：该成套服装不符合套装的规定，即使是成套零售包装也应分开归类，即男式针织涤纶衬衫归入品目61.05，男式针织纯棉长裤归入品目61.03。

11.14　第62章　非针织或非钩编的服装及衣着附件

1.本章商品范围及结构

本章商品包括用第50章至第56章、第58章、第59章的纺织物（含毡呢及无纺织物，但絮胎除外）制成的男式或女式服装（包括婴儿服装）、衣着附件及其零件。除品目62.12的物品以外，本章不包括针织或钩编材料制成的服装、衣着附件及零件。

本章商品不因带有其他材料（例如，针织物或钩编织物、毛皮、羽毛、皮革、塑料或金属）的零件或附件而影响其归类。但如果这些材料超出了“仅作为装饰”的范围，则应按有关章注的规定［特别是第43章注释四及第67章注释二第（二）款中有关带毛皮及羽毛制品的规定］归类，若无规定则按照归类总规则进行归类。

本章共有17个品目，其排列顺序与第61章基本相同，也是先外衣后内衣，同类服装先男装后女装，然后是不分性别的服装，最后是衣着附件及零件的顺序排列，具体排列顺序为：非针织外衣（品目62.01～62.04）→非针织内衣（品目62.05～62.08）→不分性别的服装（品目62.09～62.11）→衣着附件及零件（品目62.12～62.17）。

2.本章商品归类应注意事项

（1）注意本章两个优先归类的品目及其商品范围。

根据本章注释五及注释六，品目62.09及品目62.10是本章优先归类的品目，其中品目62.10的优先级次于品目62.09。

品目62.09所称“婴儿服装及衣着附件”，是指用于身高不超过86厘米幼儿的服装。

品目62.10的服装是用品目56.02、56.03、59.03、59.06或59.07的织物制成的服装。

（2）正方形或近似正方形的围巾及围巾式样的物品，如果每边均不超过60厘米，应作为手帕归类（品目62.13）。任何一边超过60厘米的手帕则应归入品目62.14。

本章其他归类应注意事项及归类原则具体见第61章。

11.15　第63章　其他纺织制成品；成套物品；旧衣着及旧纺织品；碎织物

1.本章商品范围及结构

本章商品包括本类其他章不包括的其他纺织制成品，共有10个品目，分为3个分章：

第一分章（品目63.01～63.07）包括其他纺织制成品，是指用任何纺织物（机织物、针织物、毡呢，无纺织物等）制成的，且在其他章未具体列名的纺织制成品。本分章也包括用网眼薄纱或其他网眼织物（品目58.04或品目58.10）、花边织物、刺绣织物制成的物品。而且本分章的物品不因带有毛皮、金属（包括贵金属）、皮革、塑料等制作的小饰件或附件而影响其归类，但如果这些材料超出了仅是装饰的范围，则应按有关类注、章注或归类总规则进行归类。

第二分章（品目63.08）包括由机织物及纱线构成的、用于制作小地毯、装饰毯、绣花台布、餐巾或类似纺织品的零售包装成套货品。

第三分章（品目63.09～63.10）包括旧衣物及废碎纺织品。

2.本章所涉及的商品知识

（1）散装货物储运软袋（子目6305.3200）

散装货物储运软袋通常用聚丙烯或聚乙烯机织物制成，其容量一般在250～3000千克之间。它们可以在袋子上端的四个角上装有吊带，还可以在袋子的顶部和底部设有便于装卸的开启装置。这些袋子一般用于包装、储存、运输及搬运流动性大的干货。

（2）"经分拣的"（子目6310.1000）

"经分拣的"是指已根据某些标准进行分类的产品，或已按不同种类的纺织产品（例如，同一性质或同一纺织材料的货品、同一纺织材料的绳、同一颜色的新的裁剪碎料）分类的产品。

3.本章未列名品目介绍

（1）品目63.04

本品目包括本章其他品目及品目94.04所列货品以外的纺织材料制装饰物品，主要包括：壁布、仪式典礼（例如，婚礼或葬礼）上用的纺织饰物，蚊帐，床罩（不包括品目94.04的床罩），垫子套、家具套、椅榻防污套，装饰性台布（具有铺地制品特征的除外），壁炉台装饰布，帘幕圈环，挂布（品目63.03的物品除外）。

本品目不包括灯罩（品目94.05）。

（2）品目63.07

本品目包括第十一类其他品目或《税则》其他章未具体列名的、用任何纺织材料制成的物品。主要包括：擦地布、擦碗布、抹布及类似擦拭用布；救生衣及安全带；服装裁剪样；旗帜（含三角旗及横幅），包括娱乐、节日庆典及其他方面用的旗布；家用洗衣袋、鞋囊、袜袋、手帕袋、拖鞋袋、睡衣裤套及类似物品；服装袋（轻便衣橱）；汽车、机器、手提箱、网球拍等用的罩套；扁平防护罩；织物制的咖啡过滤袋、冰袋等；擦鞋垫（品目34.05的物品除外）；充气软垫（品目63.06的野营用品除外）；茶壶保暖罩；针垫；各种职业用带（例如，电工、飞行员、跳伞人员等用的带子）；便携式婴儿床、轻便摇篮及类似的携带幼儿用品；雨伞或阳伞的罩套；用织物做扇面，任何材料做骨架制成的扇子及手携式面罩，以及单独报验的织物蒙面（但以贵金属为骨架制成的扇子及手携式面罩应归入品目71.13）；用作货物包装的打包布；雨伞、阳伞、手杖等的饰件；系于剑柄的带结及类似品；外科医生在手术时所戴的织物面罩；由多层无纺织物构成但不可更换过滤层的防尘、隔味口罩；非作服饰用的玫瑰花结（例如，作为比赛获胜奖励的大红花）；关节（例如，膝、踝、肘或腕）或肌肉（例如，大腿肌肉）承托物品。

4.本章商品归类应注意事项

（1）本章第一分章只包括制成品，未制成品（例如，仅裁剪成正方形的桌布）不能归入本分章。

（2）纺织材料制旅行包、化妆包、手提包及类似品应归入品目42.02，但家用洗衣袋、袜袋、鞋袋，手帕袋、睡衣裤袋应归入品目63.07。

（3）明确品目63.08所称“成套物品”的含义。

品目63.08所称“成套物品”是指零售包装的、至少由一幅机织物（无论是否印有刺绣图案）和纱线（无论是否裁成一定长度的绣花纱线等）组成，以供手工针锈和制毯等用的物品，须经进一步加工才能直接使用。

（4）品目63.09的货品应符合第63章注释三的规定。

本章注释三规定，品目63.09仅适用于以散装、捆装、袋装或类似的大包装形式报验并明显看得出穿用过的下列货品：

①纺织材料制成的衣着和衣着附件及其零件；毯子及旅行毯；床上、餐桌、盥洗及厨房用的织物制品；装饰用织物制品，但品目57.01~57.05的地毯及品目58.05的装饰毯除外。

②用石棉以外其他任何材料制成的鞋帽类。

不符合以上规定的旧衣物不能归入品目63.09（例如，旧羊毛簇绒地毯应归入品目57.03）。

5.部分商品归类辨析

（1）纺织材料制的床罩、褥垫、枕头及坐垫等类似货品的归类

充水、充气或无填充物的，归入本章；填充物不是水、不是气体或直接用海绵、泡沫塑料等制造的同类货品应归入第94章。

（2）纺织材料制的罩套（无填充物）的归类

纺织材料制灯罩，归入品目94.05；其他以装饰性为主的纺织材料制的罩套，按装饰品归入品目63.04（如床罩）；以防护性为主的纺织材料制的罩套，归入品目63.07（如伞套）。

本篇小结

本篇简单介绍了纺织类商品的分布情况，其所在类各章之间的联系与区别；详细介绍了其所在类各章（第50章～第63章）的商品范围及结构，纺织类商品归类所涉及的商品知识，部分未列名品目的商品范围；重点讲解了重要纺织品的归类原则（主要包括纱线、机织物、服装、混纺纺织品的归类）及各章归类应注意事项。纺织类商品是国际贸易中常见的商品，因此本篇内容是本教材的重点，应重点掌握。

通过本篇的学习应掌握主要的纺织品的归类原则，能正确运用归类依据对纺织类商品进行准确归类。

第 12 篇

鞋、帽、伞、人造花与人发制品的归类

（第十二类）

学习目标 ◁

通过本篇的学习，学生应了解鞋、帽、伞、人造花与人发制品的分布情况；熟悉第十二类各章的商品范围及结构，了解必要的商品知识，熟悉相关的注释；掌握归类要点。引导学生弘扬工匠精神，积极探索本类商品的归类规则与方法，遇到疑难商品不退缩，积极探讨，加强团队协作，正确运用归类依据对本类商品进行准确归类。引导学生树立守法、诚信意识，践行社会主义核心价值观，遵守进出口商品归类有关的法律法规，规范进出口商品归类操作，如实申报进出口商品的税则号列。

教学重点和难点 ◁

鞋面及鞋底材料的确定，鞋靴零件的归类，伞及鞭子的零件的归类，人造花的归类，相似商品的区分及归类。

12.1 鞋、帽、伞、人造花与人发制品的分布情况

鞋、帽、伞、人造花及人发制品主要分布于第十二类。该类主要包括鞋、帽、伞、鞭及其零件，已加工的羽毛及其制品，人造花及人发制品。

第十二类共有4章（第64章~第67章），按商品属性设章，其排列结构如下：

鞋靴、护腿和类似品及其零件（第64章）
帽类及其零件（第65章）
雨伞、阳伞、手杖、鞭子、马鞭及其零件（第66章）
已加工羽毛、羽绒及其制品，人造花，人发制品（第67章）

需要注意的是本类前三章（第64章~第66章）所包括的商品基本上可以用任何材料制成，而最后一章（第67章）所包括的商品对材料作了严格限制。

12.2 第64章 鞋靴、护腿和类似品及其零件

1.本章商品范围及结构

本章商品包括除石棉外任何材料制的各种类型的鞋靴（包括套鞋）、护腿和类似品及其零件。本章商品可以带有任何材料制的装饰物。

本章共有6个品目，先鞋靴后零件，鞋靴又按照外底及鞋面的材料设置品目，其排列顺序为：橡胶或塑料制外底及鞋面的鞋靴（品目64.01~64.02）→橡胶、塑料、皮革或再生皮革制外底，皮革制鞋面的鞋靴（品目64.03）→橡胶、塑料、皮革或再生皮革制外底，纺织材料制鞋面的鞋靴（品目64.04）→其他鞋靴（品目64.05）→鞋靴零件及护腿和类似品（品目64.06）。

2.本章商品归类应注意事项

（1）明确品目64.06所称“鞋靴零件”的范围

根据本章注释二规定，品目64.06所称“鞋靴零件”不包括鞋钉、护鞋铁掌、鞋眼、鞋钩、鞋扣、饰物、编带、鞋带、绒球或其他装饰带（应分别归入相应品目）及品目96.06的纽扣或其他货品。

（2）明确本章所称“橡胶”“塑料”“皮革”及“运动鞋靴”的范围

本章章注三及子目注释分别对“橡胶”“塑料”“皮革”及“运动鞋靴”作了明确规定：

①“橡胶”及“塑料”，包括肉眼可辨其外表有一层橡胶或塑料的机织物或其他纺织产品；

②“皮革”是指品目41.07及品目41.12～41.14的货品；

③“运动鞋靴”包括：带有或可装鞋底钉、止滑柱、夹钳、马蹄掌或类似品的体育专用鞋靴；滑冰靴、滑雪靴及越野滑雪用鞋靴、角力靴、拳击靴及赛车鞋。

3.归类原则

本章鞋靴的归类原则

①鞋靴按其外底及鞋面的材料归入相应品目。

②鞋面由两种或两种以上材料构成的，应以占鞋面表面面积最大的那种材料归类。计算表面面积时，不考虑附件及加固件（例如，护踝、裹边、鞋眼等），而且衬里材料不影响归类。

③外底的主要材料应以穿着时与地面接触面积最大的那种材料为准，计算接触面积时，不考虑鞋底钉、铁掌或类似附属件。

4.部分商品归类辨析

各种鞋靴的归类

①未用粘、缝或其他方法将外底固定或安装在鞋面上的纺织材料制鞋靴，归入第十一类。

②易损材料（例如，纸或塑料薄膜）制无外绱鞋底的一次性脚套或鞋套，按构成材料归类。

③矫形鞋或其他矫形器具及其零件，归入品目90.21。

④玩具鞋及装有冰刀或轮子的滑冰鞋，归入第95章。

⑤石棉制鞋靴，归入第68章。

⑥明显穿过的旧鞋靴（石棉制除外），以散装、捆装、袋装或类似的大包装形式报验，归入品目63.09。

⑦其他鞋靴，归入本章。

12.3　第65章　帽类及其零件

1.本章商品范围及结构

本章商品包括除石棉外任何材料制的各种各样的帽子（可带有任何材料制的装饰物）。本章商品还包括发网和帽类专用的零件。

本章共有6个品目（本章无品目65.03），其排列顺序为：帽坯、帽身及帽兜（品目65.01～65.02）→各种帽类（品目65.04～65.06）→帽类专用零件（品目65.07）。

2.本章商品归类应注意事项

（1）未装在帽上的各种帽子装饰物（例如，别针、徽章、羽毛等），应按商品本身属性归入适当的品目。

（2）品目65.05包括发网，束发带及类似品。它们可以用任何材料制得，通常所用的材料有网眼薄纱或其他网眼织物、针织物或钩编织物或人发。

（3）子目6506.1000安全帽包括体育用帽、军事或消防员用头盔，摩托车驾驶员、矿工或建筑工人用头盔及类似具有防护作用的帽类，不论是否装有防护垫或话筒及耳机。

（4）不归入本章的帽类产品主要包括：动物用帽（品目42.01），与有关服装一同报验的用于披肩、斗篷等可分开的兜帽（应根据服装材料按服装归类），石棉制帽类（品目68.12），旧帽类（品目63.09），玩偶帽、其他玩具帽或狂欢节用品（第95章）。

12.4 第66章 雨伞、阳伞、手杖、鞭子、马鞭及其零件

1.本章商品范围及结构

本章商品包括各种材料制的雨伞、阳伞、手杖、鞭子、马鞭及其类似品，以及上述物品的零件及装饰品。

本章只有3个品目，其排列顺序为：雨伞及阳伞（品目66.01）→手杖、马鞭及类似品（品目66.02）→本章物品的零件及装饰品（品目66.03）。

2.本章商品归类应注意事项

（1）本章商品可以用任何材料制成，包括贵金属，包贵金属及天然、合成或再造宝石、半宝石（例如，银手杖）。

（2）明确品目66.03的商品范围。

根据本章章注二的规定，品目66.03不包括纺织材料制的零件、附件及装饰品或者任何材料制的罩套、流苏、鞭梢、伞套及类似品。此类商品即使与品目66.01或品目66.02的物品一同进口或出口，只要未装配在一起，则不应视为上述品目所列物品的组成零件，而应分别归入各有关品目。

（3）本章不包括不具有伞或伞式帐篷特征的海滩帐篷（品目63.06），丈量用杖及类似品（品目90.17），拐杖及拐棍（品目90.21），玩具伞、滑

雪杖等第95章的物品。

（4）本章伞主要起遮阳挡雨的作用，降落伞不属于本章“伞”的范畴，应归入品目88.04。

12.5　第67章　已加工羽毛、羽绒及其制品；人造花；人发制品

1.本章商品范围及结构

本章商品包括已加工的羽毛、羽绒及其制品，人造花和人发制品。与本类前3章不同，本章商品在材料上作了严格规定。

本章只有4个品目，其排列顺序为：已加工的羽毛、羽绒及其制品（品目67.01）→人造花（品目67.02）→已加工人发及人发制品（品目67.03～67.04）。

2.本章商品归类应注意事项

（1）明确品目67.01的商品范围。

品目67.01包括已加工的羽毛、羽绒及其制品，但不包括羽毛或羽绒仅作为饰物或填充料的制品（例如，衣服、寝具等）、品目67.02的人造花及其制品，以及其他章的羽毛制品（例如，羽毛球应归入第95章）。

（2）明确品目67.02的商品范围。

本章章注三规定，品目67.02不包括：

①玻璃制品（第70章）；

②用陶器、石料、金属、木料或其他材料经模铸、锻造、雕刻、冲压或用其他方法整件制成形的人造花、叶或果实；用捆扎、胶粘及类似方法以外的其他方法将部分制品组合而成的上述制品。

（3）品目67.03包括做假发及类似品用的羊毛、其他动物毛及其他纺织材料，但成团、成丝束状或经纺前加工的羊毛、其他动物毛或其他纺织纤维应归入第十一类。

3.部分商品归类辨析

（1）品目67.01与品目05.05“羽毛、羽绒”的区别

品目67.01与品目05.05的区别主要在于加工程度：品目05.05是经消毒、清洗或防腐等简单方法处理的；而品目67.01是已超出消毒、清洗或防腐等简单方法处理的羽毛、羽绒（例如，经过漂白、染色、卷曲等加工）。

（2）品目67.02与第6章“花、草、叶”的区别

品目67.02与第6章的区别不在于加工程度，而在于商品的属性：植物类的花、草、叶归入品目06.03或品目06.04；非植物类的花、草、叶（例如，塑料花）归入品目67.02。

（3）品目67.03与品目05.01“人发”的区别

品目67.03与品目05.01“人发”的区别主要在于加工程度：品目05.01是经简单洗涤、清洁或按长度分拣（但未按发根和发梢整理）的人发；品目67.03是经梳理、稀疏、脱色等第5章以外的其他方法加工的人发。

本篇小结

本篇内容相对简单，粗略介绍了鞋、帽、伞、人造花与人发制品的分布情况；详细介绍了第十二类各章（第64章～第67章）的商品范围及结构；重点讲解了鞋靴及其零件、帽子、伞及鞭子的零件的归类及各章归类应注意的事项，并区分了部分相似品目。通过本篇的学习应掌握归类要点，能正确运用归类依据对该类商品进行准确归类。

第 13 篇

矿产制品、陶瓷及玻璃类商品的归类

（第十三类）

学习目标 ◁

通过本篇的学习，学生应了解矿产制品、陶瓷及玻璃类商品的分布情况；熟悉第十三类各章的商品范围及结构，了解必要的商品知识，熟悉相关的注释；掌握归类要点。引导学生弘扬工匠精神，积极探索本类商品的归类规则与方法，遇到疑难商品不退缩，积极探讨，加强团队协作，正确运用归类依据对本类商品进行准确归类。引导学生树立守法、诚信意识，践行社会主义核心价值观，遵守进出口商品归类有关的法律法规，规范进出口商品归类操作，如实申报进出口商品的税则号列。

教学重点和难点 ◁

矿产制品（第 68 章）与矿产品（第 25 章）的区别与联系，国际贸易中常见陶瓷及玻璃制品的归类。

13.1 矿产制品、陶瓷及玻璃类商品的分布情况

矿产制品、陶瓷产品、玻璃及其制品主要分布于第十三类，但并不是所有上述材料的制品都归入第十三类（例如，玻璃制手镯应作为仿首饰归入品目71.17），第十三类各章的排他性注释列出了不归入该类的商品范围。

第十三类共有3章（第68章～第70章），按商品属性设章，其排列结构如下：

石料、石膏、水泥、石棉、云母及类似材料的制品（第68章）
陶瓷产品（第69章）
玻璃及其制品（第70章）

13.2 第68章 石料、石膏、水泥、石棉、云母及类似材料的制品

1.本章商品范围及结构

本章商品包括石料、石膏、水泥、石棉、云母及类似材料的制品，是通过加工改变原料形状，但没有改变原料性质的产品和制成品，其商品范围可归纳为以下4部分：

（1）加工程度超过第25章注释一所列范围的该章各种商品；

（2）第25章注释二（六）所列该章不包括的商品（长方砌石、路缘石、扁平石、镶嵌石或类似石料，以及铺屋顶、饰墙面或防潮用的板岩）；

（3）用第五类非金属矿物原料制成的某些产品（例如，石棉制衣服）；

（4）用第28章的某些材料制的货品（例如，人造研磨料）。

本章共有15个品目，按照具体列名→一般列名→未列名的顺序排列。

2.本章所涉及的商品知识

（1）矿质棉（品目68.06）

矿质棉是将一种或多种石料（例如，花岗石、玄武石、石灰石等）加以熔化，一般通过离心作用及水流或气流将熔液流转换变成的纤维，按所用原料可分为岩石棉和矿渣棉两大类。矿质棉呈羊毛状，质轻、耐久、不燃、不腐、不霉、不受虫蛀，是极好的隔热、隔音或吸音材料。

（2）碳纤维（品目68.15）

碳纤维是含碳量在90%以上的高强度、高模量纤维（含碳量在99%以上的称为“石墨纤维”）。碳纤维除用作绝热保温材料外，一般不单独使用，

多作为增强材料加入树脂、金属、陶瓷、混凝土等材料中，构成复合材料。

3.本章未列名品目介绍

品目68.15包括本章其他品目及《协调制度》其他章未具体列名的各种石制品或其他矿物制品，主要包括：天然或人造石墨（包括核纯石墨）或者其他炭精的非电气制品（例如，过滤器、圆片、轴承、管子和套管，已加工的砖、瓦，供制造小精品所用的模子），碳纤维及碳纤维制品，泥炭制品，用焦油粘聚白云石制成的非烧制砖，经化学黏合但未经烧制的砖及其他形状的产品（特别是菱镁砖或铬镁砖），非烧制的硅石缸或矾土缸，测验贵金属的试金石，不用黏合剂模制熔融矿渣制成的铺路石块和石板，将石英或燧石精细捣碎并粘聚制成的滤管，用熔融玄武岩制成的块、板、片及其他制品。

本品目不包括：用人造石墨或“其他炭精”制成的块、板及类似的半制品（品目38.01），以含碳物质（石墨、焦炭等）和煤焦油沥青或黏土为基本原料像烧制陶瓷那样烧制的耐火商品（酌情归入品目69.02或品目69.03），电气设备用的炭精、碳刷、电极及其他零件或制品（品目85.45）。

4.本章商品归类应注意事项

（1）本章的加工程度超过第25章，用第25章所允许的方式加工的石料（例如，仅切割成正方形的大理石）不应归入本章，而应归入第25章。

（2）注意品目68.02所称“已加工的碑石或建筑用石”的范围。

根据本章章注二，品目68.02所称“已加工的碑石或建筑用石”不仅适用于已加工的品目25.15、25.16所列各种石料，也适用于所有类似加工的其他天然石料（例如，石英岩、燧石、白云石及冻石），但不适用于板岩（品目68.03）。

（3）用沥青、石墨、云母浸渍、涂布、包覆或层压的纸及纸板、纱线和纺织物不应归入本章，而应归入第48章、第56章或第59章。

（4）装有支架的石磨，如果是手推或脚踏操作的应归入品目82.05；如果是机动的则应归入第84章或第85章。

（5）石棉制的衣服、手套、鞋帽等应归入品目68.12，不要按纺织类服装归入第十一类或作为鞋帽归入第十二类。

（6）炭精及云母的电器制品（例如，炭电极）应归入第85章。

5.部分商品归类辨析

（1）品目68.04的研磨工具与第82章的研磨工具的区别

品目68.04的研磨工具包括：主要由研磨料制成的工具，及金属柄上只有一个极小研磨料头的工具和在刚硬材料（金属木、硬化纤维、人造塑料、软木等）芯子上牢固地粘着多层坚实粘聚研磨料的工具。

第82章只包括具有切割齿、出屑槽、油槽等的研磨工具，即使没有施加研磨料，它们也能作为工具使用（例如，切齿涂有研磨料的锯子）。

用以将玻璃片、石英片等切割成圆片的顶钻，如果工作刃口未涂研磨料时是平滑的，应归入品目68.04；如果工作刃口呈锯齿状（不论是否涂有研磨料），应归入品目82.07。

（2）石棉及其制品的归类

- 天然石棉纤维或仅按长度分等级、拍打或净化的石棉纤维，归入品目25.24
- 进一步加工的石棉纤维（例如，已梳理），归入品目68.12
- 石棉的制品
  - 石棉水泥制品，归入品目68.11
  - 以石棉为基本成分的未装配摩擦材料及其制品，归入品目68.13
  - 石棉的其他制品（例如，纱线、服装等），归入品目68.12

（3）石墨及其相关产品的归类

- 天然石墨，归入品目25.04
- 人造石墨，归入品目38.01
- 胶态或半胶态石墨，归入品目38.01
- 以石墨为基料的膏状、块状、板状材料及其他形状的半制品，归入品目38.01
- 石墨的制品
  - 耐火材料制品（例如，石墨制坩埚），归入第69章第一分章
  - 其他非电器用石墨制品（例如，石墨制轴承），归入品目68.15
  - 电器用石墨制品（例如，石墨制碳刷），归入品目85.45

13.3　第69章　陶瓷产品

1.本章商品范围及结构

本章商品包括成形后加以烧制的陶瓷产品，共13个品目（本章无品目69.08），根据成分和烧制工序分为两个分章：

第一分章（品目69.01～69.03）包括硅化石粉或类似硅土及耐火材料制品。

第二分章（品目69.04～69.07、品目69.09~69.14）包括其他陶瓷产品。本分章按照用途排列品目：建筑用陶瓷器（品目69.04～69.07）→实验室、化学和其他技术用陶瓷器、农业和运输用陶瓷器（品目69.09）→陶瓷卫生

设备（品目69.10）→餐具及家用盥洗用陶瓷器（品目69.11～69.12）→装饰用陶瓷制品（品目69.13）→其他陶瓷制品（品目69.14）。

成形后加以烧制是本章商品的主要特征，可据此与第68章的不加烧制的矿物制品或石制品和第70章的玻璃原料完全熔化制成的玻璃制品加以区别。

2.本章所涉及的商品知识

陶瓷产品（第69章）

通常用以下两种方法制得：

①将一般在室温下预先调制成形的无机非金属材料进行烧制。其制造过程包括调制陶瓷坯泥、成形、对成形物品进行干燥处理、烧制、后序加工等阶段，所用原料主要包括黏土、含硅材料、高熔点的材料（例如，氧化物、碳化物、氮化物、石墨或其他碳）及一些如耐火黏土或磷酸盐的黏合剂；

②将岩石（例如，块滑石）成形后进行烧制。

3.本章部分品目介绍

（1）品目69.09

本品目主要包括：

①实验室用（研究或工业等用）的陶瓷器，例如，坩埚和坩埚盖、蒸发皿、燃烧舟、烤钵；研钵和研杵；舀酸勺及刮勺；滤器和催化剂的支架；滤板、滤管、滤烛、滤锥、滤斗等；水槽；烧杯、刻度容器（厨房用的刻度量器除外）；实验用盘、汞槽；小管（例如，燃烧管，包括测定碳、硫等的分析管）。

②其他专门技术用途的陶瓷器（例如，泵、阀）；蒸馏甑、瓮、化学槽及其他单壁或双壁固定容器（例如，用于电镀、贮酸等）；酸用龙头；旋管、分馏或蒸馏盘管和柱、石油分馏器用的填充圈；研磨机上的研磨器和研磨球等；纺织机上的引线器和用于挤出化学纤维的模头等；工具用板、杆、刀头及类似品。

③商业运输或包装货物用的各种容器（例如，用于运输酸类和其他化学产品的大型容器、坛子等）；用于盛装食品（例如，果酱、调味品、肉酱、利口酒等）、药品或化妆品（例如，润发脂、药膏、雪花膏等）及墨水等的瓶、坛、罐。

④农业上用的槽、缸及类似容器。

本品目不包括：品目68.04的物品，用耐火材料制成的蒸馏甑、坩埚、马弗罩、烤钵及其他类似品（品目69.03），厨房或家用容器（例如，茶叶罐、面包箱、饼干桶）（品目69.11、69.12），实验室用的普通罐和容器及用于药店、食品店等展示用的罐（品目69.14），金属陶瓷制品（品目81.13），品目85.33~85.38的电器装置（开关、接线箱、熔断器等）及品目85.46、85.47的绝缘子及绝缘附件等。

（2）品目69.14

本品目包括本章其他品目及《协调制度》其他各章未列名的所有陶瓷制品。主要包括：以陶瓷为基本材料制成的火炉及其他加热器及其陶瓷零件（电热器具应归入品目85.16）；非装饰性的花盆（例如，用于园艺的）；门、窗等的附件（例如，把手及指板等）；商店标志及橱窗用的字母、数字、招牌板及类似图案，不论其是否印有图画或文字，但发光标志除外（品目94.05）；供实验室用的普通罐和容器，以及药店、糖果店等用的展示罐；其他各种物品（例如，刀柄、学生用的墨水池、用于散热器上的湿润器、鸟笼配件等）。

本品目不包括：陶瓷假牙（品目90.21）；玩具、游戏品及运动用品（第95章）；第96章的纽扣、烟斗及其他物品。

4.本章商品归类应注意事项

（1）本章第一分章包括耐火材料制品，能归入第一分章相应品目的不能归入第二分章。例如，陶瓷制耐火砖，应归入品目69.02而不归入品目69.04。

（2）注意易误归入本章的货品：破碎陶瓷（品目25.30）、玻璃陶瓷产品（第70章）、金属陶瓷及其制品（品目81.13）及陶瓷制的手工工具（第82章）。

（3）实验室、化学及技术用陶瓷器（例如，瓷制液体泵）不归入第84章，而应归入品目69.09；但电气用陶瓷器应归入第85章。

（4）本章品目归类时，应注意产品的组成成分及用途。

13.4　第70章　玻璃及其制品

1.本章商品范围及结构

本章商品包括碎玻璃、玻璃块料；玻璃半制成品（板、片等）及其玻璃制成品（玻璃杯、玻璃镜等）。

本章共有19个品目（本章无品目70.12），按照加工程度由浅至深的顺序排列，同时兼顾了制造方法、材料属性及用途。其排列顺序为：碎玻璃及玻璃块料（品目70.01）→未经进一步加工的玻璃半制成品（品目70.02～70.05）→经进一步加工的玻璃半制成品（品目70.06～70.08）→玻璃制品（品目70.09～70.11、品目70.13~70.20）。

2.本章所涉及的商品知识

（1）夹丝玻璃板、片（子目7003.2000）

夹丝玻璃是为了预防玻璃分裂或破碎后所造成的危险，在玻璃中加入金属丝制成，一般是将一层钢丝网嵌入正在轧制的软玻璃中制得的。

（2）钢化玻璃制的安全玻璃（品目70.07）

该类玻璃分为热钢化玻璃和化学钢化玻璃。热钢化玻璃是将玻璃件再加热，直至其变软但又不致软得变形，然后用适当方法将玻璃迅速冷却，从而制得的钢化玻璃。化学钢化玻璃是用复杂的物理化学方法进行处理（例如，离子交换），使玻璃的强度、耐久性与挠性大大增强所制得的钢化玻璃。一般在撞击下这种玻璃将破裂成不带锋利边缘的小片或只有裂缝，不会对人造成严重伤害，所以称为“安全玻璃”。

（3）层压玻璃制的安全玻璃（品目70.07）

该类玻璃通常被称为“层压玻璃”“夹层玻璃”，是通过在两片或多片玻璃中间夹上一层或多层塑料制成。层压玻璃通常在撞击下破裂时只有裂缝，并无碎片飞出。塑料夹层通常由醋酸纤维素、乙烯基或丙烯酸塑料的薄片构成。特种用途的层压玻璃可夹有金属丝网或对塑料夹层着色（如防弹玻璃）。

（4）多层隔温、隔音玻璃组件（品目70.08）

该类玻璃最常见的一种类型是由两块或两块以上的玻璃片组成，片与片之间夹有一层干空气或惰性气体，边缘用金属、人造树脂或其他结合材料密封形成的一个完全密封件。另一种类型的多层隔温、隔音板由两片玻璃构成，中间夹有一层玻璃纤维。

（5）多孔或泡沫玻璃块、板、片或类似品

多孔或泡沫玻璃块、板、片或类似品通常是通过在熔融玻璃中吹入压缩空气或加入充气剂制得，易于钻孔、锯切、锉削等，是一种隔温、隔音和吸音材料。

（6）玻璃纤维（品目70.19）

玻璃纤维一般是指由熔融玻璃拉成的直径数微米至数十微米的纤维，有长丝和短纤维（玻璃棉）之分，具有不易弯曲、不具延伸性、强度大（比第十一类任何纺织纤维强度都大）、不燃烧、不腐烂、不受水和大部分酸的侵蚀、不吸湿、导电性能差、在某种情况下也不易传导热和声音等特征。

3.本章部分品目介绍

品目70.13包括下列玻璃制品（其中大部分是在模子中加压或吹制而成的）：

（1）餐桌或厨房用玻璃器皿，例如，水杯、高脚杯、单把大酒杯、细颈冷水瓶、婴儿奶瓶、大水罐、带把小口的大壶、盘子、沙拉碗、糖缸、船形调味汁壶、水果架、糕饼架、拼盘碟、碗、盘、蛋杯、黄油碟、油瓶、醋瓶、分菜或烹煮等用的盘、炖锅、焙盘、托盘、盐瓶、调味糖瓶、餐刀架、搅拌器、餐桌手摇铃、咖啡壶和咖啡过滤器、糖食盒、刻度厨房用具、保温板、餐桌垫、家用搅乳器的某些零件、咖啡磨具用的杯、乳酪碟、柠檬挤汁器、冰桶。

（2）盥洗用品，例如，肥皂碟、海绵篮、液皂分配器、钩和横杆（挂毛巾用）、香粉缸、香水瓶、化妆用喷雾器的零件（喷头除外）和牙刷架。

（3）办公室用玻璃器具，例如，镇纸、墨水台和墨水池、书档、装大头针的容器、笔架、烟灰缸。

（4）室内装饰用玻璃器及其他玻璃器（包括教堂和类似场所用的在内），例如，花瓶、装饰性水果盘、小塑像、小精品（动物、花、叶、果等）、桌面中心（品目70.09的物品除外）、养鱼缸、香炉等，以及带风景画的纪念品。

本品目不包括：玻璃镜，不论是否镶框（品目70.09）；通常用于商业运输或盛装货物的玻璃瓶、坛、缸、罐，以及玻璃制的保藏罐（品目70.10）；花饰铅条窗玻璃及类似品（品目70.16）；适于室内装饰用的品目70.18的物品（例如，玻璃珠制成的人造花和叶及灯工装饰品）；钟壳（品目91.12）；品目94.05的灯具和照明装置及其零件；香水喷雾器及类似化妆用喷雾器（品目96.16）；品目96.17的保温瓶及其他保温容器。

4.本章商品归类应注意事项

（1）注意玻璃的加工程度、成分、制造方法及用途。

本章是按照玻璃的加工程度、成分、制造方法及用途排列品目的，归类时应注意这些品目划分的依据。

（2）对于品目70.03～70.05，玻璃在退火前的各种处理都不视为“已加工”，玻璃切割成一定形状并不影响其作为板片归类。

（3）不符合本章章注四规定的“玻璃棉”，不应归入品目70.19，而应按“矿质棉”归入品目68.06。

5.部分商品归类辨析

（1）光学元件的归类

非玻璃制光学元件（无论是否经过光学加工），均应归入第90章

玻璃制光学元件：未经光学加工，归入第70章；经光学加工，归入第90章

是否进行了抛光加工，是要判断是否进行了光学加工的界限。仅经过抛光前的一道或数道工序加工而成的玻璃物件应归入第70章；一个或多个表面、全部或部分经过抛光处理具备光学性能的玻璃元件，应归入第90章。

（2）品目70.18的“仿宝石”与品目71.04的“合成宝石”的区别

品目70.18的“仿宝石”是用高折射率的特种玻璃制成；品目71.04的“合成宝石”是用化工方法制成的具有与天然宝石基本相同的化学成分和晶体结构的宝石，或由于其色泽艳丽、结构稳定及其硬度而用以替代天然宝石或半宝石使用。

（3）玻璃假眼的归类

供玩偶、玩具动物使用的玻璃假眼：未装有闭眼装置，归入品目70.18；装有闭眼装置的玩偶假眼，归入品目95.03

供人使用的玻璃假眼，归入品目90.21

本篇小结

本篇简单介绍了矿产制品、陶瓷及玻璃类商品的分布情况；详细介绍了第十三类各章（第68章~第70章）的商品范围及结构、部分商品知识及部分品目；重点讲解了各章归类应注意事项。通过本篇学习应能对国际贸易中常见陶瓷及玻璃制品进行准确归类。

第 14 篇

珠宝、金属类商品的归类

（第十四类～第十五类）

学习目标 ◁

通过本篇的学习，学生应了解珠宝、金属类商品的分布情况，其所在类、章之间的联系与区别；熟悉本篇各类、各章的商品范围及结构，了解必要的冶金行业商品知识，熟悉相关的注释；掌握金属类商品的归类要点。引导学生弘扬工匠精神，积极探索金属类商品的归类规则与方法，遇到疑难商品不退缩，积极探讨，加强团队协作，正确运用归类依据对金属合金及其制品进行准确归类。引导学生树立守法、诚信意识，践行社会主义核心价值观，遵守进出口商品归类有关的法律法规，规范进出口商品归类操作，如实申报进出口商品的税则号列。

教学重点和难点 ◁

仿首饰的范围及归类，金属合金的归类，钢材的归类，贱金属工具的归类，通用零件的范围及归类。

14.1 珠宝、金属类商品的分布情况

珠宝、金属类商品主要分布于第十四类（第71章）和第十五类（第72章～第83章），其中第十四类包括珠宝和贵金属类商品，第十五类包括贱金属类商品。其具体结构如下：

- 第十四类　珍珠、宝石、贵金属、包贵金属及其制品，仿首饰，硬币（第71章）
- 第十五类
  - 钢铁及其制品
    - 钢铁（第72章）
    - 钢铁制品（第73章）
  - 有色金属、金属陶瓷及其制品
    - 铜及其制品（第74章）
    - 镍及其制品（第75章）
    - 铝及其制品（第76章）
    - 铅及其制品（第78章）
    - 锌及其制品（第79章）
    - 锡及其制品（第80章）
    - 其他贱金属、金属陶瓷及其制品（第81章）
  - 特定功能或用途的贱金属制品
    - 贱金属工具（第82章）
    - 贱金属杂项制品（第83章）

14.2 第十四类　天然或养殖珍珠、宝石或半宝石、贵金属、包贵金属及其制品；仿首饰；硬币

14.2.1 第十四类商品归类概述

本类只有一章，即第71章，其商品范围与第71章相同，具体内容见第71章。

14.2.2 第71章　天然或养殖珍珠、宝石或半宝石、贵金属、包贵金属及其制品；仿首饰；硬币

1. 本章商品范围及结构

本章商品包括珍珠、宝石、贵金属、包贵金属及其制品，仿首饰和硬

币。共有18个品目，按照材质及加工程度分为3个分章，其中第一、第二分章包括原材料及半制成品，第三分章包括制成品，各分章商品范围及结构如下：

第一分章（品目71.01～71.05）包括天然或养殖珍珠、宝石或半宝石；

第二分章（品目71.06～71.12）包括贵金属及包贵金属；

第三分章（品目71.13～71.18）包括珠宝首饰、金银器及其他制品。

2. 本章部分品目介绍

（1）品目71.14

本品目包括本章注释十规定的全部或部分用贵金属或包贵金属制成的金银器。归入本品目的商品必须含有贵金属或包贵金属，而且所含的这些金属不仅作为物品的小配件，它们也可以镶嵌珍珠（天然、养殖或仿制）、宝石或半宝石（天然、合成或再造）、仿宝石、玳瑁、珍珠母、象牙、琥珀（天然或粘聚）、黑玉或珊瑚。这些器具一般要比首饰大，它们包括：

①餐具，例如，餐刀、切肉刀、汤匙、叉，长柄勺，家禽夹和肉夹，托盘、盘子、盛汤或盛菜的碟和碗，船形调味汁壶，水果盘，糖缸、咖啡壶、茶壶、茶杯或咖啡杯，酒杯，蛋杯、酒壶、酒具，装面包、糕点、水果等的筐和架，鱼夹，糕点夹，冰酒桶，调味品瓶，糖钳，刀架、餐刀环，餐桌铃，花饰瓶塞等。

②梳妆用具，例如，有柄镜，瓶和香粉盒，刷子盒、衣刷、指甲刷、头发刷、梳（装饰性发梳和随身小梳应归入品目71.13），大壶等。

③办公室和写字台用品，例如，墨水瓶、墨水台、书档、镇纸、裁纸刀等。

④吸烟用具，例如，雪茄盒和香烟盒、烟叶罐、烟灰缸、火柴盒等，但不包括品目96.13或96.14的物品（香烟打火机和其他打火机、烟斗、烟嘴等）。

⑤其他室内用品及类似物品，例如，室内装饰用的半身雕塑像、小雕塑像和其他雕塑像，珠宝盒，餐桌中心件、小花瓶、大花瓶，相框，灯具、灯台、烛台、支形吊灯，壁炉台装饰品、装饰用碟盘、纪念章和大奖章（供个人佩戴的除外），体育比赛奖品，香炉等。

⑥宗教用品，例如，圣物箱、圣餐杯，荷花籽杯、圣体匣、耶稣十字架、烛台、灯具。

本品目还包括未制成或不完整的金银器及明显用于金银器的零件，例如，餐具的银柄、梳妆用刷的银刷背等。

（2）品目71.15

本品目包括其他品目未列名的全部或部分用贵金属或包贵金属制成的物品。主要包括技术或实验室用的物品（例如，坩埚、烤钵等），作催化剂等用的铂或铂合金丝网布或格栅，未装配也不准备装配机械或热力设备的容器（不论是否衬里或隔热），电镀阳极，贵金属或包贵金属构成基本特征的手提包等物品。

3. 本章商品归类应注意事项

（1）本章在确定品目之前，应根据材质及加工程度确定分章。

本章按照材质及加工程度分为3个分章，因此在确定品目之前，应根据材质及加工程度确定分章。例如，金条，因为是贵金属的半制成品，所以归入第71章第二分章，然后按半制成品金，归入品目71.08。

（2）明确“贵金属”“铂”及“宝石或半宝石”的范围。

本章章注四对“贵金属”“铂”及“宝石或半宝石”作了明确规定。

①“贵金属”是指银、金及铂。

②“铂”是指铂、铱、锇、钯、铑及钌。

③“宝石或半宝石”不包括琥珀、海泡石、粘聚琥珀、粘聚海泡石、黑玉及其矿物代用品。

（3）子目7110.11及子目7110.19所称“铂”不包括铱、锇、钯、铑及钌，即仅指铂族金属中的铂。

（4）超过100年的天然或养殖珍珠、宝石及半宝石的制品应归入第97章，但超过100年的天然或养殖珍珠、宝石及半宝石应归入本章。

4. 归类原则

（1）含有贵金属的合金的归类原则

根据本章章注五的规定，只要其中任何一种贵金属的含量达到合金重量的2%，即应视为贵金属合金，并按以下规则归类：

①按重量计，含铂量在2%及以上的合金，视为铂合金；

②按重量计，含金量在2%及以上，但不含铂，或按重量计含铂量在2%以下的合金，视为金合金；

③按重量计，含银量在2%以上的其他合金，视为银合金。

因此，在贵金属合金归类时，首先考虑的是铂的含量，其次是金的含量，最后是银的含量。

根据本章章注六的规定，贵金属合金按相应的贵金属归类（品目条文另有规定的除外），例如，金合金粉末就按粉末状金归入品目71.08。

对于品目71.10项下的子目所列合金的归类，按其所含铂、铱、锇、钯、铑或钌中重量最大的一种金属归类，比例相同则从后。

其归类流程如图14-1所示。

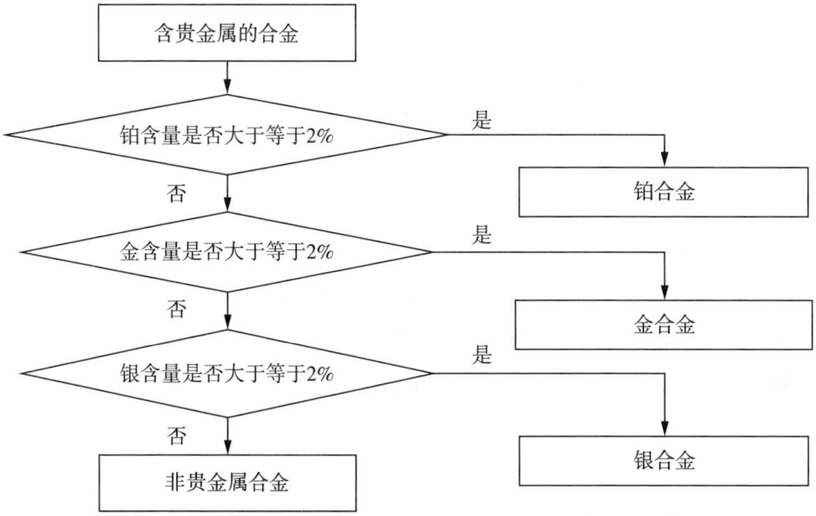

图14-1　含有贵金属的合金的归类流程图

例1：按重量计含铁80%、含铜15%、含银3%、含金2%的金属合金锭（未经锻造；非货币用）。

解析：该合金中含有贵金属金和银，因为金的含量等于2%，根据第71章章注五的规定，应视为金合金，再根据第71章章注六的规定，按金归类。未经锻造的金应归入品目71.08，进而按非货币用的金锭，归入子目7108.1200。

例2：用于制钢笔尖粒的铱钯合金丝（其中，铱70%，钯30%）。

解析：该合金中含有的金属铱和钯，都是贵金属铂，所以按铂丝归入品目71.10。因为铱的含量比钯的含量大，所以按铱合金归入子目7110.4990。

（2）品目71.12优先归类原则

根据本章章注八的规定：除第六类注释一（一）另有规定的以外，凡符合品目71.12规定的货品，应归入该品目而不归入其他品目。因此，主要用于回收贵金属的含有贵金属或贵金属化合物的废碎料，应优先归入品目71.12（但归入品目28.44、28.45或85.49的货品除外）。

例3：涂有金属银化合物的废纸板（用于回收金属银）。

解析：该商品既符合品目47.07，又符合品目71.12，根据第71章章注八的规定，应优先归入品目71.12。

5. **部分商品归类辨析**

（1）**“包贵金属”与“镀贵金属”的区别**

“包贵金属”是指以贱金属为底料（包铂族贵金属材料也可以以银或金为底料；包金材料也可以以银为底料），在其一面或多面用焊接、熔接、热轧或类似机械方法覆盖一层任何厚度的贵金属材料。除品目条文另有规定以外，镶嵌贵金属的贱金属也视为包贵金属，例如，嵌有银条的铜板。

“镀贵金属”是通过电解、蒸汽沉积、喷镀或用贵金属盐溶液浸渍等方法镀上贵金属，不论所镀贵金属有多厚，都应按其底料金属归入有关章。

例4：
- 餐刀（以不锈钢为底的包银材料制成）
- 餐刀（以不锈钢为底的镀银材料制成）

解析：该组商品都是餐具，但材料不同。以不锈钢为底的包银材料制成的应按包贵金属制的金银器归入品目71.14；以不锈钢为底的镀银材料制成的应按贱金属刀具归入品目82.11。

（2）**首饰（品目71.13）与仿首饰（品目71.17）的区别**

①材料不同：品目71.13的“首饰”是用贵金属或包贵金属制成（不论是否镶嵌珍珠、宝石或半宝石），品目71.17的“仿首饰”是用贵金属、包贵金属、珍珠、宝石或半宝石以外的其他材料制成。

②范围不同：品目71.13的“首饰”包括：

A.个人用小饰物（例如，戒指、手镯、项圈、饰针、耳环、表链、表链饰物、垂饰、领带别针、袖扣、饰扣、宗教性或其他勋章及徽章）；

B.通常放置在衣袋、手提包或佩戴在身上的个人用品（例如，雪茄盒或烟盒、鼻烟盒、口香糖盒或药丸盒、粉盒、链带、念珠）。而品目71.17的“仿首饰”只包括个人用小饰物。

例5：
- 金项链
- 铜项链

解析：该组商品都是项链，但材料不同，金是贵金属，铜是贱金属，因此，金项链按首饰归入品目71.13，铜项链按仿首饰归入品目71.17。

例6：
- 香烟盒（银制）
- 香烟盒（铁制）

解析：该组商品都是香烟盒，属于通常放置在衣袋或手提包内的个人用品，但材料不同。银是贵金属，铁是贱金属。银制香烟盒是首饰，归入品目71.13；而铁制香烟盒不是仿首饰，应按钢铁制品归入品目73.26。

14.3 第十五类 贱金属及其制品

14.3.1 第十五类商品归类概述

1. 本类商品范围及结构

本类商品主要包括贱金属材料及结构较简单的贱金属制品、金属陶瓷及其制品。贱金属是指钢及铁、铜、镍、铝、铅、锌、锡、钨、钼、钽、镁、钴、铋、镉、钛、锆、锑、锰、铍、铬、锗、钒、镓、铪、铟、铼、铌（钶）、铊。贱金属材料一般分为黑色金属材料和有色金属材料两大类。黑色金属是指铁和以铁为基础的合金。黑色金属以外的其他金属及其合金称为“有色金属”。

本类共有12章（第72章～第83章，其中第77章是空章），按照材料属性可将本类商品分为3部分：

- 第一部分（第72章、第73章）：钢铁及其制品
- 第二部分（第74章～第81章）：有色金属，金属陶瓷及其制品
- 第三部分（第82章、第83章）：特定功能或用途的贱金属制品

钢铁作为最重要的贱金属按加工程度分为两章，其中第72章只包括钢铁的初级形状和半制成品（钢材），第73章主要包括钢铁制品。第二部分（第74章～第81章）按金属属性设章，同章内一般按加工程度由低到高的顺序排列品目，即：初级形状→半制成品→制成品。第三部分（第82章、第83章）主要包括特定功能或用途的制成品，按商品的功能或用途排列品目，其中第82章包括贱金属工具等；第83章为杂项金属制品。凡在第82章、第83章列名的贱金属制品，不论其贱金属属性，只按其使用特性归入第82章或第83章的相应品目，而不归入其贱金属属性所在章。

2. 本类商品涉及的归类原则

（1）含有贱金属的合金的归类原则

根据第71章章注五及本类类注五的规定，含有贱金属的合金应按下列规则归类。

①贱金属与贵金属的合金

如果合金中没有任何一种贵金属（银、金、铂）的重量达到合金重量的2%，这种合金应作为贱金属合金；否则，应按贵金属合金归入第71章。

②贱金属与贱金属的合金

除铁合金及铜母合金以外，这类合金应按所含重量最大的一种金属归类。

③本类的贱金属与非金属或品目28.05的金属的合金

除铁合金及铜母合金以外，如果这类合金中本类贱金属的总重量等于或超过其他元素的总重量，则这类合金应按贱金属合金归类。否则，这类合金通常归入品目38.24。

含贱金属的合金的归类流程如图14-2所示。

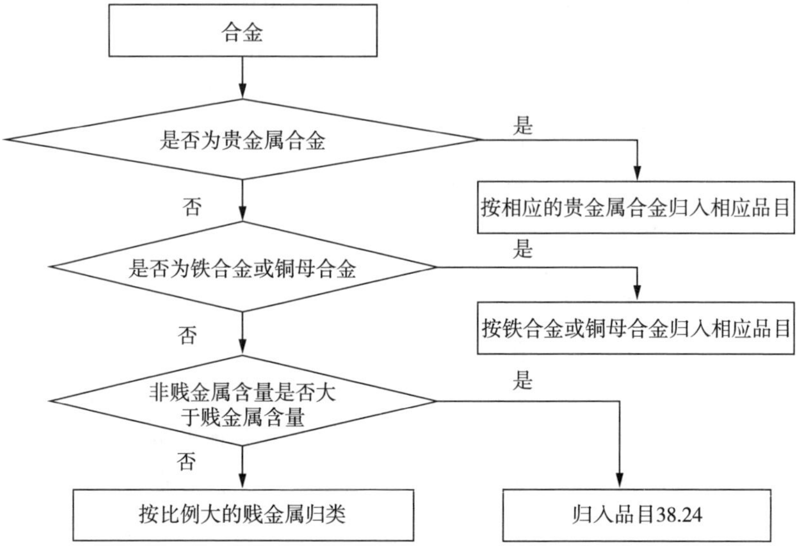

图14-2　含贱金属的合金归类流程图

例1：未经锻轧加工，按重量计含硅50%、含锌40%、含铬10%的合金锭。

解析：该合金中没有贵金属，也没有铁、铜，所以既不可能是贵金属合金，也不可能是铁合金和铜母合金。锌和铬是本类的贱金属，合计重量为50%，与非金属硅的含量一样，应按贱金属合金归入本类；又因为锌的含量大于铬的含量，所以最终按锌合金归入品目79.01。

（2）贱金属复合材料制品的归类原则

根据本类类注七的规定，贱金属复合材料制品应按下列规则归类。

除品目条文另有规定以外，含有两种或两种以上贱金属的贱金属制品，应按其所含重量最大的那种贱金属制品归类。对于由贱金属、非金属构成的制品，按照归类总规则，贱金属是其主要特征，也应按重量最大的那种贱金属制品归类。在计算各种金属重量时，有3种情况要注意：

①各种钢铁应视为一种贱金属；

②作为某一种金属归类的合金应视为一种金属；

③金属陶瓷应视为一种贱金属。

例2：某种复合材料管子（铜40%，不锈钢30%，硅锰钢30%）。

解析：应将不锈钢、硅锰钢合并计重后与铜的含量作比较，因为其含量大于铜，所以按照钢铁管归入第73章。

（3）贱金属制"通用零件"的归类原则

有些单独进口或出口的贱金属制"通用零件"尽管其本身的用途、尺寸有专用性，但仍不能作为制品的零件归类，而应归入本类相应的品目。例如，集中供暖散热器的专用钢铁制螺栓，应归入品目73.18（作为螺栓），而不归入品目73.22（作为集中供暖散热器的零件）。又如，钢铁制汽车专用弹簧应按钢铁制弹簧归入品目73.20，而不应按汽车零件归入品目87.08。

根据本类类注二的规定，贱金属制"通用零件"是指：

①贱金属制的管子附件，非绝缘的绞股线、绳、缆、编带及类似品，链条及其零件，钉、平头钉、图钉、波纹钉及类似品，螺钉、螺栓、螺母、方头螺钉、垫圈及类似品，弹簧及弹簧片。这类"通用零件"按贱金属属性归入贱金属所在章的相应品目，但专用于医疗、外科、牙科或兽医的植入物应归入品目90.21。

②锁、带锁的扣环及扣环框架、钥匙（品目83.01），用于家具等的附件及架座，帽架、帽钩、托架及类似品，小脚轮，自动闭门器（品目83.02），相框或画框及类似品，镜子（品目83.06），用于衣着、鞋靴等的扣、钩、环、眼及类似品，管形铆钉及开口铆钉，珠子及亮晶片（品目83.08），标志牌、铭牌、地名牌及类似品（品目83.10）。这类"通用零件"不按贱金属属性归入贱金属所在章，而应归入第83章的相应品目。

（4）贱金属废碎料的归类原则

根据本类类注八的规定，所有金属废碎料，以及因破裂、切断、磨损及其他原因而明显不能作为原物使用的金属商品，应作为废碎料归类；能作为原物使用的金属商品按原商品归类。

14.3.2 第72章 钢铁

1. 本章商品范围及结构

本章商品包括生铁、镜铁、铁合金及其他冶炼钢铁的金属原料；锭状及其他初级形状钢铁产品；半制成品及用它们直接生产出来的各种钢材（平板轧材、条、杆、丝、角材、型材及异型材等），但钢铁管应归入第73章。

本章共有29个品目，按照加工程度及材料属性分为4个分章：

第一分章（品目72.01～72.05）包括原料，粒状及粉状产品；

第二分章（品目72.06～72.17）包括铁及非合金钢初级产品、半制成品和钢材；

第三分章（品目72.18～72.23）包括不锈钢初级产品、半制成品和钢材；

第四分章（品目72.24～72.29）包括除不锈钢以外的其他合金钢初级产品、半制成品和钢材，以及合金钢或非合金钢的空心钻钢。

2. 本章商品归类应注意事项

（1）在确定品目之前，应根据加工程度及材料属性确定分章。

（2）品目72.04的“钢铁废碎料”，不包括能作为原用途使用的旧钢铁制品。

（3）本章注释中对“生铁”“镜铁”“铁合金”等名词作了解释，归类时应严格按照注释的规定，不能简单地按申报名称归类。

3. 归类原则

（1）钢材的归类

①钢材的分布情况

钢材分布于第72章、第73章，其具体划分如下：

- 空心钢材
  - 空心钻钢（第72章）
  - 空心异型材（第73章）
- 实心钢材
  - 截面为凹形
    - 非焊接的角材、型材及异型材（第72章）
    - 焊接的角材、型材及异型材（第73章）
  - 截面为非凹形（第72章）
    - 平板轧材
    - 不规则盘绕的热轧条、杆
    - 丝
    - 其他条杆

②钢材品目的归类

钢材在归类时应严格按照注释中的规定办理，不能简单地按申报名称归类，其归类如下：

首先，判断是否空心。空心钢材若符合第72章章注一（十五）“空心钻钢”的定义，则按空心钻钢归入品目72.28；若不符合，则按空心异型材归入第73章。其次，根据其材质（铸铁、钢铁）、有无缝和截面形状（圆形、非圆形）确定品目。

若为实心钢材，则判断截面形状是否凹形。凹形钢材若是焊接的则归入品目73.01；反之归入第72章，再根据其材质（铁及非合金钢、不锈钢、其他合金钢）归入相应分章角材、型材及异型材所在品目。

首先，截面形状为非凹形的实心钢材，归入第72章。其次，根据钢材的材质，确定分章。再次，根据钢材的外形尺寸（厚度及宽度）、报验状态（盘卷还是平直）、加工方式（冷或热）依据第72章章注一（十）至章注一（十四）判断属于哪种钢材。最后，根据所给出的其他条件（如有无镀层等）确定该钢材应归入的品目。

钢材品目的归类流程如图14-3所示。

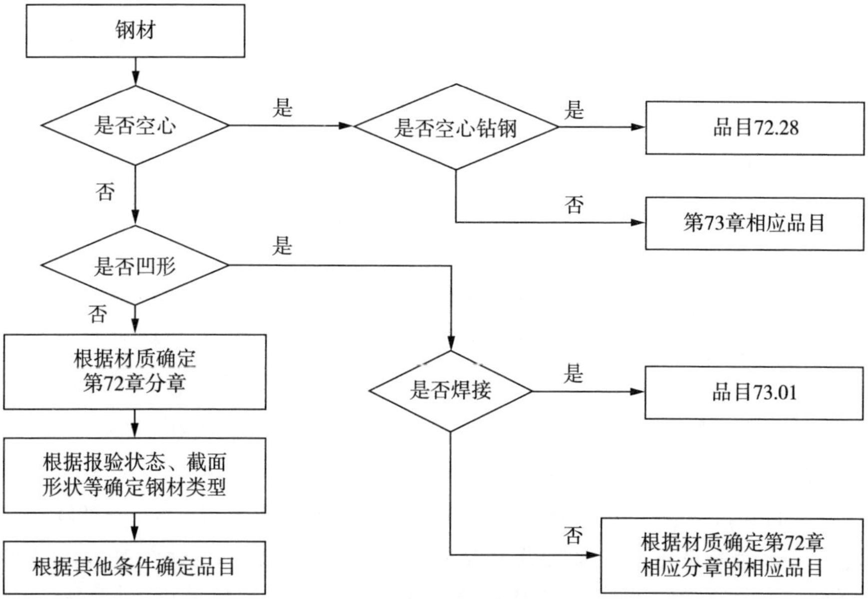

图14-3　钢材品目的归类流程图

例1：高速钢（一种合金钢）热轧制的圆钢，截面为实心圆形，直条状，直径4厘米，长4米。

解析：首先，判断该商品是截面为非凹形的实心钢材，应归入第72章。其次，根据其材质（高速钢），归入第四分章。再次，根据其截面为实心圆形，不符合“平板轧材”的定义，不是“平板轧材”；报验状态为直条状，不符合“不规则盘绕到热轧条、杆”及“丝”的定义，判断其为“其他条、杆”，归入品目72.28。最后，归入“高速钢条、杆”所在的子目7228.1000。

例2：宽1米、厚2毫米的非合金钢热轧卷板，表面涂有防锈漆。

解析：首先，判断该商品是截面为非凹形的实心钢材，应归入第72章。其次，根据其材质（非合金钢），归入第二分章。再次，根据其截面尺寸属于矩形、报验状态属于层叠的卷材，符合“平板轧材”的定义，按“平板轧材”归类。第二分章“平板轧材”有多个品目，先根据其宽度、有镀层，归入以“宽度在600毫米及以上的铁或非合金钢平板轧材，经包覆、镀层或涂层”列名的品目72.10。然后，归入以“涂漆或涂塑的”列名的子目7210.7，最后，根据其厚度归入子目7210.7090。

例3：材质为不锈钢适合钻探用的空心异型材，其最大外形尺寸为50毫米，最小内孔尺寸为24毫米。

解析：该商品属于空心钢材，不能简单根据其名称“空心异型材”归入第73章，而应查阅第72章“空心钻钢”的定义。因其符合规定，所以该钢材是“空心钻钢”归入品目72.28，最终归入“空心钻钢”所在的子目7228.8000。

（2）品目72.02项下的子目所列铁合金的归类

根据第72章子目注释二，品目72.02项下的子目所列铁合金应按照下列规则归类：

对于只有一种元素超出第72章章注一（三）规定的最低百分比的铁合金，应作为二元合金归入相应的子目。依此类推，如果有两种或三种合金元素超出了最低百分比的，则可分别作为三元或四元铁合金。在运用本规定时，对于未列名的“其他元素”，按重量计单项含量必须超过10%。

例4：按重量计含硅35%、钡30%、铝3%、锰0.4%、碳0.3%的铁合金。

解析：经计算可知本题商品按重量计铁元素含量为31.3%，在4%以上，其他元素的含量也符合第72章章注一（三）的规定，应按铁合金归入品目72.02。该铁合金所含铁以外的列名元素中硅超过了最低百分比（35%大于8%）、作为未列名的“其他元素”只有钡超过了10%（30%大于10%），故应视为硅钡铁三元合金，该合金在品目72.02下未列名，最终归入以“其他”列名的子目7202.9999。

（3）用黑色金属包覆不同种类的黑色金属的归类原则

根据本章章注二，用黑色金属包覆不同种类的黑色金属，应按其中重量最大的材料归类。

（4）电解沉积法、压铸法或烧结法所得的钢铁产品的归类原则

根据本章章注三，电解沉积法、压铸法或烧结法所得的钢铁产品，应按其形状、成分及外观归入本章类似热轧产品的相应品目。

14.3.3 第73章 钢铁制品

1. 本章商品范围及结构

本章商品主要包括管、空心异型材等形状不同于第72章或由第72章的钢材进一步加工而得的钢材，以及未在第82章或第83章具体列名又未归入其他章的钢铁及铸铁制品。

本章共有26个品目，按照加工程度排列，即先钢材后钢铁制品，钢铁制品又按照具体列名→一般列名→未列名的顺序编排。具体排列顺序如下：钢材（品目73.01～73.06）→钢铁管子附件（品目73.07）→钢铁结构体及其部件（品目73.08）→钢铁制容器（品目73.09～73.11）→钢铁制通用零件及其他列名零件（品目73.12～73.20）→列名钢铁制品（品目73.21～73.24）→未列名钢铁制品（品目73.25～73.26）。

2. 本章未列名品目介绍

品目73.26的货品可以通过锻造、冲压、切割、模压、折叠、组合、焊接、车削、铣削或穿孔等方法加工制得，主要包括：

（1）蹄铁，鞋靴护铁，攀树用铁钉助爬器，非机械式的通风装置，软百叶帘，木桶箍，电线钢铁配件（例如，撑条、夹子、托架），绝缘子串的悬吊或连接装置，未校准的钢珠，栅栏柱等，花坛边箍，树木等的培育器，绞紧栅栏钢铁丝用的松紧螺旋扣，瓦片，将软管夹紧于硬管或龙头等上的软管夹，固定管子用的挂钩、撑条及类似支撑物（专用于装配金属结构件管状元件的夹子及其他装置除外，这些货品应归入品目73.08），容量量具（品目73.23的家用量具除外），顶针，路钉，锻造吊钩，各种用途的弹簧扣，梯子及台阶，支架，铸模芯用支撑物或芯撑（模工用钉除外），钢铁锻制的人造花或叶（但不包括品目83.06的制品及品目71.17的仿首饰）。

（2）钢铁丝制品，例如，捕鼠器、捕鳗篓及类似品，捆扎饲料等用的扎铁丝，轮胎杆，动物鼻环，床垫钩等，废纸篓。

（3）某些箱及盒，例如，未制成专门形状或内部装有配件以适合盛装特定工具（不论是否带附件等）的工具箱或工具盒；植物学家等用的收集箱或标本箱、小件饰物箱；化妆品盒及粉盒；香烟盒、口香糖盒等（品目73.10的容器、品目73.23的家用容器及品目83.06的装饰品除外）。

（4）用于移动物体的，由一个底座、一个手柄、一个真空杆及多个橡皮圆盘组成的真空吸取器（吸夹）。

本品目不包括钢铁铸造制品（品目73.25）。

3. 本章商品归类应注意事项

（1）除简单的钢铁制品外，本章还包括形状不同于第72章的钢材。

（2）对于空心异型材若符合第72章“空心钻管”的规定，应归入品目72.28。

（3）本章所称的“丝”与第72章所称的“丝”要求不一样，本章的“丝”要求是截面尺寸均不超过16毫米的热或冷成形的任何截面形状的产品；而第72章的“丝”要求冷成形、盘卷状，对尺寸无要求。

（4）铜头的钢铁钉，不论铜的含量是否大于钢铁的含量，都应按铜制的钉归入第74章。

（5）装有龙头、旋塞、阀门的管子或管子附件应归入品目84.81。

（6）注意本章中通用零件所在的品目及所包括的商品范围。

本章包括的通用零件范围及所在品目如下：钢铁管子附件（品目73.07）；非绝缘的钢铁绞股线、绳、缆、编带及类似品（品目73.12）；钢铁链条及其零件（品目73.15）；钢铁钉、平头钉、图钉、波纹钉及类似品（品目73.17）；钢铁制的螺钉、螺栓、螺母、方头螺钉、垫圈及类似品（品目73.18）；钢铁制弹簧及弹簧片（品目73.20）。

4. 部分商品归类辨析

（1）钢铁制容器的归类

①手提箱、公文箱等，归入品目42.02；

②装压缩气体或液化气体用的钢铁容器，归入品目73.11；

③供商业运输等盛装物料用的钢铁容器（容积超过300升），归入品目73.09；

④供商业运输等盛装物料用的钢铁容器（容积不超过300升），归入品目73.10；

⑤家庭或厨房用的饼干桶、茶叶罐等家用钢铁容器，归入品目73.23；

⑥供个人用的香烟盒、粉盒、首饰盒等（以实用为主要用途），归入品目73.26；

⑦供个人用的香烟盒、粉盒、首饰盒等（以装饰为主要用途），归入品目83.06；

⑧专业用的标本箱、工具箱（品目42.02的货品除外），归入品目73.26；

⑨保险柜、档案柜及类似容器，归入品目83.03或品目83.04；

⑩经专门设计及装备的集装箱，归入品目86.09。

（2）钢铁制“针”的归类

①手工缝针、编织针、引针、钩针、刺绣穿孔锥及类似品，安全别针、大头针等别针，归入品目73.19；

②鞋匠用的无眼锥子及皮革加工、办公室等用的穿孔锥型穿刺工具，归入品目82.05；

③针织机、缝纫机等纺织机器用针，归入品目84.48；

④缝纫机用针，归入品目84.52；

⑤试音器用的唱针，归入品目85.22；

⑥医疗、外科、牙科兽医用的针（如针灸用针），归入品目90.18。

（3）钢铁钉的归类

①钢铁制平头钉、图钉、波纹钉、U形钉，归入品目73.17；

②铜头钢铁钉，归入品目74.15；

③钢铁制螺纹钉、铆钉，归入品目73.18；

④钢铁制成条订书钉，归入品目83.05；

⑤管形铆钉及开口铆钉，归入品目83.08。

14.3.4 第74章 铜及其制品

1. 本章商品范围及结构

本章商品主要包括未精炼铜、精炼铜、铜合金、铜粉、铜材及结构简单的铜制品。

本章共有16个品目（本章无品目74.14、74.16、74.17），其设置方式与排列顺序和第72章~第73章基本一致，只是简化了很多。其排列顺序具体如下：铜的初级产品及废料（品目74.01~74.06）→各种铜材（品目74.07~74.11）→铜及铜合金的制品（品目74.12、74.13、74.15、74.18、74.19）。

2. 本章所涉及的商品知识

（1）铜锍（品目74.01）

铜锍是通过熔融焙烧过的硫化铜矿，使硫化铜从脉石和其他金属中分离制得，主要由铜和铁的硫化物构成，通常呈黑色或棕色小颗粒状。

（2）沉积铜（品目74.01）

沉积铜又称“泥铜”，是通过沉淀（置换沉淀）制得的产品，是一种含有氧化物及不溶性杂质的极精细黑色粉末，有时用于防污漆和农用杀菌剂，但更多的是作为添加剂加入熔炉中，以制取铜锍。

3. 本章未列名品目介绍（品目74.19）

品目74.19主要包括：

（1）其他品目未列名的铜制安全别针及其他针（帽针和其他装饰用针及图钉除外）；

（2）盛装任何物料用的铜制囤、柜、罐、桶及类似容器，不论容量大小，也不论是否衬里或隔热，但无机械或热力装置；

（3）装压缩气体或液化气体用的铜制容器；

（4）铜链及其零件，但具有仿首饰特征的铜链除外（品目71.17）；

（5）品目73.25及品目73.26所列类型的铜制品；

（6）铜或铜合金制的电镀阳极板；

（7）通过焊接等方法装上翅片的其他品目未列名的铜管；

（8）铜弹簧。

4. 本章商品归类应注意事项

（1）本章的商品范围与第72章~第73章基本相同，可以比照第72章和第73章进行归类，但应注意铜材在形状的规定上与钢材不尽相同。因此，对铜材的归类，应查阅第十五类类注九。例如，第72章的钢铁丝要求冷成形，而铜丝没有要求冷成形，但对矩形截面的丝要求厚度大于宽度的1/10，而第72章的钢铁丝则对尺寸没有要求。

（2）注意本章中通用零件所在的品目及所包括的商品范围。

本章包括的通用零件范围与第73章的完全一致，其所在品目如下：铜制管子附件（品目74.12）；非绝缘的铜丝绞股线、缆、编带及类似品（品目74.13）；铜制或钢铁制带铜头的钉、平头钉、图钉、波纹钉及类似品，铜制螺钉、螺栓、螺母、方头螺钉、垫圈及类似品（品目74.15）；铜制链条及其零件，铜弹簧（品目74.19）。

14.3.5 第75章 镍及其制品

1. 本章商品范围及结构

本章商品包括镍和镍合金及其某些制品。本章共有8个品目，其排列顺序具体如下：镍的初级产品及废料（品目75.01~75.04）→各种镍材（品目75.05~75.06）→镍及镍合金的制品（品目75.07~75.08）。

2. 本章未列名品目介绍

品目75.08主要包括电镀用镍阳极，窗柜等结构件、结构件的组装零件，囤、柜、罐、桶及类似容器，家庭用品、卫生洁具及其零件，弹簧、镍钉、平头钉、螺母、螺栓等镍的通用零件，铸币毛坯，相当于品目73.25及品目73.26所列钢铁制品范围的镍制品。

3. 本章商品归类应注意事项

（1）本章的商品范围与第72章～第73章基本相同，可以比照第72章和第73章进行归类，但应注意镍材在形状的规定上与钢材不尽相同。因此，对镍材的归类，应查阅第十五类类注九。

（2）子目7508.10所称“丝”与本类类注九（三）所称的“丝”不相同，仅指不论是否盘卷的截面尺寸不超过6毫米任何截面形状的产品。

（3）注意本章中通用零件的范围及所在的品目。

14.3.6　第76章　铝及其制品

1. 本章商品范围及结构

本章商品包括铝和铝合金及其某些制品。本章共有16个品目，其设置方式与排列顺序和第72章～第73章基本一致，只是简化了很多。其排列顺序具体如下：铝的初级产品及废料（品目76.01～76.03）→各种铝材（品目76.04～76.08）→铝及铝合金的制品（品目76.09～76.16）。

2. 本章未列名品目介绍（品目76.16）

品目76.16主要包括：

（1）钉、平头钉、图钉、波纹钉、螺钉、螺栓、螺母、方头螺钉、垫圈，以及品目73.17和品目73.18所列类型的类似品；

（2）织针、引针、钩针、刺绣穿孔锥、别针及品目73.19所列类型的类似品；

（3）铝制链条及其零件；

（4）铝丝制布、网、篱、格栅，以及网眼铝板；

（5）与品目73.25和品目73.26范围一致的铝制品。

3. 本章商品归类应注意事项

（1）本章的商品范围与第72章～第73章基本相同，可以比照第72章和第73章进行归类，但应注意铝材在形状的规定上与钢材不尽相同。因此，对铝材的归类，应查阅第十五类类注九。

（2）注意本章中通用零件所在的品目及所包括的商品范围。

本章包括的通用零件范围与第73章的完全一致，其所在品目如下：铝制管子附件（品目76.09）；非绝缘的铝制绞股线、缆、编带及类似品（品目76.14）；其他的通用零件（品目76.16）。

（3）子目7616.91所称“丝”与本类类注九（三）所称的“丝”不相同，仅指不论是否盘卷的截面尺寸不超过6毫米任何截面形状的产品。

（4）用铝箔切成的亮晶片应归入品目83.08。

（5）单独报验的铝制易拉罐盖应按贱金属制盖归入品目83.09。

14.3.7 第78章 铅及其制品

1. 本章商品范围及结构

本章商品包括铅和铅合金及其某些制品。本章共有4个品目（本章无品目78.03、78.05），按加工程度由浅至深的顺序排列：未锻轧铅（品目78.01）→铅废碎料（品目78.02）→铅板、片、带、箔及铅粉（品目78.04）→其他铅制品（品目78.06）。

2. 本章未列名品目介绍（品目78.06）

品目78.06主要包括：

（1）包装颜料或其他产品的软管；

（2）无机械或热力装置的盛装任何物料用的囤、柜、罐、桶及类似容器；

（3）渔网的铅坠、衣着、帷幕等的边坠；

（4）钟的摆锤及通用砝码；

（5）用于包装或管子接口堵缝的铅丝或铅线绞、束或绳；

（6）建筑结构件的零件；

（7）游艇的龙骨、潜水员的胸板；

（8）电镀阳极；

（9）符合第十五类类注九（一）、（二）、（三）所述的铅条、杆、型材及异型材或丝。

3. 本章商品归类应注意事项

本章虽然只有4个品目，但商品范围与第72章~第73章基本相同，可以比照第72章和第73章进行归类，但应注意铅材在形状的规定上与钢材不尽相同。因此，对铅材的归类，应查阅第十五类类注九。

14.3.8 第 79 章　锌及其制品

1. 本章商品范围及结构

本章商品包括锌和锌合金及其某些制品。本章共有6个品目（本章无品目79.06），按加工程度由浅至深的顺序排列，其排列顺序为：锌的初级形状产品及废料（品目79.01～79.03）→各种锌材（品目79.04～79.05）→锌及锌合金的制品（品目79.07）。

2. 本章商品归类应注意事项

本章虽然只有6个品目，但商品范围与第72章～第73章基本相同，可以比照第72章和第73章进行归类，但应注意锌材在形状的规定上与钢材不尽相同。因此，对锌材的归类，应查阅第十五类类注九。

14.3.9 第 80 章　锡及其制品

1. 本章商品范围及结构

本章商品包括锡和锡合金及其某些制品。本章共有4个品目（本章无品目80.04、80.05、80.06），按加工程度由浅至深的顺序排列：未锻轧锡（品目80.01）→锡废碎料（品目80.02）→锡条、杆、型材及异型材或丝（品目80.03）→其他锡制品（品目80.07）。

2. 本章商品归类应注意事项

本章虽然只有4个品目，但商品范围与第72章和第73章基本相同，可以比照第72章和第73章进行归类，但应注意锡材在形状的规定上与钢材不尽相同。因此，对锡材的归类，应查阅第十五类类注九。

14.3.10 第 81 章　其他贱金属、金属陶瓷及其制品

1. 本章商品范围及结构

本章商品包括钨、钼、钽、镁、钴（包括冶炼中间产品）、铋、镉、锆、钛、锑、锰、铍、铬、锗、钒、镓、铪、铟、铌、铼、铊共21种贱金属及其制品，本章还包括金属陶瓷及其制品。归入本章的大多数金属一般作为合金或碳化物使用，而较少直接作为纯金属使用。

本章共有12个品目（本章无品目81.07），因为这些贱金属的贸易量不大，使用范围也比较窄，所以本章对它们的分类很简略，前11种贱金

属及其制品（镉及其制品除外）分别单列品目（品目81.01～81.06、品目81.08～81.11），其他贱金属及其制品（包括镉及其制品）合为一个品目（品目81.12），最后是金属陶瓷及其制品（品目81.13）。

2. 本章所涉及的商品知识

金属陶瓷（品目81.13）既有陶瓷成分（耐热、熔点高），又有金属成分。其生产制造方法及其物理、化学性能均与其所含的陶瓷及金属成分相似，故称为“金属陶瓷”。金属陶瓷用于航空工业、核工业及导弹的制造。它们也用于制熔炉、金属铸件（例如，盛器、喷嘴、管）、轴承、闸衬等。

3. 本章商品归类应注意事项

本章对“条、杆”“型材及异型材”“板、片、带、箔”及“丝”的规定，具体见第十五类类注九。

14.3.11 第82章 贱金属工具、器具、利口器、餐匙、餐叉及其零件

1. 本章商品范围及结构

本章商品包括具有工具、器具、刀具、餐具等性质的某些贱金属制品，这些贱金属制品不按所用贱金属材料归入第72章～第81章。

本章共有15个品目，其排列顺序为：手工工具（品目82.01～82.05）→由品目82.02～82.05中两个或两个以上品目的工具组成的零售包装成套货品（品目82.06）→供手工工具、机床或手提式动力工具用的可互换工具（品目82.07）→机器或机械器具用的刀及刀片（品目82.08）→工具用的板、杆、刀头及类似品（品目82.09）→利口器、某些家用机械器具、餐匙、餐叉及类似的餐具和厨房用具（品目82.10～82.15）。

2. 本章部分品目介绍

（1）品目82.05

本品目主要包括：

①钻孔和攻丝工具（例如，手摇曲柄钻、丝锥扳等）。

②锤子（例如，锻工、锅炉工、木工、泥瓦匠等用的锤子、碎石锤等）。

③木工用刨子、凿子及类似切削工具（例如，家具工等用的辐刀、木刨刀、刻刀及拉刮刀等）。

④螺丝刀（包括棘轮式的）。

⑤其他手工工具（包括玻璃刀）。包括：

A.非机械式的许多家庭用具，例如，熨斗（非电热）、卷发钳，开瓶器、螺旋拔塞器、简易开听器（包括开罐钥匙），坚果脱壳器，纽扣钩，鞋拔，“钢”磨刀器及其他金属制的磨刀器，糕点割刀及锯刀，干酪等的磨碎器，“闪电”式绞肉机（带切割轮），干酪切片器、蔬菜切片器，蛋奶烘饼铁钳模，奶油或蛋搅拌器、切蛋器，卷黄油器，碎冰锥，蔬菜捣烂器，填肥肉馅用针，供炉、灶或壁炉用的拨火棒、火夹及揭盖器等。

B.钟表匠用工具（例如，摆轮平衡器等）。

C.玻璃刀，包括装有分度尺的圆规式金刚石玻璃刀及在玻璃上画图案用的金刚石刻画刀。

D.锻工工具（例如，方柄凿、冲头等）。

E.采矿、筑路等用的工具（例如，撬杆、钢钎等）。

F.水泥工、抹灰工、油漆工等用的工具（例如，刮刀、铲刀、调色刀等）。

G.杂项手工工具，主要包括：钉马蹄用的削皮刀、斜切刀、蹄签及蹄割刀、冷凿、冷冲子，铆工用圆凿、铆头模及冲头，非钳式拔钉器、开箱器及尖冲头，撬胎棒，皮匠锥（没有眼的），木工及书籍装订工用的冲头，烙铁及烙印铁，金属刮刀，非钳式锯齿修整器，铺锯箱，干酪采样器及类似品：夯土器，砂轮修整器，板条箱等打包工具，但品目84.22的货品除外；供包裹、纸板等装订用的弹簧操作“手枪式”工具；铆接、打墙孔等用的打包操作工具；玻璃灯工用管子，人工吹管，油罐及油壶（包括带泵或螺旋机件的）、滑脂枪。

⑥喷灯（例如，供软焊或硬焊用、供去除油漆用、供启动半柴油机用），不包括气体焊接装置（品目84.68）。

⑦台钳、夹钳及类似品，包括供细木工、木工、锁匠、军械师、钟表匠等用的手钳、针钳、台钳、防止被夹件受损而用非金属（木、纤维等）作钳口面的金属台钳，但不包括构成机床附件或零件的台钳。

⑧砧、轻便锻炉、带支架的手摇或脚踏砂轮，包括：

A.各种规格及各种用途的砧（包括双角砧），例如，锻工用砧、钟表匠或首饰匠用砧、鞋匠用鞋楦等；

B.轻便锻炉，通常装有鼓风机，有时还带铁砧（主要用于小型车间、造船厂等）；

C.带有木架或其他材料支架的砂轮（手摇式或脚踏式）。

（2）品目82.07

本品目包括不能单独使用，但可装于不论是否动力操作的手工工具、品目84.57～84.65或品目84.79的机床、品目84.67的工具、用于品目84.30的凿岩机或钻探机的工具。但其他机器或器具用的模具、冲头、钻头或其他可互换工具，应按所属机器或器具的零件归类。

本品目的工具可以是一种材料制成的单件制品，也可以是由一件或多件贱金属、硬质合金、金属陶瓷、金刚石、其他宝石或半宝石制成的工作部件通过焊接或镶嵌永久性地附于贱金属支架上，或作为可拆卸部件附于支架上构成的组合制品。

归入本品目的工具包括：

①凿岩或钻探工具（例如，麻花钻头）。

②金属拉拔或挤压用模，包括拉丝模板。

③锻压或冲压工具，包括金属片材冷锻压或冷冲压用的冲子及模具；锻模；冲孔或切割模、机床用冲头。

④攻丝工具（例如，丝锥及板牙、螺纹梳刀及螺纹梳刀盘）。

⑤钻孔工具，但凿岩工具除外，包括钻头（螺旋或磨花钻、中心钻等用的钻头）、曲柄钻等。

⑥镗孔或铰孔工具，包括铰刀。

⑦铣削工具（例如，铣刀、齿轮滚铣刀等）。

⑧车削工具。

⑨其他可互换工具（例如，磨削、刨削、开槽、研磨、修整用的工具，木材凿榫或成形工具，油漆、胶粘剂及涂面泥釉的混合、搅拌等工具，螺丝刀头）。

但机器或手工工具用的工件夹具和工具夹具，以及自启板牙切头应归入品目84.66。

（3）品目82.08

本品目包括未装配的机器或机械器具用的刀或刀片，但不包括品目82.01～82.05的手工工具用的刀片或刀（例如，刨刀）。本品目包括下列用途的刀或刀片：

①金属加工用，包括供装于机床刀具（例如，装于铰刀或铣刀）上的刀片及刀，铡刀式剪切机或机械剪用的刀片。

②木材加工用，包括刨床或类似木材加工机器用的刀片及刨铁，截夹板机用的刀片。

③厨房器具或食品工业机器用（例如，面包切片机、绞肉机等用刀片）。

④农业、园艺或林业机器用（例如，切草机、收割机等用的刀片）。

⑤其他机器或机械器具用（例如，烟叶切丝机等用的刀片及刀）。

（4）品目82.15

本品目包括：

①各种餐匙，包括盐匙及芥末匙。

②餐叉，切肉叉、分菜叉、烹调叉，糕点叉，牡蛎叉，蜗牛叉，烧烤叉。

③长柄勺及长柄漏勺（供烹煮蔬菜及油炸食物等用）。

④吃鱼、糕点、草莓、芦笋用的分菜铲。

⑤无刃口的鱼刀及奶油刀。

⑥各种糖块夹（不论是否有刃口）、糕点夹、拼盘夹、芦笋夹、蜗牛夹、肉夹及冰块夹。

⑦其他餐具（例如，家禽或肉类的夹钳）。

本品目不包括剪切龙虾或家禽用的剪刀式刀具（品目82.01或品目82.13）。

3. 本章商品归类应注意事项

（1）注意本章工作部件允许使用的材料。

第82章章注一规定了本章工作部件允许使用的材料，即除喷灯、轻便锻炉、带支架的砂轮、修指甲和修脚用器具及品目82.09的货品外，本章仅包括带有用下列材料制成的刀片、工作刃、工作面或其他工作部件的物品：贱金属；硬质合金或金属陶瓷；装于贱金属、硬质合金或金属陶瓷底座上的宝石或半宝石（天然、合成或再造）；附于贱金属底座上的磨料，当附上磨料后，所具有的切齿、沟、槽或类似结构仍保持其特性及功能。

（2）本章商品可以用任何贱金属制成。根据第十五类类注二的规定，凡是能归入本章的贱金属制品，均不能按贱金属材料归入第72章～第81章中的任何一章。

4. 部分商品归类辨析

（1）本章所列物品的贱金属零件的归类

根据本章章注二，本章所列物品的贱金属零件应与制品归入同一品目，但以下除外：

①具体列名的零件及手工工具的工具夹具（品目84.66）应按列名品目归类；

②第十五类注释二所述的通用零件，均不归入本章，应归入贱金属材料所在章（第73章~第81章）或第83章的通用零件所在的相应品目（例如，螺钉、开口铆钉等）；

③电动剃须刀及电动毛发推剪的刀头、刀片应归入品目85.10。

（2）手工工具及器具的归类

①单独使用的手工工具（不论是否装有齿轮、曲柄、活塞、螺旋装置或杠杆等简单机构）一般应归入第82章（品目82.01~82.05）。

②不带支架的研磨工具一般应归入品目68.04。

③除在本章品目中已有具体列名的物品（例如，轻便锻炉、带支架的砂轮等）外，对于准备装于工作台、墙壁等上的器具或由于重量、规格或使用所需力度等原因而装于底板、底座、支架等上以便放置于地板、工作台等上面的器具，一般应归入第84章。

④第84章具体列名的可独立操作的手工器具，应归入该章相应品目，例如，液体或粉末的喷雾器具（品目84.24）、带有电动或非电动动力装置的手提式工具（品目84.67）。

⑤家用电动器具，归入第85章。

（3）剃刀及其刀片的归类

①电动剃须刀及其刀片，归入品目85.10；

②不与刀片一起报验的塑料安全剃刀，应按塑料盥洗用具归入品目39.24；

③其他剃刀及其刀片，归入品目82.12。

（4）本章成套货品的归类

①由品目82.05中不同种类的货品构成的成套货品，归入子目8205.9000；

②由品目82.02~82.05中两个或多个品目所列工具组成的零售包装成套货品，归入品目82.06；

③由品目82.11中不同种类的刀构成的成套货品，归入子目8211.1000；

④由品目82.11的一把或多把刀具与品目82.15至少数量相同的物品构成的成套货品，归入品目82.15；

⑤由品目82.15中不同种类的货品构成的成套货品，归入品目82.15。

14.3.12 第83章 贱金属杂项制品

1. 本章商品范围及结构

本章是第十五类的最后一章，商品范围包括不能归入本类前10章的所有贱金属制品，主要包括锁、铰链、小脚轮、帽钩、保险箱、钱箱、办公用夹、钟、锣、相框、软管、塞子、盖子、标志牌、焊条等五金件。与第82章相同，本章商品可以由任何种类的贱金属构成。

本章共有11个品目，按照商品的功能、用途等设置品目，因为本章商品除了是贱金属制品外，无其他共同特点，所以其排列顺序无规律可循。

2. 本章部分品目介绍

（1）品目83.01

本品目主要包括用钥匙或通过字母或数字组合才能打开的贱金属锁闭装置（例如，弹簧锁、数码锁），也包括通过插入磁卡、在电子键盘上输入组合数码，或通过无线电波信号等操作开启的贱金属电动锁（例如，电梯门的电动锁）。其中，子目8301.3000“家具用锁”不仅包括家庭用的家具锁，而且还包括办公室用的家具锁。

（2）品目83.02

本品目包括：

①各种铰链（例如，平接铰链、提升铰链、角铰链、带式铰链及丁字铰链）。

②符合本章章注二的小脚轮。

③不属于第十七类所列零件或附件范围的机动车辆用附件及架座。例如，制成的串珠饰带，脚踏板，扶手杆、条及把手，遮帘用的配件（杆、托架、紧固件、弹簧机构等），车内行李架，开窗机件，专用烟灰缸，后车厢板扣件。

④建筑用附件及架座。本组包括：

A.装有链、杆等的门护挡，法式窗或其他窗扉的长插销及附件，窗扉扣件及撑条，楣窗或天窗的开关、撑条及附件，门窗钩及眼，双层玻璃窗用的钩及附件，百叶窗或窗帘用的钩、扣件、止动销、托架及辊端，信箱板，门环、观察孔（已装配光学元件的除外）等。

B.门销（包括弹珠弹簧销）、门闩、门扣、门碰锁等（品目83.01的用钥匙开启的门销除外）。

C.商店、车库、棚子、机库等的拉门或拉窗附件（例如，导向槽、导向轨、导向滑轮、滚轮）。

D.建筑物的门用的锁眼板及指板。

E.窗帘、百叶窗或门帘的附件（例如，杆、管、圆花饰、托架、扁带、穗钩、夹子、滑动环、止动销），窗帘绳等用的系绳钩、导向装置及结绳装置，楼梯附件（例如，楼梯踏板用护板，楼梯地毯夹、梯毯夹条、楼梯扶手的球形饰物）。

F.门、窗或百叶窗用的角撑、加强板、加强角等。

G.门用搭扣、钩环，门拉手及球形把手，包括锁或插销用的。

H.门制止器及关门装置（弹簧式或液压式自动闭门器除外）。

⑤家具用附件及架座，例如，角撑、加强角，销（包括弹珠弹簧销）、闩（品目83.01的用钥匙开启的闩除外）、扣件、碰锁等，箱柜等用的搭扣、钩环，拉手及球形把手。

⑥行李箱、柜、小提箱及类似旅行容器用的附件及类似物品，例如，箱盖导轨、把手、护角、箱盖撑杆及滑动件、篮式衣箱用的闭合杆、伸缩箱附件、角撑、加强角等。

⑦帽架、帽钩、托架（固定的、铰接的或带齿的等）及类似品，例如，大衣架、毛巾架、抹布架、刷子架、钥匙架。具有家具特征的大衣架等（例如，落地式的大衣架），应归入第94章。

⑧弹簧式或液压式自动闭门器。

3. 本章商品归类应注意事项

（1）与第82章一样，本章商品可以用任何贱金属制成，根据第十五类类注二的规定，凡是能归入本章的贱金属制品，不能按贱金属材料归入第72章～第81章中的任何一章。

（2）注意本章中通用零件所在的品目及所包括的商品范围。

本章包括的通用零件范围及所在品目如下：贱金属制的锁、带锁的扣环及扣环框架、钥匙（品目83.01）；用于家具等的贱金属附件及架座，贱金属制帽架、帽钩、托架及类似品，贱金属作支架的小脚轮，贱金属制的自动闭门器（品目83.02）；贱金属制的相框或画框及类似框架，镜子（品目83.06）；用于衣着、鞋靴等的贱金属制的扣、钩、环、眼及类似品，贱金属制管形铆钉及开口铆钉，贱金属制的珠子及亮晶片（品目83.08）；贱金属制的标志牌、铭牌、地名牌及类似品（品目83.10）。

（3）子目8301.3000“家具用锁”不仅包括家庭用的家具锁，而且还包括办公室用的家具锁。

（4）贱金属制的落地式档案柜、卡片索引柜等，应归入第94章。

4. 部分商品归类辨析

（1）本章所列物品的贱金属零件的归类

根据本章章注一，本章所列物品的贱金属零件应与制品归入同一品目，但以下除外：

①第十五类注释二所述的通用零件，应归入贱金属材料所在章（第73章~第81章）的相应品目（例如，螺钉、弹簧等）或第83章的相应品目（例如，保险柜用锁，应归入品目83.01，而不是品目83.03）；

②其他章具体列名的零件，应按列名品目归类。

（2）贱金属制的标志牌、铭牌、地名牌及类似品的归类

①载有基本内容的贱金属制的标志牌、铭牌、地名牌及类似品，归入品目83.10。

②没有字母、号码或图案的牌子或仅有一些次要内容而主要内容须日后填入的，应按材料归类。

③装有固定光源的发光标志、发光铭牌或类似品，应归入品目94.05。

（3）焊料的归类

①未以焊剂涂面或未以焊剂为芯的贱金属丝、条、管、板、电极等，应按材料归类。

②焊料（焊剂除外）由按重量计任何一种贵金属含量在2%及以上的合金构成的带芯焊丝及焊条，应归入第71章。

③其他以焊剂涂面或以焊剂作芯的贱金属丝、条、管、板、电极等，应归入品目83.11。

本篇小结

本篇简单介绍了珠宝、金属类商品的分布情况，其所在类、章之间的联系与区别；详细介绍了其所在类（第十四类、第十五类）、各章（第71章~第83章）的商品范围及结构、部分商品知识及部分品目；重点讲解了金属类商品所涉及的归类原则（主要包括金属合金的归类、钢材的归类、贱金属工具的归类、通用零件的归类）及各章归类应注意的事项；同时也对一些相似货品作了区分。通过本篇的学习应重点掌握仿首饰的范围及归类、钢材及国际贸易中常见钢铁制品的归类、通用零件的范围。

第 15 篇

机电类商品的归类

（第十六类）

学习目标 ◁

通过本篇的学习，学生应了解机电类商品的分布情况，其所在类各章之间的联系与区别；熟悉机电类商品所在章（第 84 章和第 85 章）的商品范围及结构，了解必要的机电行业商品知识，熟悉相关的注释；掌握机电类商品的归类要点。引导学生弘扬工匠精神，积极探索机电类商品的归类规则与方法，遇到疑难商品不退缩，积极探讨，加强团队协作，能正确运用归类依据对机电类商品进行准确归类。引导学生树立守法、诚信意识，践行社会主义核心价值观，遵守进出口商品归类有关的法律法规，规范进出口商品归类操作，如实申报进出口商品的税则号列。

教学重点和难点 ◁

第 84 章和第 85 章的编排规律，机电商品零件的归类原则，相似机电商品的区分及归类。

15.1　机电类商品归类概述

1.机电类商品的分布情况

机电类商品分布于第十六类，包括各种用机械及电气方式操作的机器、装置、器具、设备及其零件，同时也包括某些既不用机械方式，也不用电气方式进行操作的装置和设备（例如，锅炉、过滤装置等）及其零件。

第十六类共有两章（第84章和第85章），其排列结构为：

{机器、机械器具、某些非机械设备及其零件（第84章）
电气设备、具体列名的某些机器及其零件（第85章）

2.第十六类涉及的归类原则

（1）机器零件（单独进出口的非成套散件）的归类原则

根据本类类注二的规定，本类机器零件（单独进出口的非成套散件）按以下规则归类：

首先，判断是否属于按材料归类的零件，如果是则归入材料所在章。例如，贱金属制的通用零件应归入第十五类，纺织材料制的传送带应归入第59章，硫化橡胶制零件应归入第40章等。

其次，判断是否属于第84章、第85章及其他章具体列名的零件，如果是则归入具体列名的品目。例如，龙头、阀门（品目84.81），滚珠轴承（品目84.82），电容器（品目85.32），二极管（品目85.41），转数计（品目90.29）。

再次，判断是否属于专用于或主要用于本类各章所列某一种机器或同一品目项下的多种机器或器具的零件，如果属于则归入相应机器或器具所在的品目下的零件子目或酌情归入品目84.09、84.31、84.48、84.66、84.73、85.03、85.22、85.29或85.38。但能同时主要用于品目85.17和品目85.25、85.28所列机器的零件，应归入品目85.17；专用于或主要用于品目85.24所列货品的零件应归入品目85.29。

从次，判断是否属于专用于或主要用于本类各章所列某一组品目项下的多种机器或器具的零件，如果属于则归入为这组机器或器具单独设置的零件品目。例如，织机用梭子应归入为品目84.44～84.47所列机器的零件单设的品目84.48。

最后，将不能归入上述各品目的本类非电气的零件、附件归入品目84.87；电气的零件、附件归入品目85.48。

例1：用于半导体收音机的微调电容器。

解析：该货品看起来可以按“收音机的零件”归入品目85.29，又可以按“微调电容器”归入品目85.32，根据第十六类类注二，机器零件凡在第85章品目列名的应按列名品目归类，所以按“微调电容器”归入品目85.32。

（2）多功能机器或组合机器的归类原则

①多功能机器或组合机器的概念

多功能机器是指具有两种及两种以上互补或交替功能的机器，例如，利用可互换工具进行多种机械加工（如铣削、镗削等）的金属加工机床。

组合机器是由两台或多台不同类型的机器或器具组成的一个整体设备，各台机器可同时或序贯执行各自的功能，这些功能通常是互补的，不同的功能通常列在第十六类的不同品目中，例如，配有托纸辅助机器的印刷机器。

组合机器是个“整体”，运用“组合机器”概念进行归类应注意以下两点：

A.各种不同的机器组合的组合式机器必须是一台机器装在另一台机器的内部或上面，或者两者装在同一个底座、支架之上或同一个机壳之内，否则不能视作组合机器。

B.一组机器中的各种机器必须永久性连在一起使用，或装在同一个底座、支架上或同一个机壳里，而且这个底座不包括地板、墙壁和天花板；否则不能视作组合机器。临时组合使用或通常在结构上不视为“组合机器”的组合体，也不能视作组合机器。

②多功能机器或组合机器的归类

根据本类类注三的规定，多功能机器或组合机器，除品目条文另有规定外，应按具有主要功能的机器归类。

当不能确定多功能机器、组合机器的主要功能，且类注、章注、品目条文未明确其归类时，应运用归类总规则三（三），即从后原则进行归类。

例2：配有包装设备的香烟制造机器。

解析：该机器是一种组合机器，具有包装及制造功能，其主要功能是制造，所以按香烟制造机器归入品目84.78。

（3）功能机组的归类原则

功能机组是指由具有不同功能的机器（包括机组部件）结合在一起，构成一个新的功能机器，在使用时这些机器或部件不论是否分开或由管道、传动装置、电缆或其他装置连接。

根据本类类注四的规定，功能机组如果组合后明显具有第84章或第85章某个品目所列的一种功能时，则全部机器应按其功能归入有关品目。功能机组举例如下：

①液压系统，由液压动力装置（主要由液压泵、电动机、控制阀及油箱组成）、液压缸及连接液压缸和液压动力装置所需的管道构成（品目84.12）。

②冷藏设备，其各个构成部件并不组装成整体，而是由管道连接起来，冷却剂在管道中循环流动（品目84.18）。

③灌溉系统，包括由过滤器、喷射器、计量阀等组成的控制站、地下分布支管及地面网络（品目84.24）。

④挤奶机器，所配有的各个独立部件（真空泵、脉动器、奶头吸杯及奶桶）是由软管或管道加以连接的（品目84.34）。

⑤酿酒机器，主要包括催芽机、麦芽压碎机、麦芽浆桶、滤酒桶（品目84.38）。但辅助机器（例如，装瓶机、标签印刷机）不应归入品目84.38，而应归入其他相应品目。

⑥信件分拣系统，主要由编码台、预分拣信道、中间分拣机及最终分拣机组成。整套设备是由一台自动数据处理机控制（品目84.72）。

⑦沥青拌和设备，由各自独立的加料斗、输送装置、干燥器、振动筛、混合机、贮料箱及操纵装置并排配置而成（品目84.74）。

⑧组装电灯泡用的机器。这种设备的各个部件是利用输送装置加以连接，并配有玻璃的热处理设备、泵及灯泡检测装置（品目84.75）。

⑨焊接设备，由焊头或焊钳组成，配有变压器、发电机或整流器，用以供电（品目85.15）。

⑩配有电源、放大器等的无线电发射机（品目85.25）。

⑪配有手提话筒的手提式无线电话发送设备（品目85.25）。

⑫配有电源、放大器等的雷达设备（品目85.26）。

⑬由一台接收机、一个抛物面天线反射盘、一个天线反射盘用的控制旋转器、一个喇叭天线（波导器）、一个偏振器、一个低噪声广播信号接收（LNB）降频转换器及一个红外遥控器组成的卫星电视接收系统（品目85.28）。

⑭由红外线灯、光电池及警铃等组成的防盗报警器（品目85.31）。

15.2 第84章 核反应堆、锅炉、机器、机械器具及其零件

1.本章商品范围及结构

本章商品主要包括机器及机械器具（即使是用电的）、某些非机械设备

（例如，蒸汽发生锅炉及其辅助设备，以及过滤装置）及其零件。除了第十六类类注一所述不包括的材料外，本章还不包括第68章的石磨、石碾及其他物品；用陶瓷材料制的机器或器具及零件（第69章）；实验室用玻璃器及玻璃制的机器、器具及其零件（第70章）。

本章共86个品目（本章无品目84.69），其排列结构如下：

- 核反应堆、核反应堆的未辐照燃料元件及同位素分离机器和装置（品目84.01）
- 主要根据其功能列名的机器及装置（品目84.02～84.24）
- 主要根据其所应用的产业部门列名的机器及装置（品目84.25～84.78）
- 不能归入本章前述任一品目的、具有独立功能的机器及机械器具（品目84.79）
- 金属铸造用的型箱及阳模、模制某些材料用的模具（锭模除外）（品目84.80）
- 某些可作为本类机器或其他章货品零件使用的通用货品（品目84.81～84.84）
- 增材制造设备（品目84.85）
- 制造半导体器件、集成电路的机器及本章章注十一（三）规定的机器（品目84.86）
- 其他品目未列名的非电气零件（品目84.87）

2.本章所涉及的商品知识

（1）过热水锅炉（品目84.02）

这类锅炉中的水受到高压作用，可加热到远远超过其正常蒸发点的温度（一般可以达到180℃及以上）。一般用于远距离向工厂供热或者向大批建筑群或地区的供暖系统供热。

（2）其他水解气体发生器（品目84.05）

这类发生器主要包括氧气发生器（如潜艇上用的氧气发生器）及乙烯发生器（如基于水作用于某些化学品的原理进行工作的乙烯发生器）。

（3）汽轮机（品目84.06）

汽轮机是由膨胀蒸汽作用于叶片而产生动能驱动的动力装置。

（4）点燃往复式或旋转式活塞内燃发动机（品目84.07）

这类内燃机一般由下列零件组成：气缸、活塞、连杆、曲轴、飞轮、进气阀及排气阀等。它们是利用易燃气体在气缸内燃烧时所产生的膨胀力进行工作的。

（5）压燃式活塞内燃发动机（品目84.08）

这类内燃机的机械结构与点燃活塞式内燃机相似，其主要部件也相同，其不同之处在于这种内燃机先将空气（有时是空气与可燃气的混合气体）送进气缸，迅速压缩，然后将雾化液体燃料喷入燃烧室内，由缸内因压缩所产生的高温自动点燃，其压缩力比点燃式内燃机的大得多。

（6）热泵（品目84.18）

热泵是一种用以从适当热源（主要是地下水或地表水、泥土或空气）中吸热，再借助于辅助能源（如电力）将其转换成温度更高的热源的装置。热泵有压缩式及吸收式两种类型。

（7）砑光机及其他滚压机器（品目84.20）

这类机器主要由两个或多个平行的滚筒或轧辊组成，这些滚筒或轧辊旋转时，其表面较为紧密地相接触，完成对材料的轧薄；压平、上光、磨光、抛光、压花；施料、表面涂料；织物黏合等加工。

砑光机在不同的行业中具有不同的名称，例如，洗衣业中称烫平机，纺织工业中称整理轧布机，造纸工业中称高度砑光机等。

（8）地中衡（品目84.23）

地中衡是指一种可将汽车、马车等和所载货物一同称重的杠杆秤。

（9）轨道衡（品目84.23）

轨道衡是称量铁路货车载重的衡器，分为静态轨道衡、动态轨道衡和轻型轨道衡3种，广泛用于工厂、矿山、冶金、外贸和铁路部门对货车散装货物的称量。

（10）全自动洗衣机（子目8450.11）

全自动洗衣机是指在设定有关程序后，无须人工干预即可自动进行洗涤、漂清和甩干的洗衣机。

（11）转炉（品目84.54）

转炉是用于吹炼或精炼金属（如将铁炼成钢，熔炼铜、镍锍、方铅矿等）的装置。它通过对熔炉内已熔化或增至高温的材料吹入强空气流或氧气流，将大部分碳或锰、硅及磷等杂质氧化成气体或成为熔渣，并加以排除。

（12）浇包（品目84.54）

浇包是一种用以盛接熔炉内的熔融金属，并将其倒入转炉或铸模的装置。

（13）锭模（品目84.54）

锭模是一种用以将熔融金属暂时铸成锭、生铁块、板坯等的装置。

（14）**分度头**（**品目84.66**）

分度头是一种用卡盘或用顶尖和拨盘夹持工件并使之回转和分度定位的机床附件。分度头主要用于铣床，也常用于钻床和平面磨床，还可放置在平台上供钳工画线用。分度头主要有通用分度头和光学分度头两类。

（15）**手提式动力工具**（**品目84.67**）

手提式动力工具是指装有气动机、内燃机或其他非电动的动力机用手提着进行操作的工具，该类工具不得配有：

①底座或支架以便于安装在地板、工作台、墙壁或者另一台机器上；

②可在导轨上滑行的装置。

（16）**离合器**（**品目84.83**）

离合器是指用以随意连接或切断传动的装置，包括摩擦离合器、犬牙式（爪形）离合器、自动离合器、压缩空气离合器、液压离合器等，但电磁离合器应归入品目85.05。

（17）**联轴器**（**品目84.83**）

联轴器是用来连接不同机构中的两根轴（主动轴和从动轴）使之共同旋转以传递扭矩的机械零件。常用联轴器有膜片联轴器、鼓形齿式联轴器、万向联轴器、安全联轴器、弹性联轴器及蛇形弹簧联轴器。

（18）**万向节**（**品目84.83**）

万向节指的是利用球型连接实现不同轴的动力传送的机械结构。它是汽车上一个很重要的部件。万向节与传动轴组合，称为“万向节传动装置”。

3.本章部分品目介绍

（1）**品目84.12**

本品目包括除蒸汽机、点燃及压燃活塞式内燃机、水轮机、水轮、涡轮喷气发动机、涡轮螺桨发动机或其他燃气轮机以外的其他非电动发动机及动力装置。主要包括喷气发动机（涡轮喷气发动机除外）、气压发动机及动力装置、风力发动机（风车）、发条或重力原动机、某些液力发动机及原动机，以及某些蒸汽动力装置等。

（2）**品目84.19**

利用温度变化处理材料的机器设备一般归入品目84.19，但不包括催芽装置、孵卵器或育雏器（品目84.36）；谷物调湿机（品目84.37）；萃取糖汁的浸提装置（品目84.38）；纱线、织物及纺织制品的热处理机器（品目84.51）；温度变化（即使必不可少）仅作为辅助功能的机器设备。

品目条文用分号将货品分成两组，分号前必须是非家用的，不论是否电热；分号后必须是非电热的，不论是否家用。

（3）**品目84.43**

本品目包括以下3组货品：

①使用品目84.42所列的印刷用版、滚筒及其他部件进行印刷的机器，主要包括：轮转式印刷机（例如，卷纸进料式或平张纸进料式印刷机等），可将一系列后处理装置与印刷装置装在一起的机器，以便在一次连续操作中，将单纯的卷纸制成复杂的制品（例如，纸盒、包装、标签、火车票）；特种印刷机（例如，印刷锡箔盒子用的机器）；还包括用以在织物、壁纸、包装纸、橡胶、塑料板（片）、油漆布、皮革等上面印刷图案、重复文字的机器。

②从各种来源（例如，自动数据处理设备、平台式扫描仪、网络）接收数据，大多数都装有用以储存打印数据的存储器；可通过诸如激光、喷墨、点阵或热敏打印等方法印制字符或图像的印刷机器。主要包括：第一组货品以外的其他印刷（打印）机、复印机及传真机（包括组合式），例如，喷墨印刷（打印）机；单独报验，用以与《协调制度》的其他产品联合或连接使用的打印机（例如，品目84.70现金出纳机的收据打印机）；感光复印机；应用化学乳剂涂布层的复印设备；传真机；具备打印、复印或传真中两种及以上功能的机器，可与自动数据处理设备或网络连接（多功能机器）。

③上述机器的零件及附件。

本品目不包括：胶版复印机、油印机及地址印写机（品目84.72）；用于将文件缩制在缩微胶卷、缩微胶片或其他缩微品上的照相机（品目90.06）；品目96.11的手工标签压印器等。

（4）**品目84.79**

①本品目仅限于同时符合下列3个条件的具有独立功能的机器：

A.任何类或章注释中均未规定的不包括在第84章内的机器；

B.未更为具体地列入《协调制度》其他各章的某一品目内的机器；

C.由于功能、品名、种类，用途或所适用的行业，以及可同时归入两个或多个其他品目等原因，不能归入本章其他品目的机器。

②归入本品目的机器种类繁多，主要包括以下3组货品：

A.通用机器。主要有：非某种工业（或某种货物）专用的装有机械装置（搅拌器等）的大桶或其他容器（如电解用的大桶或槽），压力机、破碎机、磨粉机、混合机等，容量分配装置（如机械加料斗），以及机械布料器；适于铆接各种材料（如纺织品、纸板、塑料及皮革等）的空心（管形）铆钉铆接机器，以及适于用U形钉接合纺织品、橡胶及其他材料制的机器皮带两端用的机器；电动震抖装置；电磁振动机；通用的工业机器人（具有某种特定功能的工业机器人除外，应按功能归类）。

B.某种工业用的机器。主要包括：油类、制皂或食用油脂工业用的机器；用柳条、塑料等进行编织篮筐等的机器；制造刷子的机器；公共工程用机器，不包括灰浆及混凝土的搅拌机（品目84.74或品目87.05）；处理金属、木材或类似材料用的机器；用纺织纱线、金属丝或两者并用制绳或制缆的机器。

C.杂项机器。主要包括：空气增湿机或减湿机，发动机启动器（机械式、液压式或气压式等），泵式自动加润滑脂机，电焊条涂层机，螺栓安装及拆除机，对羽毛褥垫进行洗涤、冲刷、除尘的机器，装填鸭绒被褥或褥垫的机器，卷绕软缆或软管的机器（例如，用于卷绕纺织材料或金属制的缆、绳、电缆或铅管），配有机械装置的潜水箱或金属潜水衣等，船舶驾驶及操舵设备（船舵及自动的除外），飞机、船舶及各种车辆用的电气、液压或气动式风挡刮水器（自行车或机动车辆用的除外），水下喷焊器，自动擦鞋机，工业用地板擦光器，蒸发式空气冷却器，旅客登机（船）桥等。

本品目不包括组装半导体用的封装机器及品目84.86的所有货品。

（5）品目84.86

本品目包括专用于或主要用于制造半导体单晶柱或晶圆、半导体器件、集成电路或平板显示器的机器及装置。主要包括以下5组货品：

①制造单晶柱或晶圆用的机器及装置，例如，对晶圆表面进行氧化处理的氧化炉及对晶圆进行掺杂处理的扩散炉。

②制造半导体器件或集成电路用的机器及装置，例如，在晶圆表面形成各种薄膜的成膜设备。

③制造平板显示器用的机器及装置，包括将基片制成平板的机器，例如，蚀刻、显影、去膜或清洁用的装置，掺杂用离子注入机等。

④本章章注十一（三）规定的机器及装置，主要包括专用于或主要用于下列用途的机器及装置：

A.制造或修补掩膜版及刻线（例如，修复掩膜版及投影掩膜版用的离子研磨机器）；

B.组装半导体器件或集成电路（例如，通过挤压芯片外围塑料材料制造芯片塑料外壳用的挤压机）；

C.升降、搬运或装卸单晶柱、晶圆、半导体器件、集成电路及平板显示器（例如，用于输送、搬运及储存半导体晶圆、晶圆匣、晶圆盒及其他半导体器件用物料的物料自动搬运机器）。

⑤专用于或主要用于本品目所列机器及装置的工件或工具夹具及其他专用配件。

本品目不包括计量、检验、检查、化学分析等用的机器及装置（第90章），将印刷电路板或其他电子元件装配在平板上的机器（品目84.79）。

4. 本章商品归类应注意事项

（1）除本类类注一所述的按材料不归入本章的货品以外，本章还不包括石磨等第68章的制品，陶瓷制的机器、器具及其零件（第69章），玻璃制的机器、器具及其零件（第70章）。

（2）品目84.71不包括单独报验的下列设备，即使它们符合自动数据处理系统部件的规定：

①打印机、复印机、传真机，不论是否组合式；

②发送或接收声音、图像或其他数据的设备，包括无线或有线网络（如局域网或广域网）通信设备；

③扬声器及传声器（麦克风）；

④电视摄像机、数字照相机及视频摄录一体机；

⑤监视器及投影机，未装有电视接收装置。

（3）品目84.23包括各种衡器，但感量为50毫克或更精密的天平，应归入品目90.16。

（4）叉车等装有升降或搬运装置的工作车，是一种自推进式机器，应归入品目84.27，而不能作为机动车辆归入第87章。

（5）最大直径及最小直径与标称直径相差均不超过1%或0.05毫米（以相差数值较小的为准）的抛光钢珠，应归入品目84.82，其他钢珠应归入品目73.26。

5. 归类原则

（1）品目84.86优先归类。

根据本章章注十一（四）的规定，除本类类注一及本章章注一另有规定以外，符合品目84.86规定的设备及装置，应归入该品目而不归入其他品目。品目84.86包括专用于或主要用于制造半导体单晶柱或晶圆、半导体器件、集成电路或平板显示器的机器及装置；本章章注十一（三）规定的机器及装置。

例1： IC芯片塑封机。

解析： IC芯片塑封机是集成电路的封装设备，看起来可以归入品目84.22，又可以归入品目84.86，因为品目84.86是优先归类的品目，所以先归入品目84.86，进而归入子目8486.4021。

（2）既能按功能归入品目84.01～84.24中的某个品目，又能按行业归入品目84.25～84.80中的某个品目的机器或器具的归类。

根据本章章注二的规定，既能按功能归入品目84.01～84.24中的某个品目，又能按行业归入品目84.25～84.80中的某个品目的机器或器具，应按功能归入品目84.01～84.24中的某个品目，而不按行业归入品目84.25～84.80中的某个品目。但品目84.19不包括：催芽装置、孵卵器或育雏器（品目84.36），谷物调湿机（品目84.37），萃取糖汁的浸提装置（品目84.38），纱线、织物及纺织制品的热处理机器（品目84.51），温度变化（即使必不可少）仅作为辅助功能的机器设备。品目84.22不包括：缝合袋子及其类似品用的缝纫机（品目84.52）、品目84.72的办公室用机器（如信件装封机）。品目84.24不包括：喷墨印刷（打印）机器（品目84.43）和水射流切割机（品目84.56）。

例2： 用于纺织工业的整理轧布机。

解析： 整理轧布机是由多个平行滚筒组成的，对织物进行轧压使其表面变得光滑的滚压机器。看起来既可按滚压机器归入品目84.20，又可按纺织工业的挤压、整理机器归入品目84.51。根据本章章注二的规定，该货品应按功能归入品目84.20，进而归入子目8420.1000。

例3： 装有热力装置的催芽设备。

解析： 装有热力装置的催芽设备既可按利用温度变化处理材料的机器归入品目84.19，又可按农业行业机器归入品目84.36。因为本章章注二的优先规定似乎应归入品目84.19，但该注释明确规定品目84.19不包括催芽设备，所以应归入品目84.36。在品目84.36下未列名，进而归入子目8436.8000。

（3）品目84.56优先于品目84.57～84.61、84.64或84.65。

根据本章章注三的规定，用于加工各种材料的某种机床既符合品目84.56的规定，又符合品目84.57~84.61、品目84.64或84.65的规定，则应归入品目84.56。

例4： 数控放电加工机床（切削矿物材料）。

解析：该机床既符合品目84.56的规定，又符合品目84.64的规定，根据本章章注三的规定，应优先归入品目84.56。

（4）品目84.85优先归类。

品目84.85是2022年新增品目，其所称“增材制造”（也称“3D打印”）是指以数字模型为基础，将介质材料（例如，金属、塑料或陶瓷）通过连续添加、堆叠、凝结和固化形成物体。

除第十六类注释一及第八十四章注释一另有规定的以外，商品若符合品目84.85规定的设备，应归入该品目而不归入《协调制度》的其他品目。

例5：手持式打印笔。

解析：该设备的工作原理为挤出加热过的丙烯腈-丁二烯-苯乙烯或聚乳酸塑料丝，被挤出的塑料几乎立即冷却成固体结构，从而可以手工创作成三维物体，塑料丝在笔体内经加热后通过前端的喷嘴挤出。2022年以前是归在子目8477.80项下（商品归类决定编号：W2020-60），现根据品目84.85注释的描述，本品目包括各种类型的增材制造设备，例如，材料挤出成形机。这种机器在挤出头中加热融化丝材，通过挤出头在垂直和水平方向上的运动，实现熔融材料的沉积，然后硬化成形，以及根据第84章章注十，该手持式打印笔应归入品目84.85，然后按“用塑料或橡胶材料的”归入子目8485.2000。

（5）具有一种以上用途的机器的归类。

具有一种以上用途的机器，其主要用途可作为唯一的用途对待。除本章注释二、第十六类注释三另有规定的以外，凡任何品目都未列名其主要用途的机器，以及没有哪一种用途是主要用途的机器，均应归入品目84.79。

6.部分商品归类辨析

（1）发动机的归类

- 电动发动机（简称“电动机”），归入品目85.01
- 非电动发动机
  - 汽轮机，归入品目84.06
  - 点燃往复式或旋转式活塞内燃发动机，归入品目84.07
  - 压燃式活塞内燃发动机，归入品目84.08
  - 水轮机，归入品目84.10
  - 涡轮喷气发动机及其他燃气轮机，归入品目84.11
  - 其他非电动发动机，归入品目84.12

（2）干燥机的归类

- 实验室用干燥机，归入品目84.19
- 离心干燥机，归入品目84.21
- 容器的干燥机，归入品目84.22
- 洗涤干燥两用机（家用型或洗衣房用），归入品目84.50
- 纺织业用干燥机，归入品目84.51

（3）天平及砝码的归类

- 感量为50毫克或更精密的天平，归入品目90.16
- 其他天平，归入品目84.23
- 单独报验的砝码（不论何种天平用），归入品目84.23
- 与天平一同报验的砝码，按天平一并归类

（4）印刷机器、打印机、复印机、传真机的归类

- 传统印刷机器（采用品目84.42的印版进行印刷的机器），归入子目8443.1
- 其他
  - 可与自动数据处理设备或网络相连的
    - 具有多功能，归入子目8443.31
    - 具有单功能，归入子目8443.32
  - 不可与自动数据处理设备或网络相连的，归入子目8443.39

（5）加工机床的归类

- 加工半导体器件、集成电路或平板显示器的机床，归入品目84.86
- 用激光、超声波、放电、离子束等处理各种材料的加工机床，归入品目84.56
- 其他
  - 金属加工
    - 切削机床
      - 加工中心、组合机床，归入品目84.57
      - 车床，归入品目84.58
      - 钻、镗、铣、攻丝机床，归入品目84.59
      - 研磨、抛光或其他精加工机床，归入品目84.60
      - 其他品目未列名的切削机床，归入品目84.61
    - 压力机床，归入品目84.62
    - 其他非切削加工机床，归入品目84.63
  - 非金属加工
    - 矿物质加工机床及玻璃的冷加工机床，归入品目84.64
    - 木材等其他硬质材料的加工机床，归入品目84.65

（6）本章“手提式工具”与第82章“手工工具”的区别

本章品目84.67的“手提式工具”是以气动、液压、电动等为动力的手提式动力工具；而第82章“手工工具”是无动力装置的，例如，铁铲归入品目82.01。

（7）**电子计算器与电子计算机的区别**

电子计算器和电子计算机一样都能够实现数据的录入、处理、存储和输出，但电子计算器不能自动地实现这些操作，必须由人来完成；而电子计算机通过编制程序能够自动进行处理。如果以自动化程度来区别二者，就要看是否需要人工干预其运行。

二者还有一个本质区别：计算器使用的是固化的处理程序，只能完成特定的计算任务；而计算机借助操作系统平台和各类应用软、硬件，可以无限扩展其应用领域。也就是说，是否具有扩展性是二者的另一本质区别。

因此，电子计算器按计算机器归入品目84.70；而电子计算机则按自动数据处理设备归入品目84.71。

（8）**模具的归类**

帽模，归入品目84.49
金属拉拔或挤压用模具，归入品目82.07
金属锻造用锭模，归入品目84.54
阳模，金属、玻璃、矿物材料、橡胶或塑料用型模，归入品目84.80

（9）**传动设备的归类**

专用于或主要用于汽车或飞机上的传动设备（例如，传动轴、离合器等）应归入第十七类；专用于发动机（包括第十七类的汽车或飞机上的发动机）上的传动设备及非汽车或飞机上的传动设备（例如，专用于船舶的传动设备）应归入品目84.83，但电磁离合器、电磁联轴节应归入品目85.05。

15.3　第85章　电机、电气设备及其零件；录音机及放声机、电视图像、声音的录制和重放设备及其零件、附件

1.本章商品范围及结构

本章商品主要包括电机、电气设备及其零件，但第84章所列的机器及器具（即使是电气的），以及从整体上看不归入第十六类的某些货品除外（如电热毯）。除此之外，本章还包括电磁铁、电磁铁工件夹具、电磁离合器等。在材料上本章与第84章有所不同，可以由陶瓷材料或玻璃制成，但品目70.11所列的玻璃外壳（包括玻璃泡及玻璃管）除外。

本章共有48个品目（本章无品目85.20），其排列结构如下：

发电、变电的设备及装置（品目85.01～85.04）
电磁铁、电磁铁工件夹具、电磁离合器及制动器、电磁起重吸盘（品目85.05）
蓄电设备及装置（包括原电池和蓄电池）（品目85.06～85.07）
某些电动器具（例如，真空吸尘器、家用电动器具）（品目85.08～85.10）
利用电的光效应、热效应工作的设备及装置（品目85.11～85.16）
电话机等发送、接收声音、图像或其他数据用的通信设备（品目85.17）
传声器、音频扩大器、声音及视频信号录制或重放设备（品目85.18～85.22）
信息的记录媒体（例如，光盘、磁带等）（品目85.23）
平板显示模组（品目85.24）
无线电广播、电视发送及接收设备、无线电遥控设备（品目85.25～85.29）
电气音响或视觉信号装置（品目85.30～85.31）
电子元器件（品目85.32～85.42）
本章其他品目未列名的具有独立功能的电气设备及装置（品目85.43）
绝缘电导体、石墨或炭精的电气制品、绝缘子及绝缘零件（品目85.44～85.47）
机器或设备的本章其他品目未列名的电气零件（品目85.48）
电子电气废弃物及碎料（品目85.49）

2.本章所涉及的商品知识

（1）电动机（品目85.01）

电动机是把电能转换成机械能的机器，可分为旋转电动机与直线电动机两大类。

（2）发电机（品目85.01）

发电机是利用各种能源（例如，机械能、太阳能等）产生电力的机器，可分为直流发电机与交流发电机两大类。

（3）发电机组（品目85.02）

发电机组是指由发电机与除电动机以外的任何原动机（例如，水轮机、汽轮机、风力机、往复式蒸汽机、内燃机）所组成的机器。

（4）静止式变流器（品目85.04）

静止式变流器是用于变换电能，以便进一步利用的装置，包括整流器（用于把交流电变成直流电，通常电压也随之改变）、逆变器（用于把直流电变成交流电）、交流电变换器及变频器（用于改变交流电的频率或电压）、直流电变换器（用于改变直流电的电压）。

（5）手提式电灯（品目85.13）

手提式电灯仅指使用时握在手中或随身携带的电灯，这类电灯一般带有把柄或紧固器件，并可从其特有的外形及较轻的重量中加以确认。

（6）**加热电阻器**（品目85.16）

加热电阻器是通电时可发出高热的条、棒、板或线段（一般绕成线圈）等，用特殊材料制成，所用的材料多种多样（如特种合金、以碳化硅为主的合成材料等）。加热电阻器也可以是印制的单个元件。

（7）**光端机**（品目85.17）

光端机是将光信号和电信号互相转换的一种光通信设备，它的作用主要就是实现电—光和光—电转换。

（8）**调制解调器**（品目85.17）

调制解调器英文简称Modem，昵称“猫”，是在发送端通过调制将数字信号转换为模拟信号，而在接收端通过解调再将模拟信号转换为数字信号的一种装置。

（9）**集线器**（品目85.17）

集线器是数据通信系统中一种不需任何软件支持或只需很少管理软件管理的基础设备，其主要功能是对接收到的信号进行再生、整形、放大，以扩大网络的传输距离，同时把所有节点集中在以它为中心的节点上。

（10）**路由器**（品目85.17）

路由器是互联网的主要节点设备，用于连接多个逻辑上分开的网络，具有判断网络地址和选择路径的功能，它能在多网络互联环境中，建立灵活的连接，可用完全不同的数据分组和介质访问方法连接各种子网。

（11）**网络接口卡**（品目85.17）

网络接口卡又称“通信适配器”“网络适配器”，是工作在数据链路层的网络组件，是局域网中连接计算机和传输介质的接口，不仅能实现与局域网传输介质之间的物理连接和电信号匹配，还涉及帧的发送与接收、帧的封装与拆封、介质访问控制、数据的编码与解码及数据缓存的功能等。

（12）**电气扩音机组**（品目85.18）

电气扩音机组是由传声器、声频扩大器及扬声器组成的电气扩音设备。

（13）**半导体记录媒体**（品目85.23）

半导体记录媒体是用以存储二值数据的数字部件，常见的种类主要有CF卡、SM卡、MMC卡、SD卡、XD卡、记忆棒和使用闪存芯片的U盘等。

（14）**固态、非易失性存储器件**（品目85.23）

该类存储器件是指带有接口的存储器件，其在同一壳体内包含一块或多块闪存，以集成电路的形式装配在一块印刷电路板上（如闪速存储器）。

（15）**智能卡（品目85.23）**

智能卡是指装有一块或多块集成电路（微处理器、随机存取存储器或只读存储器）芯片的卡。这些卡可带有触点、磁条或嵌入式天线，但不包含任何其他有源或无源电路元件。

（16）**数字照相机（品目85.25）**

数字照相机又称"数码相机"，是一种利用电子传感器把光学影像转换成电子数据的照相机。

（17）**视频摄录一体机（品目85.25）**

视频摄录一体机是视频摄像机和视频录制或重放装置的组合机。它可将摄像机拍摄的图像录制下来，某些视频摄录一体机还可以从电视机上将电视节目录制下来（通过外接视频调谐器），所录制的图像可通过外接电视机重放出来。

（18）**高频调谐器（子目8529.9090）**

高频调谐器又称"高频头"，是电视接收机或录像机中用来接收和处理高频电视信号的部件。一般由输入电路、高频放大器、本机振荡器和混频器等组成。

（19）**可编程序控制器（子目8537.1011）**

可编程序控制器为数字式装置，这种装置使用可编程序存储器，用于存储逻辑、顺序、计时、计数及数值运算等特定功能的执行指令，通过数字式或模拟式输入、输出组件控制各种机器。

（20）**光敏半导体器件（品目85.41）**

这类半导体在可见光线、红外线或紫外线的作用下，利用其内在光电效应，引起电阻率的变化或产生电动势。主要类型有：光电管（光敏电阻器）、光电池（包括太阳能电池、光电二极管、光电耦及光电继电器）。

（21）**发光二极管（品目85.41）**

发光二极管是一种可把电能变成可见光线、红外线或紫外线的半导体器件，例如，可在控制系统中作显示或传输数据之用。

（22）**废原电池、废原电池组及废蓄电池（品目85.49）**

该类电池是指因破损、拆解、耗尽或其他原因而不能再使用，也不能再充电的电池。

3.本章部分品目介绍

（1）**品目85.09**

本品目仅包括通常供家用的下列电动器具（装有电动机）：

①任何重量的地板打蜡机、食品研磨机及食品搅拌器，水果或蔬菜的榨汁器；

②重量不超过20千克的其他家用机器，例如，厨房废物处理器、电动牙刷、磨刀器、马铃薯削皮机等。

但本品目不包括风机、风扇或装有风扇的通风罩及循环气罩（不论是否装有过滤器）（品目84.14），离心干衣机（品目84.21），洗碟机（品目84.22），家用洗衣机（品目84.50），滚筒式或其他形式的熨烫机器（品目84.20或品目84.51），缝纫机（品目84.52），电剪子（品目84.67）或电热器具（品目85.16）。

（2）**品目85.12**

本品目包括专供自行车或机动车辆使用的电气照明或信号装置及器具。主要包括直流发电机、电池座、电池灯、各种类型的车头灯；包括装有变暗或倾斜装置的车头灯、漫射驾驶灯、防雾灯、聚光灯、警车或类似车辆用的探照灯，边灯、尾灯、停车灯、车牌照明灯，刹车灯、转向指示灯、倒车灯及类似灯，由上述某些灯装配在一个壳套内组成的组合灯，车辆内部照明灯（例如，顶灯、壁灯、踏板指示灯、门框灯及仪表板灯），发光超车信号装置，其他电气视觉信号设备（例如，挂有拖车的车辆用三角形发光装置），喇叭、汽笛及其他电气音响信号装置，风挡刮水器，除霜器及去雾器。

但不包括干电池（品目85.06）、蓄电池（品目85.07），也不包括品目85.11的直流发电机及永磁直流发电机。

（3）**品目85.17**

本品目包括通过有线网络的电流或光波，或者通过无线网络的电磁波发送或接收两地讲话或其他声音、图像或其他数据用的设备。其信号可以是模拟式的，也可以是数字式的。

本品目主要包括：

①电话机，包括有线电话机（含无绳电话机）及蜂窝网络或其他无线网络用的电话机（含蜂窝电话机、移动电话机、卫星电话机）。

②发送或接收声音、图像或其他数据用的其他通信设备，包括有线或无线网络（例如，局域网、广域网）用的通信设备，主要指基站；门口电话系统；大楼用的可视电话；除品目84.43的传真机以外的电报通信设备；电话或电报的交换设备；无线电话及无线电报的发送与接收设备（包括无线电话或无线电报用的固定设备；多语种会议上同声传译用的无线电发送

器及接收器；船舶、飞机等求救信号用的自动发送机及专用接收机；遥测信号的发送机、接收机或发送接收机；机动车辆、船舶、飞机、火车等用的无线电话设备，包括无线电话接收机；利用电池工作的便携式接收机（例如，呼叫、报警或传呼用的便携式接收机）及其他通信设备（包括调制解调器、路由器、网桥、中继器、网关等）。

本品目不包括：传真机（品目84.43）；与电话机一起使用，但不与电话机组装在一起的电话自动应答机（品目85.19）；通信卫星（品目88.02）；用于无线发送系统的类似设备（品目85.25或85.27）；单独报验的传声器与受话器（不论是否已经组成受话器）及扬声器（品目85.18）；电铃及蜂鸣器（品目85.31）等。

（4）品目85.23

本品目包括记录声音或其他信息（例如，数字数据，文本，图像、视频或其他图形数据，软件）用的各种未录制的或已录制的媒体，通常插入或放置在录制设备或阅读设备中使用，已录制的信息还可从一个媒体转至另一个媒体。报验时可以是虽已预录某些信息，但仍能记录更多信息的媒体，以及批量生产已录制媒体成品用的媒体中间品（例如，母片、带阴纹母盘、带阳纹母盘、压模用盘）。

本品目主要包括：磁性媒体（一般为磁盘、磁卡或磁带的形式）、光学媒体（一般由玻璃、金属或塑料制成圆盘的形式，通过激光束读取储存在圆盘上的数据）、半导体媒体（含有一个或多个集成电路，主要包括从外部数据源记录数据的固态、非易失性数据存储器件，也称为“闪存卡”“电子闪存卡”“智能卡”，也包括“邻近卡或牌”）、唱片等。

本品目不包括：将数据记录到媒体上或从媒体上检索数据的装置，准备制作但尚未制成声音或其他信息记录媒体的物品，某些电子存储模块如双列直插式内存模块，游戏机用卡带（品目95.04）等。

（5）品目85.31

除自行车或机动车辆所用信号装置（品目85.12）及道路、铁道等的交通管理信号设备（品目85.30）以外，本品目包括所有其他电气信号装置，不论其是以音响（例如，电铃、电蜂音器、电笛等）或是使用视觉显示（例如，灯、发光号码等）发出信号；还是以人工（例如，门铃）或自动方式操作（例如，防盗报警器）。

本品目主要包括：

①电铃、电蜂音器、电门钟等。

②电气音响信号装置、喇叭、电笛等，其声响由电气操作的振簧或旋转圆盘运动时发出。这类装置包括工厂用的电笛、空袭警报器、船用电笛等。

③其他电气信号装置（例如，闪烁信号灯、间歇信号灯等），用于飞机、船舶、火车或其他运输工具（品目85.12的自行车或机动车辆用的电气信号装置除外），但不包括品目85.26的无线电或雷达装置。

④显示板及类似物品。这类物品适于在办公室、旅馆及工厂等场所使用，用以呼唤工作人员，指示何处需要某人或某项服务，显示房间是否空余。这类物品包括：房间显示器，号码显示器，办公室显示器，电梯显示器，船舶机舱传令装置，车站显示板，赛马场、足球场、滚木球场等用的显示器。

⑤防盗报警器。

⑥防火报警器。

⑦电气气体报警器，当有毒气态混合物（例如，天然气、甲烷）存在时，可发出警报。

⑧火焰报警器（火焰探测器），它装有光电管，当火焰点燃或熄灭时，光电管可通过继电器引起警报。

（6）品目85.43

本品目包括不能归入本章其他品目，也没有在其他各章品目具体列名的，具有独立功能的电气器具、装置及其专用零件。本品目大部分器具是电气产品或零件（电子管、变压器、电容器、扼流圈、电阻器等）的组合装置，完全用电气操作，但也包括带有附属机械性能的电气产品。

本品目主要包括：

①粒子加速器，一种可使带电粒子（电子、质子等）获得高动能的装置。

②信号发生器，一种以可分配频率（例如，高频、低频）产生已知波形与量值等电信号的装置。这些装置主要包括脉冲发生器、图形发生器、扫描发生器。

③金属探测器，这种装置利用接近金属物体时产生的磁通量变化进行工作。类似的探测器可用于探测装有烟草、食品的木桶及木料中的金属异物，并可用于探测埋在地下的管道。

④降低噪声装置。

⑤配有电阻器的除霜器及去雾器，用于飞机、船舶、火车或其他车辆

（脚踏车或机动车辆用的除外）。

⑥矿用电雷管，由一个手提发电机（直流发电机）及一个电容器组成。

⑦高频或中频放大器（包括测量放大器及天线放大器）。

⑧电镀、电解或电泳机器及装置（品目90.27的电泳仪除外）。

⑨一般工业用的紫外线辐照设备。

⑩用于非医疗方面的臭氧发生及扩散电气装置。

⑪电子音乐组件，这类组件通常由一块电子集成电路、一个电阻器、一个扬声器及一个汞电池构成，带有编制好的音乐程序，用于装在各种日常用品或其他货品上，例如装在手表、杯子及贺卡上。

⑫电视机、视频录像机或其他电器设备的遥控器用无绳红外线器件。

⑬电篱网激发器。

4.本章商品归类应注意事项

（1）本章在材料上与本类的第84章有所不同，可以由陶瓷材料或玻璃制成，但品目70.11所列的玻璃外壳（包括玻璃泡及玻璃管）除外。

（2）品目85.01~85.04不适用于品目85.11、85.12、85.40~85.42的货品。例如，内燃发动机用的发电机应归入品目85.11，而不归入品目85.01，但金属槽汞弧整流器仍归入品目85.04。

（3）品目85.15包括电气（包括电热气体）、激光、其他光、光子束、超声波、电子束、磁脉冲或等离子弧焊接机器及装置，其他焊接机器及装置应归入品目84.68。

（4）符合本章章注七所述的“平板显示模组”在归类时，优先归入品目85.24。

（5）符合本章章注十二所述的“半导体器件”“集成电路”在归类时，即使《协调制度》其他品目涉及上述物品，尤其是物品的功能，仍应优先考虑归入品目85.41、85.42，但涉及品目85.23的情况除外。

5.部分商品归类辨析

（1）电池的归类

原电池及原电池组，归入品目85.06
蓄电池，归入品目85.07
光电池，归入品目85.41
废原电池、废原电池组及废蓄电池，归入品目85.49

（2）家用电动器具的归类

家用电动器具主要归入品目85.08～85.10，但第84章以具体列名的方式包括了部分家用电动器具。其具体归类如下：

- 电扇、排气扇、抽油烟机，归入品目84.14
- 离心干衣机，归入品目84.21
- 洗碟机，归入品目84.22
- 洗衣机，归入品目84.50
- 缝纫机，归入品目84.52
- 真空吸尘器，归入品目85.08
- 电动剃须刀、电动理发推剪，归入品目85.10
- 其他家用电动器具，归入品目85.09

（3）贱金属制炉及烘箱的归类

- 非电热
  - 家用，按材料归入第十五类相应章
  - 工业或实验室用，归入品目84.17
- 电热
  - 家用，归入品目85.16
  - 工业或实验室用，归入品目85.14

（4）家用电热器具的归类

家用电热器具主要归入品目85.16，例如，电饭煲、电磁炉、电吹风等，但电暖的毯子、褥子等纺织品应归入第十一类；落地式电热家具应归入第94章。

（5）通信设备的归类

不论是有线通信设备还是无线通信设备，都归入品目85.17，但在确定子目时应区分是有线通信设备还是无线通信设备。常见的通信设备包括有线电话、蜂窝网络电话或其他无线网络电话（主要是手机），基站，电话或电报交换机，光通信设备（例如，光端机），计算机网络通信设备（例如，调制解调器、路由器等），其他发送或接收声音、图像或其他数据用的设备。

需要注意的是，无绳电话机不同于无线电话机，无绳电话机由主机和副机两部分组成，虽然主机与副机的通信属于无线方式，但其主机是与有线电话网连接的，所以仍然属于有线通信设备；而无线电话机（例如，手机）则属于无线通信设备。

另外，其他品目已列名的通信设备不要归入品目85.17，例如，传真机在品目84.43有列名，应归入品目84.43。

（6）信息记录媒体的归类

信息记录媒体（不论是否录制）都应归入品目85.23，但在确定子目时应考虑是否录制信息。目前常见的记录媒体主要包括磁性媒体、光学媒体和半导体媒体。磁性媒体常见的类型是磁带、磁盘及磁卡，光学媒体常见的类型主要是光盘，半导体媒体常见的类型有U盘、数码相机用的记忆棒、SD卡、CF卡、SM卡等。

需要注意的是，微电脑用内存条不能作为记录媒体，而应作为自动数据处理设备的零件归入品目84.73；移动硬盘不能作为记录媒体，而应作为自动数据处理设备的存储部件归入品目84.71。

（7）遥控器的归类

①有线遥控器，按适用设备的零件归类（例如，空调有线遥控器，按空调的专用零件归类）。

②无线遥控器，归入品目85.26（例如，门座式起重机专用无线遥控器）。

③红外线遥控器，归入品目85.43（例如，红外线控制彩色电视机用遥控器）。

（8）铁道、电车道、道路或内河航道、停车场、港口或机场用的信号、安全或交通管理设备的归类

铁道、电车道、道路或内河航道、停车场、港口或机场用的电气信号、安全或交通管理设备归入品目85.30，机械信号、安全或交通管理设备则归入品目86.08。

（9）石墨或其他炭精制品的归类

电器用的石墨或其他炭精制品归入品目85.45，非电器用的石墨或其他炭精制品归入品目68.15。

本篇小结

本篇简单介绍了机电类商品的分布情况，详细介绍了其所在类（第十六类）各章（第84章～第85章）的商品范围及结构、部分机电行业商品知识及部分品目，重点讲解了第84章和第85章的编排规律、机电商品零件的归类原则、相似机电商品的区分及归类。本篇包括的章是《税则》品目最多的章，因此掌握其编排规律尤为重要，因为只有掌握了编排规律才可能快速地查找商品。机电类商品是国际贸易中比较常见的商品，因此本篇内容是本教材的重点，应重点掌握。

第 16 篇

运输设备类商品的归类

（第十七类）

学习目标 ◁

通过本篇的学习，学生应了解运输设备类商品的分布情况，其所在类、各章之间的联系与区别；熟悉运输设备类商品所在章（第 86 章 ~ 第 89 章）的商品范围及结构，了解必要的运输行业商品知识，熟悉相关的注释；掌握归类要点。引导学生弘扬工匠精神，积极探索运输设备类商品的归类规则与方法，遇到疑难商品不退缩，积极探讨，加强团队协作，正确运用归类依据对运输设备类商品进行准确归类。引导学生树立守法、诚信意识，践行社会主义核心价值观，遵守进出口商品归类有关的法律法规，规范进出口商品归类操作，如实申报进出口商品的税则号列。

教学重点和难点 ◁

第 87 章的编排规律，车辆的归类，运输设备零件的归类原则，特殊车辆的含义。

16.1　运输设备类商品归类概述

1.运输设备类商品的分布情况

运输设备类商品分布于第十七类，主要包括与陆路、航空、水路有关的各种运输设备，与运输设备相关的某些具体列名货品（例如，经特殊设计、装备适于一种或多种运输方式的集装箱，机械信号设备，降落伞等），专用于或主要用于第86章～第88章所列车辆、航空器等的零件及附件。

第十七类共有4章（第86章～第89章），按照陆路→航空→水路的顺序排列：

铁道运输设备及其零件、附件（第86章）
铁道以外的陆路车辆及其零件、附件（第87章）
航天、航空设备及其零件、附件（第88章）
水路运输设备（第89章）

需要注意的是，本类前3章（第86章～第88章），既包括运输设备，也包括其专用零件及附件。但第89章只包括水路运输设备，其专用零件及附件分布在其他章。

2.第十七类涉及的归类原则

（1）本类所称“零件”及“附件”的归类原则

本类所称“零件”及“附件”，仅包括同时符合下列3个条件的零件及附件：

①必须是专用或主要用于第86章～第88章所列货品的零件及附件；

②不是本类类注二所述的不包括的货品（例如，通用零件、龙头、仪表等）；

③不是其他章列名更具体的货品（例如，橡胶轮胎、纺织地毯、后视镜等）。

对于不符合以上3个条件的零件及附件，即使确定为供本类货品使用，也不归入本类。

对于可归入本类中的两个或两个以上品目的零件及附件，应按其主要用途归入相应的品目。

（2）特殊运输工具的归类

根据本类类注四的规定，特殊运输工具应按以下规则归类：

①既可在道路上行驶又可在轨道上行驶的特殊构造的车辆，以及水陆两用机动车辆，应归入第87章的相应品目；

②可兼作地面车辆使用的特殊构造的航空器，应归入第88章的相应品目。

（3）气垫运输工具及其相关产品的归类

根据本类类注五的规定：

①气垫运输工具应按本类最相类似的运输工具归类，即在导轨上运行的气垫火车按火车归入第86章；在陆地上行驶或水陆两用的气垫车辆按车辆归入第87章；在水上航行（不论能否在海滩或浮码头登陆及能否在冰上行驶）的气垫船按船舶归入第89章。

②气垫运输工具的零件、附件，与最相类似的运输工具的零件、附件一并归类。

③气垫火车的导轨固定装置及附件应与铁路轨道固定装置及附件一并归类。气垫火车运行系统的信号、安全或交通管理设备应与铁路的信号、安全或交通管理设备一并归类。

16.2 第86章 铁道及电车道机车、车辆及其零件；铁道及电车道轨道固定装置及其零件、附件；各种机械（包括电动机械）交通信号设备

1.本章商品范围及结构

本章商品包括各种铁道或电车道用的机车、车辆及其零件，铁道或电车道轨道固定装置及配件，经特殊设计、装备适于一种或多种运输方式的集装箱，以及各种机械（包括电动机械）信号、安全或交通管理设备（包括停车场用的在内）。

本章共有9个品目，其排列顺序为：机动车辆（品目86.01～86.03）→维修或服务车辆（品目86.04）→牵引车辆（品目86.05～86.06）→机车及车辆的零件、轨道固定装置及附件、机械交通信号管理设备（品目86.07～86.08）→各种结构形式的集装箱（品目86.09）。

2.本章所涉及的商品知识

（1）铁道及电车道

本章所称的“铁道”及“电车道”，不仅指普通的钢制轨道，还指磁力悬浮轨道或混凝土轨道等类似导轨系统。

（2）铁道机车（品目86.01、86.02）

铁道机车俗称“火车头”，是牵引或推送铁路车辆运行，而本身不装载营业载荷的自推进车辆。

（3）**机车煤水车（品目86.02）**

机车煤水车是挂接于蒸汽机车上的车辆，用于承载锅炉用水及燃料。

3.本章部分品目介绍

（1）**品目86.04**

本品目包括专用于安装、维修或保养轨道及轨道旁设施的有轨车辆（不论是否机动）。主要包括：配有工具、机床、发动机、起重机械（例如，千斤顶、提升机等）、焊接设备、链条、缆绳等的工场用货车或敞车，抢修车及其他起重车辆，绞盘车，配有清理或捣固道砟特殊设备的敞车，装有搅拌轨道混凝土（例如，用以浇制电缆铁塔基础等）用机器的敞车，校准桥秤用的敞车，安装及维修电缆用的台架车，除草用喷雾车，维修轨道用的机动车辆，铁道检验车，铁路工人保养路轨用的机动查道车（包括轨道机动自行车），查道工用的非机动查道车（包括轨道自行车）。

（2）**品目86.08**

本品目包括：

①铁道或电车道轨道固定装置及附件。主要有已装配的轨道、转车台、月台缓冲器、量载规等。

②供铁道、电车道、道路、内河航道、停车场、港口或机场用的机械（包括电动机械）信号、安全或交通管理设备。主要包括用机械或电动机械方式操作的：信号箱设备，信号指臂、信号盘、完整的信号灯柱或跨轨信号架，装在互相关联的信号机上的控制或连杆装置，操纵道岔及信号机等的轨道边沿装置（例如，杠杆式、踏板式、曲柄式或其他类型的地面控柄台等），辙尖探测器，能在火车通过时自动锁住道岔的辙尖锁及锁杆，用以使车辆减速或刹车的轨道制动器，脱轨器及止轮楔，火车止车器，自动浓雾信号装置，升降或开关公交道路栏杆的控制装置，用以对地面及水上交通发出“停止”或“通行”信号的手动或电动机械信号装置。

③上述货品的零件。

4.部分商品归类辨析

（1）**本章车辆的不完整或未制成品的归类**

具有完整品或制成品基本特征的不完整或未制成品，应与相应的完整或已制成车辆一并归类。所谓“具有完整品或制成品基本特征”，是指：

①未装有动力装置、测量仪器、安全装置或维修设备的机车或铁道、电车道用的机动车辆；

②未安装座位的客车；

③已装有悬架及车轮的货车底架。

但是，未装在车架上的铁道或电车道用机动客车、货车、敞车、煤水车的车身，应作为以上车辆的零件归入品目86.07。

（2）供铁道、电车道、道路、内河航道、停车场、港口或机场用的信号、安全或交通管理设备及类似品的归类

机械（包括电动机械）的信号、安全或交通管理设备，归入品目86.08
电气的信号、安全或交通管理设备，归入品目85.30
无机械部分的道路、铁路等的路标，按构成材料归类

16.3　第87章　车辆及其零件、附件，但铁道及电车道车辆除外

1.本章商品范围及结构

本章商品包括除铁道及电车道以外的各种陆路行驶车辆（机动或非机动），还包括既可在道路上行驶又可在轨道上行驶的特殊构造的车辆，以及水陆两用机动车辆。但可作为陆路车辆使用的飞机，仍应作为飞机归入第88章。

本章共有16个品目，其排列顺序为：牵引车、拖拉机（品目87.01）→机动客车、货车及特殊用途机动车（品目87.02～87.05）→上述机动车辆的底盘、车身及零件、附件（品目87.06～87.08）→短距离运货车、火车站台上用的牵引车及其零件（品目87.09）→机动装甲战斗车及其零件（品目87.10）→摩托车、自行车、残疾人用车及其零件（品目87.11～87.14）→婴儿车、半挂车及其他非机动车辆及其零件（品目87.15～87.16）。

2.本章所涉及的商品知识

（1）非公路用自卸车（子目8704.10）

非公路用自卸车是指其长、宽、高、重量超过公路限值，一般不能在公路上行驶的矿山专用自卸车。某些没有驾驶室及起保护作用的前凸部分，多用于矿区或隧道作业的翻斗车，不能视为自卸车。

（2）车辆总重量

车辆总重量是指由厂家规定作为车辆最大设计载重量能力的车辆运行重量。该重量为车辆自重、最大设计载荷、驾驶员及装满燃油的油箱重量的总和。

（3）短距离运输货物的机动车辆（品目87.09）

该类机动车辆是指在工厂、仓库、码头或机场短距离运输各种负载（货

物或集装箱）或在火车站月台上拖带小型挂车用的机动车辆。其主要特征是：不适于在马路或其他公用道路上载运客货；满载时其最高速度一般不超过每小时30～35千米；其转弯半径约等于车辆本身的长度。该类车辆通常没有封闭式驾驶室，只设有一个工作台，供驾驶员站着驾驶车辆。有些车辆在驾驶员座位的上面装有保护支架及金属护板等，有些车辆是步行操纵的。

（4）边车（品目87.11）

边车是一种专用于载运客货但不能单独使用的车辆。它的一边装有一个车轮，另一边装有一些接合配件，使其附在脚踏车或摩托车上与脚踏车或摩托车并排行驶。

（5）挂车及半挂车（品目87.16）

该类车辆是指用特殊挂钩装置（不论是否自动）专门挂接在其他车辆上的车辆（边车除外）。半挂车仅装有后轮，使用时其前部靠在牵引车的平板上，用一种特殊挂钩装置与牵引车连接起来。

3.本章部分品目介绍

（1）品目87.05

本品目包括经特制或改装，配有各种装置，使其具有某些非运输性功能的机动车辆，即不是用于载人或运货的特殊用途机动车辆。主要包括：机动抢修车，装有云梯或升降平台的车辆，清洁街道、明沟、机场跑道等用的车辆（如清扫车），配有内装式设备的犁雪车及吹雪车，各种喷洒车，起重车，配有堆装机械装置的车辆，兼可用于搅拌及运输混凝土的混凝土搅拌车，流动发电机组，流动放射线检查车，流动诊疗车，探照灯车，户外广播车，电报、无线电报或无线电话收发车，赛马赌金计算车，流动实验室，测试车，野外厨房车，工场搬运车（装备有各种机器及工具、焊接器具等），流动银行车、流动图书馆车、展览货品用的流动展览车。

（2）品目87.08

本品目包括不属于第十七类注释二所列不包括货品范围的、在其他品目没有具体列名并且是明显可确定为专用于或主要用于品目87.01～87.05所列机动车辆的零件及附件。

主要包括：

①已组装的汽车底盘车架（不论是否装有车轮，但未装有发动机）及其零件（例如，大梁、支架、横梁，悬挂装置，支撑车身、发动机、脚踏板、电池或燃油箱等用的支架及托架）。

②车身零件及其配套附件，例如，底板、行李舱等，门及其零件，发动

机罩，带框玻璃窗、装有加热电阻器及电气接头的窗、窗框，脚踏板，挡泥板、叶子板，仪表板，散热器护罩，牌照托架，保险杠，转向柱托架，外部行李架，遮阳板，由车辆发动机供热的非电气供暖及除霜设备，固定装在机动车内用以保护人身安全的座位安全带，地毯（纺织材料或未硬化硫化橡胶制的除外）等。尚未具有不完整车身特征的组合体（包括组合式底盘车身），例如，尚未装有车门、挡泥板、发动机罩及后行李箱盖等零件的组合体。

③离合器（锥形离合器、盘式离合器、液压离合器、自动离合器等，但电磁离合器除外）、离合器外壳、离合器盘、离合器杆及已装配的离合器摩擦片。

④各种变速箱（机械式、超速传动式、预选式、电动机械式、自动式等），变矩转换器，变速箱体，传动轴（但作为发动机内部零件的除外），小齿轮，直接传动爪形离合器及变速拉杆等。

⑤装有差速器的后桥及驱动桥，差速器箱，行星齿轮机构。

⑥其他传动零件及部件（例如，方向传动轴、半轴，齿轮及齿轮传动装置，滑动轴承，齿轮减速装置，万向节），但不包括发动机的内部零件（例如，品目84.09的连杆、推杆、气门挺杆及品目84.83的曲轴、凸轮轴及飞轮）。

⑦转向机构零件（例如，转向柱管、转向横拉杆及操纵杆、转向关节系杆，壳体，齿条齿轮传动装置，动力转向机构）。

⑧制动器（蹄式、扇形、盘式等）及其零件（盘、鼓、缸、已装配的制动摩擦片、液压制动器的油箱等），助力制动器及其零件。

⑨非驱动桥（前桥、后桥）、轮毂、短轴（轴颈）、短轴托架。

⑩悬挂减震器（摩擦式、液压式等）及其他悬架零件（弹簧除外）、扭杆弹簧。

⑪车轮（压制钢车轮、钢线辐轮等），不论是否装有轮胎；履带式车辆的履带及一组轮子；轮、轮盘、毂盖及轮辐。

⑫控制装置，例如，转向盘、转向柱、转向器、转向轮轴，变速操纵杆及手刹车操纵杆，加速踏板、制动踏板、离合器踏板，制动器及离合器的连杆。

⑬散热器、消音器、排气管、燃油箱等。

⑭离合索缆、制动索缆、油门索缆及类似索缆，由一条软套管套着一条活动的索缆构成。它们报验时已切成一定长度，端部还装有配件。

⑮带充气系统的各种安全气囊及其零件。

（3）品目87.16

本品目包括装有一个或多个车轮，供载运客货用的非机械驱动车辆（本章前面各品目所列的车辆除外），还包括未装有车轮的非机械驱动车辆。

本品目的车辆是用其他车辆（例如，牵引车、卡车、货车、摩托车、自行车等）牵引、用人力推拉或用畜力拖曳。主要包括：挂车及半挂车（例如，供居住或野营用厢式挂车、配有自动装载及玉米秆切碎装置的农用自装式挂车、运载各种货品的自卸挂车、运输易腐货品用的冷藏或保温挂车等），手推车（例如，各种手推运货车、火车站上使用的手推餐车、处理垃圾等用的两轮手推车等），畜力拖曳的车辆（例如，公园用的小马车、畜力滑橇等）。

4.本章商品归类应注意事项

（1）本章包括既可在道路上行驶又可在轨道上行驶的特殊构造的车辆，但仅可在钢轨上运行的铁道及电车道车辆应归入第86章。例如，检查轨道用的轨道脚踏车，应归入品目86.04，而不能按脚踏车归入品目87.12。

（2）品目87.01不包括用于火车站台上的牵引车，这类牵引车应归入品目87.09。

（3）客运机动车辆座位数量的确定。

客运机动车辆的座位数量，既包括固定座位的数量，也包括可折叠座位的数量，还包括驾驶室座位的数量。

（4）客运机动车辆品目归类时应注意座位数量，子目归类时应注意发动机的类型、座位数量、车辆的种类、汽缸容量等因素；货运机动车辆子目归类时应注意发动机的类型、车辆总重量等因素。

（5）品目87.12包括所有儿童两轮车，三轮及三轮以上的儿童脚踏车应按带轮玩具归入品目95.03。

5.部分商品归类辨析

（1）机动车辆整车的归类

- 不载人、不运货的特殊用途的机动车辆，归入品目87.05
- 牵引车、拖拉机，归入品目87.01
- 客运机动车辆
  - 10座及以上（品目87.02）
  - 10座以下（品目87.03）
- 货运机动车辆，归入品目87.04
- 未装有提升或搬运设备的短距离运输货物的机动车辆，归入品目87.09
- 机动装甲战斗车，归入品目87.10
- 摩托车及装有发动机的脚踏车，归入品目87.11
- 残疾人用机动车，归入品目87.13

（2）**不完整或未制成的车辆的归类**

具有完整品或制成品基本特征的车辆，应按相应的完整或制成的车辆归类，车辆必须具备推进发动机、变速箱及换挡操作装置、转向及控制装置，这些构成车辆的基本特征。例如，尚未装有车轮、轮胎及电池的机动车辆；尚未装有发动机或内部配件的机动车辆；尚未装有坐垫及轮胎的自行车及具有4个总成及以上的车辆。

不具有完整品或制成品基本特征的上述车辆，如已构成具体列名车辆总成的应归入该总成品目（例如，装有发动机的小轿车底盘应归入品目87.06；客车车身应归入品目87.07），其余应按零件、附件归类（例如，越野车用缓冲器应归入品目87.08）。

（3）**安装在牵引车、拖拉机上可替换设备的归类**

根据本章章注二的规定，用于安装在牵引车或拖拉机上，作为可替换设备的机器、车辆或作业工具，即使与牵引车或拖拉机一同进出口，不论其是否已安装在车（机）上，仍应归入其各自相应的品目。例如，装在拖拉机上作为可互换工具的联合收割机，即使在报验时已经装在拖拉机上，仍应归入品目84.33，拖拉机本身应归入品目87.01；安装在牵引车上的挂车（俗称“拖车”）应归入品目87.16，牵引车本身应归入品目87.01。

（4）**品目87.01～87.05机动车辆底盘的归类**

- 装有发动机的机动车辆底盘，归入品目87.06
- 装有驾驶室的机动车辆底盘，应按整车归入品目87.02～87.04
- 未装有发动机和驾驶室的机动车辆底盘，应按机动车辆的零件归入品目87.08

16.4　第88章　航空器、航天器及其零件

1.本章商品范围及结构

本章商品包括各类航空器、航天器及其零件；某些相关装置（例如，降落伞、航空器的发射装置，甲板停机装置及地面飞行训练器等）。

本章共有6个品目（本章无品目88.03），其排列顺序为：无动力航空器（品目88.01）→其他航空器、航天器及其运载工具（品目88.02）→某些相关装置及其零件（品目88.04～88.05）→无人驾驶航空器（品目88.06）→品目88.01、88.02或88.06所列货品的零件（品目88.07）。

2.本章所涉及的商品知识

（1）**滑翔机**（品目88.01）

滑翔机是一种利用气流停在空中的重于空气的航空器。但装有或可装发动机的滑翔机应归入品目88.02。

（2）**空载重量**（子目8802.11～8802.40）

空载重量是指航空器在正常飞行状态下，除去机组人员、燃料及非永久性安装设备后的重量。

（3）**航天器**（品目88.02）

航天器是一种能在地球大气层外运行的载运飞行器（例如，无线电通信卫星或气象卫星）。

（4）**航天器运载工具**（品目88.02）

航天器运载工具的作用是将一个给定有效载荷送上绕地球运行的轨道（卫星运载工具），或使其在地球以外的重力场作用下降落（航天器运载工具）。这些运载工具在主动飞行结束时可使其有效载荷获得超过7000米／秒的极限速度。

（5）**亚轨道运载工具**（品目88.02）

亚轨道运载工具是在地球大气层外沿一抛物线形轨道运行，通常带有科研或其他技术用途的仪器设备，不论其有效载荷是否可回收。当有效载荷脱离后，这类运载工具就不给出7000米／秒的极限速度。有效载荷回落到地面时经常使用降落伞，以便回收。

（6）**空战模拟器**（子目8805.2100）

空战模拟器是指通过模拟飞行时的空战条件，以训练飞机驾驶员用的任何电子或机械系统。

（7）**最大起飞重量**（子目8806.21~8806.24、子目8806.91~8806.94）

最大起飞重量是指航空器在正常飞行状态下起飞时的最大重量，包括有效载荷、设备和燃料的重量。

3.本章部分品目介绍

品目88.07主要包括不属于第十七类注释二所列不包括货品范围的、在其他品目没有具体列名并且是明显可确定为专用于或主要用于品目88.01、88.02或88.06所列货品的零件，主要包括：

（1）气球及飞艇的零件，例如，吊篮、吊舱，气囊及其零件，承载铁环，副气囊，钢架及其构件，稳定器及方向舵，飞艇的推进器。

（2）有人或无人驾驶航空器（包括滑翔机及风筝式飞机）的零件，包括：飞机机身，机身体段，机身的内部或外部零件（例如，雷达天线罩、机身末端、流线型壳罩、机身面板、隔板、行李舱、地板、仪表板、框架、门、紧急滑梯、窗、舷窗等），机翼及其部件（例如，翼梁、翼肋、横梁），控制面（不论是否活动式，例如，副翼、前缘缝翼、阻流板、折翼、升降舵、方向舵、稳定器、伺服调整片等），机舱、整流罩、发动机吊舱及吊架，起落架（包括制动器及制动系统）及其收起设备，轮子（不论有无轮胎），起落橇，水上飞机浮筒，螺旋桨、直升飞机及旋翼飞机的水平旋翼，螺旋桨叶及旋转机翼，螺旋桨及水平旋翼的桨距调节机构，操纵杆（例如，控制杆、方向舵脚蹬及其他各种操纵杆），油箱（包括副油箱）。

4.部分商品归类辨析

（1）航空器、航天器的模型不归入本章，一般按用途归类，例如，装饰用模型归入品目44.20或83.06等；专供示范用的模型归入品目90.23；娱乐用的模型归入品目95.03。

（2）无人驾驶航空器，简称“无人机”，英文全称 Unmanned Aerial Vehicle，英文缩写“UAV”，是指不需要驾驶员登机驾驶的遥控操纵或自动驾驶的飞行器。无人机并不意味着飞行器上不能有人，如果飞行器上搭载的是乘客，而不是驾驶员，那么此类飞行器仍属于“无人机”的范围。无人机应归入品目88.06，但专供娱乐用的飞行玩具应归入品目95.03。

（3）具有完整品或制成品基本特征的航空器，应按相应的完整或制成的航空器归类；不具有完整品或制成品基本特征的航空器，应按相应航空器的零件归类，一般归入品目88.07。

16.5　第 89 章　船舶及浮动结构体

1.本章商品范围及结构

本章商品包括船、艇及其他各种船舶（不论是否自航的）和浮动结构体（例如，潜水箱、浮码头、浮筒等），还包括专供在水上行驶的气垫运输工具，未制成或不完整的船舶（例如，未装配动力装置、导航仪器，起重或搬运机器，内部设施等的船舶），以及用各种材料制成的船体。

本章共有8个品目，其排列顺序为：客运或货运船舶（品目89.01）→特殊用途的船舶（品目89.02～89.06）→浮动结构体（品目89.07）→供拆卸用的船舶及浮动结构体（品目89.08）。

2.本章所涉及的商品知识

（1）拖轮（品目89.04）

这种拖轮主要用于拖带其他船舶，适于海上或内河航行。拖轮与其他船舶的区别在于它的船体外形特殊并经特别加固；它的发动机功率特别大，超出船舶本身需要；它的甲板上装有各种装置，用以携带拖缆等。

（2）顶推船（品目89.04）

这种船舶专用于顶推平底船、驳船等，其主要特征是狮子鼻式的船头（供顶推用）及其高架驾驶室（有时可伸缩）。

3.本章部分品目介绍

（1）品目89.05

本品目包括：

①通常在固定地点执行其主要功能的不以航行为主要功能的船舶。主要包括：灯船、海底钻探船、消防船、挖泥船、打捞沉船用的打捞船、固定停泊的航空救生船、起重船等。

②浮船坞，一种浮动修理厂，用以代替干船坞。一般为由一个平台及两个侧壁组成的U形横断面结构体，设有泵房，使其能部分浸没在水中，以便待修理的船舶驶进船坞。

③一般用于勘探或开采海底储藏的石油或天然气的浮动或潜水式钻探或生产平台，其主要类型有：自升式平台；潜水式平台；半潜式平台。

（2）品目89.06

本品目包括品目89.01～89.05未具体列名的各种船舶。主要包括：各种军舰；具有军舰的某些特征，但供政府部门（例如，海关、警察）使用的船舶；装在船上的救生艇，以及停泊在沿海某些地点上供救助遇险船舶用的救生船；科学考察船；实验船；气象船；运输及系泊浮筒用的船舶；敷设海底电信电缆等用的放缆船；引航船；破冰船；医院船；处理河港挖掘用的底卸式平底船；拖囊（利用简单拖带运输流体及其他货品用的可折叠漂浮运输工具）。

（3）品目89.07

本品目包括不具有船舶特征的某些浮动结构体，在使用时一般是固定的。主要包括：不具有船舶特征的支撑临时桥梁的空心圆筒式浮舟，盛装活甲壳类动物或活鱼用的浮柜，潜水箱，浮码头，浮筒，航标，扫水雷器（一种扫雷用浮体），各种筏。

4.本章商品归类应注意事项

（1）本章不包括单独报验的除船体以外的船舶或浮动结构体的零件及附件。

（2）进口或出口时未装配或已拆卸的完整船舶、船体及未制成或不完整的船舶（不论是否已装配），只要其具备某种船舶的主要特征，就应作为该种船舶归类；否则应归入品目89.06。

（3）本章船舶的划分主要是根据其用途，归类时应注意船舶的用途，对于不以航行为主要功能的船舶应归入品目89.05。

（4）军队运兵船不能作为客运船，而应按军舰归入品目89.06。

5.部分商品归类辨析

（1）捕鱼船的归类

各种海上或内陆水域商业捕鱼用的捕鱼船及在旅游季节供旅游用的捕鱼船，归入品目89.02；捕鱼用划船及运动用捕鱼船应归入品目89.03。

（2）救生船的归类

划桨救生艇，归入品目89.03；固定停泊的航空救生船，归入品目89.05；装在船上的救生艇，以及停泊在沿海某些地点上供救助遇险船舶用的救生船，归入品目89.06。

本篇小结

本篇简单介绍了运输设备类商品的分布情况，其所在类、各章之间的联系与区别；详细介绍了其所在第十七类各章（第86章~第89章）的商品范围及结构、部分商品知识及部分品目；重点讲解了运输设备零件的归类、车辆的归类、特殊车辆的含义，以及各章归类应注意事项。本篇的重点章是第87章，第87章的品目比较多，要注意掌握其编排规律，明确特殊车辆不是以载人运货为目的的车辆，不要将载运特殊人（如犯人）或特殊货物（如钞票）的客运或货运车辆作为特殊车辆归类。通过本篇的学习应掌握整车的归类、汽车零配件的归类。

第 17 篇

仪表类商品的归类

（第十八类）

学习目标 ◁

通过本篇的学习，学生应了解仪表类商品的分布情况；熟悉仪表类商品所在章（第 90 章 ~ 第 92 章）的商品范围及结构；了解必要的仪表方面的商品知识，熟悉相关的注释；掌握归类要点。引导学生弘扬工匠精神，积极探索仪表类商品的归类规则与方法，遇到疑难商品不退缩，积极探讨，加强团队协作，正确运用归类依据对仪表类商品进行准确归类。引导学生树立守法、诚信意识，践行社会主义核心价值观，遵守进出口商品归类有关的法律法规，规范进出口商品归类操作，如实申报进出口商品的税则号列。

教学重点和难点 ◁

第 90 章的编排规律；仪表零件的归类原则。

17.1　仪表类商品的分布情况

仪表类商品主要分布于第十八类，包括光学、照相、电影、计量、检验、医疗用仪器及设备、精密仪器及设备；钟表；乐器；上述货品的零件及附件。仪表类商品可用任何材料制成，包括用贵金属或包贵金属制成，也可镶嵌宝石或半宝石（天然、合成或再造）。

第十八类共有3章（第90章～第92章），其排列结构为：

光学、照相、电影、计量、检验、医疗用仪器及设备及其零件、附件（第90章）
钟表及其零件（第91章）
乐器及其零件、附件（第92章）

17.2　第90章　光学、照相、电影、计量、检验、医疗或外科用仪器及设备、精密仪器及设备；上述物品的零件、附件

1.本章商品范围及结构

本章商品包括范围很广的各种仪器及设备。一般来说，它们均具有深加工和高精度的特征；主要供科学研究（实验室研究工作、科学分析、天文学研究等）、各种专业技术或工业方面（计量、检验、监测等）及医疗方面使用。

本章共有32个品目（本章无品目90.09），其排列结构如下：

光学元件（品目90.01～90.02）
简单的光学器具（品目90.03～90.04）
较复杂的光学仪器（品目90.05～90.13）
测量（野外）、计量、测绘、绘图、计算仪器及器具（品目90.14～90.17）
医疗仪器及器具（品目90.18～90.22）
示范、测试、分析、检验、自动调节用仪器及器具（品目90.23～90.32）
未列名的零件、附件（品目90.33）。

2.本章所涉及的商品知识

（1）光导纤维（品目90.01）

光导纤维是由折射率不同的玻璃或塑料同轴物构成，由玻璃抽丝制成的光导纤维覆有一层肉眼看不到的塑料薄层，以使纤维不易折断，光导

纤维报验时通常绕于卷轴上，长度可达几千米，用于制造光导纤维束及光缆。

（2）光缆（品目90.01）

品目90.01的光缆由有包皮的一束或多束光导纤维束构成，但其中的各单根纤维均未被覆。

（3）光学元件

光学元件是指具有一定几何形状尺寸，经过光学加工后，具有特定光学性能的玻璃材料或非玻璃材料制的元件。光学元件是用来参与光学成像的。常见的光学元件有：透镜、反射镜、棱镜、滤色镜等。

（4）光学仪器及器具

光学仪器及器具是指用来扩展人眼视觉功能的一类精密仪器，例如，望远镜用于提高人眼的远视能力；显微镜用于提高人眼的分辨率；照相机可将视网膜上瞬时记录的图像永久地保留下来等。光学仪器都有一套由光学元件构成的光学成像系统，再配以相应的机械或电气（子）结构。

（5）衍射设备（品目90.12）

衍射设备是将电子束投射到检件，产生衍射图样并将其拍摄下来。通过对衍射图所呈现的一系列光环的直径、强度和清晰度进行计算，即可测定检件晶体的大小、取向及原子排列。

（6）感量为50毫克或更精密的（品目90.16）

“感量”是用于确定天平精确度的术语，所谓“感量为50毫克”，对于机械式天平而言，是指当天平感量50毫克重物时，指针偏转到其最精细的刻度；对于电子天平来说，相当于最小读数是0.005毫克。

（7）数学计算器具（品目90.17）

数学计算器具是根据计算尺或其他数学计算原理制成的计算器具，例如，按给定程序用一个触针选择数码的方式进行操作的袖珍式加减器，以及按不同的天气条件、拍摄时间、预定光圈大小、景物状况及乳剂感光度等参数计算照相曝光时间的计算尺及计算盘。

（8）心理功能测验装置（品目90.19）

这类装置是医生等用于测验反射动作的速度、动作的协调或其他生理或心理反应的仪器，特别是用于对其职业需要有特殊体能的人员（例如，飞行员、司机等）进行测验，也可用于青少年学习领会能力或职业技能掌握能力的测验。

（9）偏振计（品目90.27）

偏振计用于测定偏振光经过旋光性物质后其振动面的旋转角度。

（10）折光仪（品目90.27）

折光仪是用于测定液体或固体折射率的仪器。

（11）检镜切片机（品目90.27）

检镜切片机是在显微观察中，用于从待检物体上切下特定厚度的极薄检片标本的仪器。检镜切片机有多种类型，例如手动式（一种直锋刀片）、旋转式、滑动式（水平或倾斜滑动）等。

（12）万用表（品目90.30）

万用表又称“多用表”“三用表”“复用表”，是一种多功能、多量程的测量仪表，一般万用表可测量直流电流、直流电压、交流电压、电阻和音频电频等，有的还可以测交流电流、电容量、电感量及半导体的一些参数。

（13）失真度表（品目90.30）

失真度表用于测量复传输中的谐波失真。

（14）轮廓投影仪（品目90.31）

轮廓投影仪用于检查各种物品（例如，切削成形的工件、小型机械装置的齿轮及齿杆、螺丝、螺纹梳刀等）的形状、尺寸或者表面。

3.本章部分品目介绍

（1）品目90.10

本品目包括：

①本章其他品目未列名的照相（包括电影）洗印用装置及设备（包括将电路图投影到感光半导体材料的装置）。该组货品主要包括：专用胶片显影槽；明显专门用于照片洗印的特制盘；底片冲洗槽；照片干燥器、上光器、干燥上光器（单面、双面、旋转式等）；接触式印相用的印相框；照相及电影制片用的胶片剪切器及设备；修饰底片用的专用底片夹；照相用干粘贴夹；电影制片厂的专用机器及设备（例如，洗片机、印片机、电影片缩印和放大印片机等）；照相馆用于检查照片底片的静止影像看片器；用于复制图样的专用设备。

②负片显示器，主要在医学上用于检视射线照片或无线电传真照片；各种类型的负片显示器差异较大，既有墙挂式灯箱，也有射线照片自动供片的观察器。

③银幕及其他投影屏幕。

④专用于或主要用于本品目器具或设备的零件及附件。

（2）品目90.13

本品目包括：

①激光器。

②手持式放大镜及放大器（例如，袖珍型、办公室用型）、织物分析镜、双目放大镜（通常安装于座架上）。

③朝门外观察用的“门眼”及装有光学系统的类似物品。

④单独报验的折射式或反射式武器用望远镜瞄准具。

⑤作为本章其他品目所列仪器的部件（例如，作为测量仪器的部件）或第十六类机器的部件的望远镜。

⑥工业用纤维内窥镜。医用纤维内窥镜（内诊镜）除外（品目90.18）。

⑦体视镜。

⑧万花筒，但玩具万花筒除外（第95章）。

⑨潜艇或坦克用放大潜望镜，以及非放大潜望镜。

⑩不适于装在仪器设备上的，经过光学加工并已装配的玻璃镜（例如，烟囱及下水道检视镜，以及风洞观察用的特种镜）。

⑪光学光束信号设备，用于进行远距离光束信号的传递。

⑫幻灯片观片器，装有一个放大透镜，用于检查幻灯片。

⑬本品目所列设备及器具的零件及附件。

（3）品目90.14

本品目包括：

①定向罗盘，从供徒步或自行车旅行者等使用的简单类型到采矿、导航等专用类型不等（例如，磁罗盘、陀螺罗盘、陀螺磁罗盘、航海罗盘、定位罗盘）。

②其他导航仪器及装置，包括船舶定位仪器（例如，六分仪、八分仪、方位角仪等），其他海洋或内河航行专用导航仪器（例如，自动操舵仪、航线记录装置、倾斜仪、计程仪、测深锤、回声测深仪器、超声波探测或搜索设备等）。

③航空专用仪表，包括高度表、空速指示器、升降速度表、仿真地平仪或陀螺地平仪及转弯倾斜仪、马赫计（显示真实空速与飞机所在高度上的音速之比的仪器）、加速度计、自动驾驶仪等。

④本品目所列设备及器具的零件及附件。

（4）品目90.18

本品目包括种类繁多的仪器及器械，这些仪器及器械主要是供各专科医务人员（例如，牙医、兽医、助产士等）专门用于疾病的预防、诊断、医治或手术治疗等。本品目还包括解剖实验、解剖检验等用的仪器及器械，以及符合某些条件的牙科诊疗仪器及器械。本品目的仪器及器械可以用任何材料（包括贵金属）制成。

本品目不包括：视力矫正、眼睛保护等用的眼镜、护目镜及类似品（品目90.04）；照相机（品目90.06），但固定装配在本品目仪器或器械上的除外；矫形用具（品目90.21）；X射线设备（品目90.22）；体温计（品目90.25）；化验室中用于检验血液、组织液、尿液等的仪器设备，不论这些检验是否供诊断用（一般归入品目90.27）；医疗或外科用家具（品目94.02）等。

（5）品目90.31

本品目包括：

①本章其他品目未列名的测量或检验仪器、器具及机器。主要包括：光学检测仪器及设备，不论是否适于装配在机器上（例如光学表面检查仪、焦距计、校直望远镜等）；机械零件平衡试验机；发动机、电动机、发电机、泵机、示速器或转速计等测试台；车辆发动机的测试及调整设备；检验手表或手表零件的专用仪器（例如检验游丝的仪器）；检验纺织材料的设备；超声波厚度测量仪器；检测材料（棒材、管材、型材以及螺丝、针等机械加工物品）中断层、裂缝、裂纹或其他缺陷的仪器；负荷传感器等。

②轮廓投影仪。

③本品目所列设备及器具的零件及附件。

4.本章商品归类应注意事项

（1）注意区分品目90.01和品目90.02的光学元件。

品目90.01的光学元件是未经光学装配的。所谓光学装配，是指经过光学加工的光学元件，安装在特定的金属（或非金属）制的镜筒或框架内，成为可供独立使用的光学器具或作为部件、附件安装到与之相配的仪器或设备上参与光学成像。已经光学装配的光学元件应归入品目90.02。

（2）注意区分品目90.01的光缆与品目85.44的光缆。

品目90.01的光缆由有包皮的一束或多束光导纤维束构成，但其中的各单根纤维均未被覆。由各根被覆光纤组成的光缆应归入品目85.44。

（3）品目90.06包括普通型照相机，也包括专业型照相机（例如，眼底相机），但不包括数字照相机，数字照相机应归入品目85.25。

（4）与天平一起进口的砝码应按天平归类（品目84.23或90.16），而单独进口的天平砝码则应归入品目84.23。

（5）血压计是测量血压的仪器，属于医疗诊断仪器归入品目90.18；体温计是测量人体体温的仪器，属于温度计的一种，归入品目90.25。

（6）注意区分品目90.19的“机械疗法器具”和品目95.06的“健身及康复器械”。

品目90.19的“机械疗法器具”是主要通过机械模仿各种运动形式来治疗关节或肌肉疾病的器具，这类治疗通常是在医生指导下进行；品目95.06的“健身及康复器械”是在家中或健身房中使用的普通体育或健身器械（例如，弹力索扩胸器或拉力器、跑步机、训练或锻炼腿肌用的固定式单轮脚踏车）。

5.归类原则

（1）本章货品零件、附件的归类原则

首先，判断是否属于按材料归类的零件，如果是则归入材料所在章。例如，贱金属制的通用零件应归入第十五类，硫化橡胶制零件应归入第40章等。

其次，判断是否第84章、第85章、第90章、第91章等章具体列名的货品，如果属于则归入具体列名的品目。例如，光学分度头（品目84.66）、阀门（品目84.81）、电容器（品目85.32）等。

再次，判断是否属于专用或主要用于本章某种或同一品目项下的多种仪器或器具的零件，如果属于则归入相应仪器或器具的品目。子目归类，当有零件、附件列名子目时归入该子目，当无零件、附件列名子目时归入整机所在子目。

最后，将不能归入上述各品目的本章货品的零件、附件归入品目90.33。

例1：万用表用温度探头。

解析：该零件在其他章没有列名，属于万用表专用零件，按万用表归入品目90.30；因为子目中有零件子目，所以按“零件”归入子目9030.9000。

例2：已制成特定形状的B型超声波诊断仪用外壳。

解析：该零件在其他章没有列名，属于B型超声波诊断仪专用零件，按B型超声波诊断仪归入品目90.18；因为品目90.18下未设“零件”，所以该零件归入B型超声波诊断仪所在子目9018.1210。

（2）**不完整或未制成的仪器及设备的归类**

不完整或未制成的仪器及设备，只要具有相应的完整品或制成品的基本特征，就应作为完整的或制成的仪器及设备归类。例如，在报验时为未装光学元件的照相机，应按照相机归类；未装累计装置的电表应按电表归类。

（3）**计量或检验用的光学仪器、器具或机器的从后归类原则**

品目90.13和品目90.31都包括有本章其他品目未列名的仪器、器具或机器。根据本章章注五的规定，对于计量或检验用的光学仪器、器具或机器，当既可作为未列名光学仪器归入品目90.13，又可作为未列名测量或检验仪器归入品目90.31时，应从后归入品目90.31。

例3：校直望远镜。

解析：该货品既可作为本章其他品目未列名的光学仪器，归入品目90.13，又可作为检验工作台或机器导轨直线度及测量金属构件安装精度的测量、检验仪器归入品目90.31，根据第90章章注五的规定，应从后归入品目90.31。

6.部分商品归类辨析

（1）**望远镜的归类**

①普通望远镜，归入品目90.05；

②装配在武器上的望远镜式瞄准具、装配在潜艇或坦克上的潜望镜式望远镜，以及装配在本章或第十六类各种机器、器具、仪器或设备上的望远镜，应归入品目90.13；

③校直望远镜，归入品目90.31。

（2）**医疗器械及器具的归类**

除部分医疗仪器已在其他品目列名外，医疗器械及器具通常归入品目90.18～90.22。

①归入品目90.18～90.22的医疗器械及器具主要按工作原理、特性及用途划分：

A.机械疗法、氧疗法、臭氧疗法、吸入疗法、人工呼吸及按摩等用的设备及装置归入品目90.19，例如，臭氧治疗仪。

B.矫形用具、人造假肢及骨折用具（包括兽用）、弥补人体生理缺陷用的器具归入品目90.21，例如，心脏起搏器。

C.应用X射线或α射线、β射线、γ射线或其他离子射线的医疗设备归入品目90.22，例如，X射线断层检查仪。

D.其他用于医疗、外科、牙科或兽医的仪器及器具（未在其他品目列名）归入品目90.18，例如，心电图记录仪。

②在其他品目列名的医疗器械及器具主要包括：眼底照相机及体内器官检查用的特种照相机（品目90.06）；观察病理切片的生物显微镜（品目90.11、90.12）；测量体温的体温表（品目90.25）；分析、检验血液、组织液、尿液等的仪器设备和检镜切片机（品目90.27）。

（3）导航仪器及装置的归类

①导航的概念及分类

所谓导航，是指精确确定飞机、舰船等航行体的航行方位，并引导它们沿着预先确定的路线航行，按其工作原理大致可分为：

A.无线电导航，它是建立在无线电波传播基础上的导航，雷达导航、卫星导航即属于无线电导航。

B.惯性导航，是一种自主式导航设备，工作过程中依靠惯性测量装置进行导航，不需要地面无线电设备辅助，其隐蔽性好。

C.天文导航，是通过观测天体来测定航行中的舰船或飞机所在的位置来进行导航。

D.地标导航，是利用观测地面或海上的特定标志来确定航行体所在方位，以此来进行导航。

E.红外线导航，是利用航行体上的红外装置，在晚上认清地标进行导航。

F.激光导航，是利用激光测距、测向、跟踪人造卫星进行导航。

G.地磁导航，是利用地球磁场进行导航。

H.声呐导航，是利用匀速传播的声波的反射波，测距、测速和定位进行导航。

②导航仪器及装置的归类

除了用无线电导航的装置（例如，汽车GPS导航仪）归入品目85.26外，用其他方式进行导航的仪器及装置均归入品目90.14。

17.3　第91章　钟表及其零件

1.本章商品范围及结构

本章商品包括主要用于计时或进行与时间有关的某些操作的器具。其中包括用于个人随身佩戴的时计（例如，手表、秒表等）、其他时计（例如，普通钟、带有表芯的钟、闹钟、航海时计、机动车辆用钟等）、时间记录器、时间间隔测量仪和定时开关，以及上述货品的零件。但本章不包括用于计时的日晷、沙漏、水漏、玩具钟表，以及作为艺术品、收藏品及古物的钟表。

本章共有14个品目，其排列顺序为：完整的钟表（品目91.01～91.05）→装有钟、表机芯的装置（品目91.06～91.07）→钟、表机芯（品目91.08～91.10）→表壳、钟壳、表带及其他钟表零件（品目91.11～91.14）。

2.本章所涉及的商品知识

（1）表芯

表芯是指由摆轮及游丝、石英晶体或其他能确定时间间隔的装置来进行调节的机构，并带有显示器或可装机械指示器的系统。表芯的厚度不超过12毫米，长、宽或直径不超过50毫米。

（2）装有钟、表机芯或同步电动机的定时开关（品目91.07）

装有钟、表机芯或同步电动机的定时开关指不具备品目91.05所列钟的特点，但具有一个钟表机芯或同步马达，能在给定时间（通常根据每日或每周预先设定程序所规定的时间）自动接通或断开电源的装置。主要用于控制照明电路、接通或关闭电气设备等。

（3）机芯套装件（品目91.10）

机芯套装件是指未组装或已部分组装的钟表机芯各部分的整套散件。对于机械显示机芯，可以带有或不带有钟表面及指针。

（4）已组装的不完整的钟、表机芯（品目91.10）

已组装的不完整的钟、表机芯包括3种：

①已组装的不完整的机械钟、表机芯，是指除钟表面、指针或上弦芯轴以外还缺少一些零件（例如，擒纵器或条夹板）的已组装机芯；

②已组装的不完整的全电子钟表机芯，是指除干电池外还缺少某些零件（例如，显示器、部分电子电路及其零件）的已组装机芯；

③已组装的带有机械显示器的不完整电子钟表机芯，是指除钟表面、指针、调校轴或干电池外还缺少一些零件（例如，电子电路及其零件、马达）的已组装机芯。

（5）未组装的不完整机芯（品目91.10）

未组装的不完整机芯是指由夹板和任何辅助板、横担、齿轮、走针机构、上弦和调校机构，以及自动上弦装置、日历机构、计时器、闹铃机构等附加机构构成的钟表机芯未装配件，但这类未装配件不包括擒纵器、摆轮及游丝或其他调节装置、主发条、钟表面或指针。

3.本章部分品目介绍

（1）品目91.06

本品目包括由钟表机芯（包括辅助或同步马达钟芯）驱动的或由同步马达（不论有无减速齿轮）驱动的，用于记录某一动作或操作发生时刻的器具，或用于测量、记录或其他指示时间间隔的其他品目未列名的器具。主要包括：

①考勤钟，用于记录雇员到、离工厂、车间等的时间。

②时刻记录器，类似于上述（1）款的考勤钟，但还可将月份、年份、编号或其他项目记录下来，其中有些记录器还装有可将工作时间（例如，每日、每周）累加起来的装置。这类记录器还可用于加盖邮件、账单、费用单等的日戳。

③信鸽计时器，用以记录信鸽到达比赛终点的时间。

④量时器，用以测量电触点开、关之间短时现象的持续时间。

⑤运动会用的台式计时器或运动场用计时器，用分和秒表示到达或比赛时间。

⑥用以测量某一进程持续时间的秒钟及其他计时器。

⑦记录电话通话持续时间的计时器，这类计时器像秒钟一样操作并可带报时机构。

⑧台球计，它利用钟芯来指示打球时间或根据打球时间来指示应付费用。

⑨短时间进程计时器。

（2）品目91.14

本品目包括其他品目未列名的钟、表零件。

①表芯零件。这些零件包括：框架、夹板和横担、驱动机构、齿轮系、走针机构、擒纵机构、调节装置（如游丝）、上发条及拨时装置等。

②钟或闹钟机芯的零件。这类机芯的很多零件在原理上与表零件相似，但体积较大。钟芯专用零件包括：钟锤鼓、钟摆（包括补偿摆，例如，水银或铟钢杆等）、叉柱、心轴、心轴轮、反冲擒纵器、不摆式（格拉哈姆式）擒纵器等、单独的上弦钥匙。闹钟机芯零件包括固定的上弦钥匙及调拨钮。

③报时装置零件，例如，记数轮式、齿条式等。

④宝石轴承，指已经过车削、切割、抛光、钻孔、挖空等加工或已装

配（装于镶嵌底座上或螺丝上）的宝石。

⑤钟面或表面。

⑥指针。

4.本章商品归类应注意事项

（1）装有支架的时计，无论多么简单，也不能作为表归类。

（2）与表一起报验但未装在一起的表带按表归类。

（3）注意区分品目91.01和品目91.02的商品范围。

这两个品目均包括具有表芯及表壳的机械或电子时间记录器具，不论其表芯厚度如何。它可供人佩戴，从各种方位指示时间或测量时间间隔，包括手表、怀表、腰带表、用手提包携带的表、镶嵌在饰针、戒指上的表。

品目91.01和品目91.02的区别在于表壳的材料，其中品目91.01仅包括表壳完全以贵金属或包贵金属制的表，以及用贵金属或包贵金属与天然、养殖珍珠或宝石、半宝石（天然、合成或再造）合制的表。用其他材料制成的表归入品目91.02。

这里所称的“包贵金属”与第71章注释七的规定一致，即指在贱金属制基底上通过软焊、硬焊、热轧或类似机械方法在其一面或多面包覆上一层贵金属。

需要注意的是：具有贵金属或包贵金属表壳的表，如果其背面是用钢制成的，则应归入品目91.02；具有镶嵌贵金属的贱金属制表壳的表，也应归入品目91.02。

5.钟、表零件的归类

（1）如果是本章章注一所述不包括的货品，则归入其各自所在品目。不归入本章的钟、表零件主要包括：钟表玻璃及钟锤（按其构成材料归类）；表链（根据不同情况，归入品目71.13、71.17）；第十五类注释二所规定的贱金属制通用零件（第十五类）、塑料制的类似品（第39章）及贵金属或包贵金属制的类似品（一般归入品目71.15）；滚珠轴承（品目84.82）；不需擒纵器可以工作的品目84.12的物品；本身未组装在或未与其他零件组装在钟、表机芯内，也未组装成专用于或主要用于钟、表机芯零件的第85章的货品。

（2）除上述不包括的货品以外，既适用于钟或表，又适用于其他物品的均应归入本章。例如，可用于精密仪器上的宝石轴承，应归入品目91.14。

（3）其他专用于钟、表零件也归入本章。归入本章的钟、表零件主要包括：

①钟、表机芯（品目91.08～91.10）。

②表壳、钟壳及其零件（品目91.11～91.12），表壳及其零件可用任何材料制成。表壳零件主要包括：壳体、表链杆、表背内盖、表壳前圈、后盖；钟壳零件主要包括：钟壳前圈、框架、支座、支架及脚架。

③表带及其零件（品目91.13），表带及其零件可用任何材料制成，例如，用贱金属、贵金属、皮革、塑料或纺织材料制成，它们还可以明显具有装饰品的特征。

④其他钟、表零件归入品目91.14，其主要货品范围见本章品目介绍部分。

17.4　第92章　乐器及其零件、附件

1.本章商品范围及结构

本章商品包括乐器及乐器的零件、附件。

本章共有7个品目（本章无品目92.03、92.04），其排列顺序为：管弦乐器（品目92.01～92.02、品目92.05）→打击乐器（品目92.06）→电子乐器（品目92.07）→未列名乐器（品目92.08）→乐器的零件、附件（品目92.09）。

2.本章所涉及的商品知识

（1）弓弦乐器（子目9202.1000）

弓弦乐器是指用弓演奏的乐器，这类乐器主要有小提琴、六弦提琴及中提琴、大提琴、低音古提琴及低音提琴。

（2）铜管乐器（子目9205.1000）

铜管乐是指管弦乐队所用特种乐器的音质，而不是乐器的构成材料。铜管乐器通常由金属（黄铜、镍、银等）制成，形状为一根锥形管，管子末端为喇叭形，管身可进行不同程度卷曲。它们包括：短号、小号、军号、萨克号、长号、号角、无阀号角等。

3.本章商品归类应注意事项

（1）用于演奏品目92.02、92.06所列乐器的弓、槌及类似品，如果与该乐器一同报验，数量合理，用途明确，应归入有关乐器的相应品目。

（2）品目92.09的卡片、盘或卷，即使与乐器一同报验，也不视为该乐器的组成部分，而应作为单独报验的物品对待。

（3）不归入本章的乐器零件、附件的范围。

不归入本章的乐器零件、附件主要包括：第十五类注释二所规定的贱金属制通用零件（第十五类）或塑料制的类似品（第39章）；第85章或第90章的传声器、扩大器、扬声器、耳机、开关、频闪观测仪及其他附属仪器、器具或设备，虽用于乐器但未与乐器组成一体或安装在同一机壳内（第85章或第90章）；清洁乐器用的刷子（品目96.03）；调音工具（品目82.05）；钢琴凳（品目94.01）、落地式乐谱架或乐谱台（品目94.03）；模制成一定形状的弓弦用松香（品目96.02）；玩具乐器或器具（品目95.03）；收藏品或古物（品目97.05或97.06）。

（4）归入本章的乐器零件、附件的范围。

归入本章的乐器零件、附件主要包括：节拍器、音叉及定音管；百音盒的机械装置；乐器用弦；固定乐器用的乐架；演奏乐器用的机械装置；自动乐器用的卡片、圆盘、带卷，不论其是否与有关乐器一同报验。

本篇小结

本篇简单介绍了仪表类商品的分布情况；详细介绍了其所在第十八类各章（第90章～第92章）的商品范围及结构、部分仪表方面的商品知识及部分品目；重点讲解了仪表类商品涉及的归类原则，主要是仪表零件的归类及各章归类应注意事项。本篇的重点章是第90章，通过本篇学习应重点掌握第90章的编排规律、仪器零件的归类、国际贸易中常见仪表的归类。

第 18 篇

杂项制品的归类

（第二十类）

学习目标 ◁

通过本篇的学习，学生应了解杂项制品的分布情况；熟悉杂项制品所在章（第 94 章～第 96 章）的商品范围及结构，了解必要的商品知识，熟悉相关的注释；掌握归类要点。引导学生弘扬工匠精神，积极探索杂项制品的归类规则与方法，遇到疑难商品不退缩，积极探讨，加强团队协作，正确运用归类依据对该类商品进行准确归类。引导学生树立守法、诚信意识，践行社会主义核心价值观，遵守进出口商品归类有关的法律法规，规范进出口商品归类操作，如实申报进出口商品的税则号列。

教学重点和难点 ◁

家具的归类；灯具的归类；寝具的归类；第 96 章的商品范围及与相关章的联系与区别。

18.1　杂项制品的分布情况

杂项制品主要分布于第二十类，包括前述各类、章、品目未包括的货品。

第二十类共有3章（第94章～第96章），按商品属性设章，其排列结构为：

家具；寝具；灯具；活动房屋（第94章）
玩具、游戏品、运动用品及其零件、附件（第95章）
杂项制品（第96章）

18.2　第94章　家具；寝具、褥垫、弹簧床垫、软坐垫及类似的填充制品；未列名灯具及照明装置；发光标志、发光铭牌及类似品；活动房屋

1.本章商品范围及结构

本章商品包括各种家具及其零件；弹簧床垫、床褥及其他寝具或类似用品，不论是否包面；用各种材料（第71章章注一所述材料除外）制的未列名灯具和照明装置、装有固定光源的发光标志、发光铭牌和类似品；上述货品的未列名零件；活动房屋。

本章共有6个品目，其排列顺序为：家具及其零件（品目94.01～94.03）→弹簧床垫、床褥及其他寝具或类似用品（品目94.04）→灯具（品目94.05）→活动房屋（品目94.06）。

2.本章所涉及的商品知识

（1）非电气的灯具及照明装置（子目9405.5000）

这类装置是指用蜡烛、汽油、煤油、煤气、乙炔等非电气作光源的灯具及照明装置。

（2）活动房屋（品目94.06）

活动房屋也称“工业化房屋”，是指在工厂制成成品或制成部件并一同报验，供以后在有关地点组装的房屋，例如，工地用房。

3.本章未列名品目介绍

（1）品目94.03

本品目包括不归入品目94.01、94.02的各种家具及其零件，本品目的家具不但包括通用家具，也包括有特殊用途的家具。主要包括下列用途的

家具：

①住宅、旅馆等用的家具，例如，橱柜、被服箱、面包箱、木柴箱；五斗橱、高脚柜；各种底座、花木架；梳妆台；台座式桌子；衣柜、衣橱；衣帽架、伞架；餐具柜、食具柜、碗碟橱；食物橱；床头柜；床（包括衣柜床、行军床、折叠床、帆布床等）；刺绣桌；脚凳、壁炉防火屏；屏风；落地式烟灰缸；乐谱柜、架或台；婴儿围栏；食物推车（不论是否装有加热板）。

②办公室用的家具，例如，衣帽柜、文件柜、档案推车、卡片索引柜等。

③学校用的家具，例如，课桌、讲坛、黑板架（挂黑板等用）。

④教堂用的家具，例如，圣坛、忏悔厢、布道坛、教友长凳、读经台等。

⑤商店、车间等用的家具，例如，柜台，服装架，组合货架，装有分格或抽屉的橱、工具橱等，印刷用特制家具（带有柜架或抽屉）。

⑥实验室或技术室用的家具，例如，显微镜台、实验室工作台（不论是否装有玻璃箱、气体喷嘴、龙头装置等）、排烟橱、无绘图仪器的绘图台。

本品目不包括：吊床（一般归入品目56.08、63.06）、落地镜（品目70.09）、装甲或加强的保险箱（品目83.03）、作为缝纫机台架用的家具、机器设备专用的家具、装有缩放仪等仪器的绘图台（品目90.17）、品目95.04的桌球台及其他专供游戏用的特制家具，以及品目95.05的魔术用台。

（2）品目94.05

本品目包括：

①其他品目未列名的灯具及照明装置。主要包括：

A.通常用于室内照明的灯具及照明装置，例如，吊灯、碗形灯、棚顶灯、枝形吊灯、壁灯、落地灯、台灯、床头灯、书桌灯、夜间灯、防水灯；

B.户外照明用的灯具，例如，街灯、门廊及大门灯、专门用于公共建筑、纪念碑、公园的照明灯；

C.特殊用途灯，例如，暗室灯、单独报验的机器用灯、摄影室用灯、飞机场用的不闪灯标、橱窗用灯、电气彩灯串；

D.飞机、船舶或第86章所列车辆用的灯具及照明装置，例如，火车前灯、机车及铁路车辆用灯、飞机前灯、船舶用灯；

E.便携式灯具（品目85.13的物品除外），例如，防风灯、马厩灯、手提灯、矿灯、采石矿工用灯；

F.枝形烛台、烛台、烛架，例如，弹钢琴用的烛台。

本组也包括探照灯及聚光灯。探照灯供防空等用，而聚光灯则供舞台布景及照相馆或电影制片厂用。

②发光标志、发光铭牌及类似品，包括用各种材料制成的广告灯、牌、发光铭牌（包括路标）及类似广告牌及门牌等的物品，只要它们装有永久性的固定光源。

③灯具及照明装置、发光标志、发光铭牌及类似品的其他品目未列名的零件，例如，吊灯用吊件、玻璃灯罩等。

4.本章商品归类应注意事项

（1）本章的家具具有落地式的特征，但碗橱、书柜、架式家具及组合家具、坐具及床可以是悬挂、固定在墙壁上的。

（2）品目94.01~94.03所列家具的零件，不包括玻璃（含镜子）、大理石或其他石料，以及第68章和第69章所列任何其他材料的片、块（不论是否切割成形，但未与其他零件组装）。例如，圆形大理石桌面，不应作为家具的零件归类，而应按已加工的大理石归入第68章。

（3）本章的寝具是有填充材料的（水、气体除外），无填充物或充水、充气的寝具应按材料归类。

（4）品目94.04的货品，如果单独报验，不能作为品目94.01、94.02或94.03所列货品的零件。

（5）品目94.05只包括其他品目未列名的灯具，在其他品目列名的灯具（例如，放电灯管）不应归入该品目。

5.部分商品归类辨析

（1）家具的归类

①具有实用价值的落地式的家具，以及无论是否悬挂、固定在墙壁上的或叠摞的碗橱、书柜、架式家具及组合家具、坐具及床应归入第94章。

②其结构只适用于放置在其他家具上或架子上，或悬挂在墙壁等上的其他家具，即非落地式家具［上述（1）所述家具除外］按材料归类。例如，固定在墙上的木制衣帽架应按木制品归入品目44.20。

③作为缝纫机台架用的家具，不论在缝纫机不使用时是否可作为家具用，均应归入品目84.52。

④机器设备专用的家具，一般按该机器设备的零件归类。例如，品目85.18所列设备用的，归入品目85.18；品目85.19~85.21所列设备用的，归入

品目85.22；品目85.24~85.28所列设备用的，归入品目85.29。

⑤装有缩放仪等仪器的绘图台，应归入品目90.17。

⑥专供游戏用的特制家具（例如，桌球台）应归入品目95.04。

⑦魔术用台，应归入品目95.05。

（2）灯具及照明装置的归类

①贵金属、包贵金属制的灯具及照明装置，归入第71章。

②自行车及机动车辆用的电气照明及信号装置，归入品目85.12。

③自供能源的手提式电灯，归入品目85.13。

④交通管理用的信号灯（例如，十字路口的红绿灯），归入品目85.30。

⑤白炽灯泡、放电灯管（包括封闭式聚光灯及紫外线灯管或红外线灯泡）、弧光灯，归入品目85.39。

⑥照相用闪光灯（包括电气点火的照相闪光灯泡），归入品目90.06。

⑦医疗用诊断、探查、照射用灯，归入品目90.18。

⑧装饰品（例如，中国灯笼），归入品目95.05。

⑨其他品目未列名的灯具及照明装置（例如飞机用照明装置），归入品目94.05。品目94.05的具体货品可参见本章未列名品目介绍部分。

（3）活动房屋的设备及零件的归类

①作为正常应固定装在活动房屋里的设备，与活动房屋一同报验应与房屋一同归类。这些设备包括电气配件（例如，电线、插座、开关、断路器、门铃等）、暖气及空调设备（例如，锅炉、暖气散热器、空调机等）、卫生设备（例如，浴缸、淋浴器、热水器等）、厨房设备（例如，洗涤槽、抽油烟罩、炉灶等）及固定装于或准备装于房屋内的家具（例如，橱柜等）。

②组装或装修活动房屋用的材料（例如，钉、胶水、石膏、灰浆、电线及电缆、管道、油漆、壁纸、地毯），只要与活动房屋一同报验并数量合理，可与活动房屋一并归类。

③单独报验的活动房屋零件及设备，不论其是否明显用于活动房屋，均不能归入品目94.06，而应归入各自相应的品目。

18.3　第95章　玩具、游戏品、运动用品及其零件、附件

1.本章商品范围及结构

本章商品包括各种供儿童或成人娱乐用的玩具；室内及户外游戏用设

备；运动、体操、竞技用具及器械；某些钓鱼、狩猎用品；射击用靶、旋转木马和其他游乐场用的娱乐设备。本章还包括注释一所列货品以外的明显专用于或主要用于本章货品的零件、附件。本章商品不可以用天然或养殖珍珠、宝石或半宝石、贵金属或包贵金属制成，但可装有上述材料制的小配件。

本章共有6个品目（本章无品目95.01、95.02），其排列顺序为：各种玩具（品目95.03）→游戏娱乐用品（品目95.04、95.05）→体育用品（品目95.06）→钓鱼、狩猎用品（品目95.07）→游乐场用的娱乐设备、流动马戏团、流动动物园及流动剧团用品（品目95.08）。

2.本章部分品目介绍

品目95.05

本品目包括：

①节日（包括狂欢节）用品或其他娱乐用品。由于其特定用途，这些商品通常不用耐用材料制成。它们包括：装饰品（例如，花彩、花环、中国灯笼等），以及用纸、金属箔、玻璃纤维等制成的各种圣诞树装饰品；圣诞节传统用品（例如，人造圣诞树、耶稣圣诞图、圣诞爆竹、圣诞袜）；化装舞会及类似场合用品（例如，面具、假耳朵、假鼻子，但不包括第61章或第62章的纺织品制的化妆衣着）；纸或棉毛制的抛球、纸飘带（包括狂欢节纸带）、纸板喇叭、“射出”玩具、五彩纸屑、狂欢节用伞等。

②魔术道具及嬉戏品，例如，专用于魔术表演的纸牌、桌、屏风及容器；喷嚏粉、神奇糖果、喷水钮孔及“日本花卉”等嬉戏品。

本品目不包括：天然圣诞树（品目06.04）；圣诞节蜡烛及圣诞树蜡烛（品目34.06）；节日用的塑料或纸制包装品（按其构成材料归类）；圣诞树座架（按其构成材料归类）；纺织材料制的旗帜（品目63.07）；各种灯串（品目94.05）。

3.本章商品归类应注意事项

（1）本章商品不可以用天然或养殖珍珠、宝石或半宝石、贵金属或包贵金属制成，但可装有上述材料制的小配件。

（2）本章包括的玩具主要是供人（儿童或成人）娱乐用的，根据其设计、形状或构成材料可确认为专供动物（如宠物）玩赏的玩具不归入本章，而应按材料归类。

（3）除本章注释一另有规定的以外，凡专用于或主要用于本章各品目所列物品的零件、附件，应与有关物品一并归类。

（4）注意不归入本章的运动用品的范围。

易误归入本章的运动用品主要包括：品目42.02、43.03或43.04的运动用袋或其他容器；第61章或第62章的纺织品制的运动服或化装舞会服装；第63章的纺织品制的旗帜及帆板或滑行车用帆；第64章的运动鞋靴（装有冰刀或滑轮的溜冰鞋除外）或第65章的运动用帽；第十七类的运动用车辆（长雪橇、平底雪橇及类似品除外）；第89章的运动用船艇（如赛艇）及其桨、橹和类似品（按材料，一般是木制的，归入第44章）；运动及户外游戏用的眼镜、护目镜及类似品（品目90.04）。

4.部分商品归类辨析

（1）儿童脚踏车的归类

儿童两轮脚踏车，归入品目87.12
儿童三轮及三轮以上脚踏车，归入品目95.03

（2）电子游戏机的归类

符合第84章章注六“自动数据处理设备”规定的电子游戏机，归入品目84.71
用硬币、代币等支付方式使其工作的电子游戏机，归入子目9504.3010
与电视接收机配套使用的电子游戏机，归入子目9504.5020或9504.5030
其他电子游戏机，归入子目9504.9010

18.4　第96章　杂项制品

1.本章商品范围及结构

本章商品包括已加工的雕刻材料及其制品、某些扫把、刷子和筛、某些缝纫用品、某些书写及办公用品、某些烟具、某些化妆用具及其他章未列名的其他物品。除品目96.01~96.06及96.15的商品以外，本章所列商品可以全部或部分由天然或养殖的珍珠、宝石或半宝石制成，或由贵金属或包贵金属制成。但品目96.01~96.06及96.15所列商品可以装有天然或养殖的珍珠、宝石或半宝石、贵金属或包贵金属制成的小配件。

本章共20个品目，其排列顺序为：已加工的动植物质及矿物质雕刻材料及其制品（品目96.01 ~ 96.02）→帚、刷、筛（品目96.03 ~ 96.04）→成套旅行用具（品目96.05）→纽扣、拉链（品目96.06 ~ 96.07）→各种笔、书写板、印戳、色带、印台等（品目96.08 ~ 96.12）→烟具、梳妆用具、化妆用喷雾器、粉扑等（品目96.13 ~ 96.16）→保温瓶等真空容器（品目96.17）→人体活动模型及其他活动陈列品（品目96.18）→任何材料制的卫生巾（护垫）及卫生棉条、尿布及尿布衬里和类似品（品目96.19）→独脚架、双脚架、三脚架及类似品（品目96.20）。

2.本章所涉及的商品知识

（1）玳瑁壳

玳瑁是一种海龟，其壳呈淡黄色、浅棕色或黑色，加热后韧性极好，可塑性很强，冷却后可变硬定形。

（2）珍珠母

珍珠母是具有珍珠般虹彩光泽内层的贝壳。

（3）"模塑制品"（品目96.02）

"模塑制品"是指按其特定用途模塑成一定形状的物品，但不包括仅模制成锭块、方块、板、棒、条等形状的材料。

（4）手用粗筛、细筛（品目96.04）

手用粗筛、细筛是指用结实的网布或其他网眼材料（包括各种网眼规格）装于长方形或圆形的框架（一般为木或金属的）上制成的物品，供按颗粒大小筛选固体物质用。

（5）其他人体活动模型（品目96.18）

其他人体活动模型包括人体或人体各部分（例如，头、躯体、腿、臂或手）的模型，用以陈列服装、帽子、袜子、手套等物品，也可用作艺术家或雕刻家的模特儿，亦可供医科学生做练习缚绷带、夹板等用。

3.本章部分品目介绍

（1）品目96.05

本品目包括成套旅行用具，它们由归入不同品目的物品或同一品目但不同品种的物品组成，包括以下3种：

①成套梳妆箱，由模制塑料盒、刷子、梳子、剪子、镊子、指甲锉、镜子、剃刀架及修剪指甲工具组成，装于皮革、织物或塑料制的箱子内一同报验。

②针线盒，由剪刀、卷尺、穿针器、缝纫针、线、别针、顶针、纽扣及按扣组成，装于皮革、织物或塑料制的盒子内一同报验。

③擦鞋套具，由刷子、盒装或支装鞋油及擦鞋布等组成，装于皮革、织物、塑料或过塑纸板制的箱子内一同报验。

本品目不包括修剪指甲套具（品目82.14）。

（2）品目96.20

本品目包括独脚架、双脚架、三脚架及类似品，用于支撑照相机、摄像机、精密仪器等，以减轻其晃动的程度。它们通常是可伸缩及便携式的，配有一个快卸器或快卸接头，以在支撑这些器械时便于安装或拆卸。这些物品可由任何材料制成，例如，木制、铝制、碳制或复合材料制。

独脚架是单腿式支架，有时称为“单脚架”。双脚架是双腿式支架，可随运动的双轴保持稳定。三脚架是三脚式架座，可为所支撑的器械提供显著的稳定性。

本品目所称的“类似品”，是指配有四条腿及以上、在减轻晃动方面具有与独脚架、双脚架及三脚架相同功能的器械。本品目也包括自拍架，也称“自拍杆”，按设计握在手中而不是立于地上。自拍杆的一端配有一个可调节的夹具，可夹住智能手机、照相机、数码照相机或视频摄录一体机，进行自拍照，不论是否配有有线或无线的拍照遥控器。

本品目不包括：麦克风支架（品目85.18）、安放乐器（例如，小鼓、萨克斯管）用的架座（品目92.09）、第93章的制品专用的独脚架、双脚架、三脚架及类似品。

4.本章商品归类应注意事项

（1）注意本章商品在材料上的规定有所不同。

根据本章章注四的规定，除品目96.01~96.06及96.15的商品以外，本章所列商品可以全部或部分由天然或养殖的珍珠、宝石或半宝石制成，或由贵金属或包贵金属制成。但品目96.01~96.06及96.15所列物品可以装有天然或养殖的珍珠、宝石或半宝石、贵金属或包贵金属制成的小配件。

（2）本章“已加工”雕刻材料的范围。

本章商品包括的已加工动植物质及矿物质雕刻材料，是指加工程度超过第5章、第14章及第五类所允许范围的动植物质及矿物质雕刻材料。其加工方式包括：已切割成形（包括正方形和长方形）；抛光或用磨、钻、铣、车等方法制成板、片、棒等形状；模制。

（3）品目96.03所称“制帚、制刷用成束、成簇的材料”的范围。

根据本章章注三的规定，品目96.03所称“制帚、制刷用成束、成簇的材料”，仅指未装配的成束、成簇的兽毛、植物纤维或其他材料。这些成束、成簇的材料无须分开即可安装在帚、刷之上，或只需经过简单加工（如将顶端修剪成形）即可安装。不符合该章注规定的制帚、制刷用的动物质材料归入第5章、植物质材料归入第14章。

（4）品目96.06包括用以扣紧或装饰衣服、家用织物制品等的纽扣、领扣及类似品。袖扣等装饰用扣应按首饰或仿首饰归入品目71.13或71.17。

本篇小结

本篇简单介绍了杂项制品的分布情况；详细介绍了其所在第二十类、各章（第94章~第96章）的商品范围及结构、部分商品知识及部分品目；重点讲解了各章商品归类应注意事项，以及家具、灯具、寝具等重要商品的归类。通过本篇学习应掌握国际贸易中常见杂项制品的归类。

商品归类实训题

第1章

1. 供食用的活鹌鹑，重量不超过180克　2. 改良种用活猪（附有纯种的省级相关证明，重量超过50千克）　3. 供食用的活乌龟　4. 流动马戏团巡回展出用活马　5. 供食用的活田螺　6. 活信鸽（非改良种用）　7. 供食用的活珍珠鸡（重量1300～1500克）　8. 活的野山羊（非改良种用）

第2章

1. 鲜牛百叶（牛胃）　2. 冷冻的制馅用五花肉（猪的）　3. 冷冻的田鸡腿　4. 液体猪油　5. 冻鸭掌　6. 鲜牛舌　7. 炭烤鸡腿肉串　8. 冷藏的去骨绵羊肉　9. 冻鸡爪　10. 干海参　11. 冷藏的整头乳猪　12. 未炼制的鲜鹅脂肪

第3章

1. 红尾金龙鱼（淡水鱼，供观赏用）　2. 冻长鳍金枪鱼　3. 盐渍鲱鱼卵　4. 盐渍海蜇头（规格8～15只/千克）　5. 供食用的活皇帝蟹　6. 熏鲍鱼（鲍属）　7. 鲈鱼苗　8. 干制鲨鱼翅　9. 干海马（制药用）　10. 冻生鲽鱼片（带皮去刺）　11. 水煮后经冷冻的淡水小龙虾虾仁　12. 供食用的经烹煮加工的鱼的细粉

第4章

1. 添加钙、锌的袋装全脂甜奶粉（按重量计脂肪含量为25%）　2. 松花鹌鹑皮蛋　3. 纯天然百花蜜（500克/瓶）　4. 乳白蛋白（蛋白含量80%以上）　5. 布洛西鲜乳酪　6. 大亨瓶装鲜牛奶（200毫升，脂肪含量为3. 4%，未加糖或其他甜物质）　7. 瓶装印度酥油　8. 铁塔牌黄梅果肉酸奶　9. DFA牌乳清粉　10. 供食用的冻煮蚕蛹

第5章

1. 鹿茸　2. 冻鸡胗（鸡胃）　3. 油漆刷（猪鬃毛制）　4. 黑珍珠贝壳（用于加工贝壳工艺品纽扣）　5. 洗净的白鸭绒（制羽绒服用）　6. 饲料用牛肉骨粉　7. 马宝（一种黄药）　8. 生猪皮（供制革用）　9. 猪肠衣（干制）　10. 牛尾毛

第6章

1. 生长的百合球茎（装饰用） 2. 玫瑰树种苗 3. 蔺草（编结用） 4. 天然圣诞树（未经装饰） 5. 鲜百合花花束（装饰用） 6. 鲜西兰花（供食用） 7. 椰子树（非种用） 8. 罗汉松盆景（塑胶花盆）

第7章

1. 干制松茸 2. 冷藏的甜椒 3. 用二氧化硫气体暂时保藏的油橄榄 4. 冷冻的甜玉米（已煮熟，未调味，袋装） 5. 马铃薯细粉 6. 鲜莲藕（供食用） 7. 脱荚的干绿豆（非种用） 8. 辣椒干 9. 鲜大蒜头 10. 干裙带菜（供食用） 11. 番茄粉 12. 竹笋罐头

第8章

1. 鲜菠萝 2. 柿饼 3. 干的腰果仁 4. 荔枝罐头 5. 生核桃 6. 冷藏的水蜜桃 7. 盐水浸泡的刺山柑 8. 新鲜的哈密瓜 9. 椰枣粉 10. 糖渍柑橘皮 11. 冷藏的番荔枝 12. 煮熟后冷冻的栗仁

第9章

1. 云南普洱熟茶（内包装每件净重超过3千克） 2. 干姜片 3. 星巴克牌法式烘焙咖啡豆（未浸除咖啡碱） 4. 洋葱粉 5. 由肉桂、丁香、肉豆蔻、八角茴香、胡椒按一定比例混合而成的调味粉 6. 杜松果 7. 50%的辣椒粉与50%的胡椒粉混合而成的调味粉 8. 艾恩思速溶咖啡粉（0. 32千克/袋） 9. 青正元咖喱粉 10. 香子兰豆

第10章

1. 大麦（带壳，非种用） 2. 食用高粱米（净重10千克） 3. 盂乍隆牌茉莉香长粒米 4. 生燕麦片（经滚压制片加工） 5. 荞麦（非种用） 6. 玉米细粉

第11章

1. 核桃粉 2. 马铃薯淀粉 3. 味全干面筋（粉状） 4. 面粉（小麦细粉） 5. 麦芽（已焙制，非咖啡代用品） 6. 红薯粉 7. 菊粉 8. 豇豆粉 9. 芝麻粉

第12章

1. 干的海带（供食用） 2. 生花生仁 3. 青大豆种子 4. 大麦（种用） 5. 红西瓜子（食用） 6. 谷壳（未经处理） 7. 干枸杞 8. 鲜油棕果 9. 西兰花种子 10. 芥子粉 11. 郁金香种子 12. 干制甜杏仁（供食用）

第13章

1. 松脂 2. 甘草浸膏（按重量计蔗糖含量为6%） 3. 褐藻胶 4. 制药用的人参液汁 5. 乳香

第14章

1. 棉短绒 2. 编结用的野生芦苇 3. 木丝 4. 木棉（加工床垫或枕头用） 5. 三叶草（饲料用） 6. 雕刻用的椰子壳

第15章

1. 食用调和油（含有60%花生油、20%大豆油、20%葵花油） 2. 未炼制的猪脂肪 3. 未炼制的牛脂肪 4. 鲸蜡 5. 鱼肝油（未经化学改性，桶装） 6. 可可脂 7. 氢化棉籽油（100%棉籽油，用于生产营养食品） 8. 粗甘油（甘油含量78%，用于生产油墨等） 9. 天然黄油 10. 初榨的菜籽油（未经化学改性，按重量计芥子酸含量为2%）

第16章

1. 小胖子牌辣味沙丁鱼罐头（块状，155克） 2. 冻维也纳猪肉香肠（使用人造肠衣做外包装） 3. 鸡肉午餐肉罐头 4. 水煮后经冷冻的带壳淡水小龙虾 5. 自然派炭烧鱿鱼丝（165克/袋） 6. 一种可用微波炉加热的方便快餐食品，净含量250克，其中含面条150克、鸡块50克、卷心菜30克、鱿鱼丝20克，食品已预先烧制过，装于一次性泡沫塑料盒中 7. 熏大麻哈鱼 8. 密封塑料袋装婴儿均化食品，成分含量：30%猪肉（可见小肉块）、65%胡萝卜、5%其他配料，净重500克 9. 煮熟的猪肝罐头 10. 永群黑胡椒高粱牛肉干（250克/袋）

第17章

1. 化学纯麦芽糖 2. 益达木糖醇口香糖（香浓蜜瓜味，40粒/瓶） 3. 甘蔗糖蜜 4. 葡萄糖浆（加有香料、着色剂，454克/袋） 5. 日进堂杏仁糖

（100克/袋）

第18章

1. 生可可豆（整颗） 2. 吉百利礼品盒装白巧克力 3. 甜可可粉 4. 全脱脂可可膏 5. 巧克力夹心甜饼干 6. 球型牛奶夹心巧克力（脆米夹心，160克/包）

第19章

1. 草莓蛋挞 2. 统一满汉大餐葱烧牛肉面（即食，带调味包，袋装）3. 含脱脂奶粉、牛磺酸、卵磷脂、维生素等多种营养成分的婴幼儿食用配方奶粉（500克/包） 4. 速冻水饺（猪肉白菜馅，每袋净重500克） 5. 吐司（150克/包） 6. 玫瑰牌西米（珍粉的代用品） 7. 即食营养麦片（720克/袋）

第20章

1. 四洲紫菜（番茄味，24克/包×16包/箱） 2. 醋腌黄瓜 3. 柠檬浓缩汁（100%柠檬汁，不含酒精，白利糖度值为38） 4. 番茄酱罐头（411克/罐）5. 糖渍李子 6. 樱桃罐头 7. 婴儿均化食品（胡萝卜、土豆、豌豆水烹煮均化而成，未冷冻，净重250克） 8. 盐焗美国杏仁 9. 苹果芒果汁（成分：鲜榨苹果汁83. 9%、芒果汁16. 1%，不含酒精，400毫升/瓶） 10. 盐腌裙带菜

第21章

1. 番茄什锦沙司 2. 美极田园金黄玉米浓汤 3. 食用碘盐 4. 单独报验的咖啡伴侣 5. 速溶红茶粉（内包装每件净重10千克） 6. 明治香草冰淇淋 7. 发面酵母（一种活性酵母） 8. 纯咖喱粉 9. 密封塑料袋装婴儿均化食品，成分含量：30%猪肉（可见小肉块）、65%胡萝卜、5%其他配料，净重250克 10. 小麦浓缩蛋白粉 11. 大麦“咖啡”（烘焙大麦，作为咖啡的代用品）12. 人参蜂王浆制剂

第22章

1. 哈尔滨啤酒（麦芽酿造，酒精含量5. 5%，630毫升/瓶） 2. 瓶装柠檬味苏打水（一种加味汽水） 3. 山西陈醋 4. 日之泉饮用蒸馏水（600毫升/支） 5. 特质广西米酒（酒精浓度15%，陶瓷坛装） 6. 葡萄原汁中加入20%的水（白利糖度值小于20，无酒精，供饮用） 7. 苏格兰威士忌酒（酒精浓

度40%，500毫升/瓶） 8. 泰山优质天然矿泉水（1500毫升/瓶） 9. 春田苹果醋（473毫升/瓶）

第23章

1. 小麦麸（饲料用） 2. 188大鸡饲料（40千克/包） 3. 甜菜叶（饲料用） 4. 经酸处理的猪骨 5. 艾丽美（制成的饲料添加剂） 6. 猪油渣（饲料用） 7. 甘蔗渣 8. 饲料羽衣甘蓝

第24章

1. 万宝路香烟（用烟草制的卷烟） 2. 去梗的烤烟 3. 均化“烟丝” 4.烟弹（单独报验，不含所用的特定电子加热设备，聚丙烯制外壳，内有约0.31克粒状再造烟草、水、香精、碳酸钾及其他助剂的混合物，以及一个醋酸纤维素制的烟嘴）

第25章

1. 原产状态的大理石（表观比重2. 5以上） 2. 高岭土（已煅烧） 3. 着色白水泥（粉刷墙壁用） 4. 胶态硫磺（非零售包装） 5. 鳞片状天然石墨 6. 化学纯氧化镁（非光学元件，非培养晶体） 7. 修路用碎石 8. 长石砂 9. 未焙烧的黄铁矿 10. 氟碳铈镧矿

第26章

1. 铝矿砂（天然红褐色颗粒） 2. 生锑 3. 铀矿砂 4. 菱镁矿（天然碳酸镁） 5. 轧钢产生的氧化铁皮 6. 铜锍 7. 软锰矿（用于制电池） 8. 稻草灰

第27章

1. 航空汽油 2. 褐煤蜡 3. 水煤气 4. 泥煤（粉末状，肥料用） 5. 沥青胶粘剂 6. 凡士林（零售包装，护肤用） 7. 天然气（气态） 8. 化学纯甲苯 9. 液化丙烷（符合化学定义） 10. 容器容量为300立方厘米的香烟打火机用液化丁烷 11. 煤球 12. 石油原油

第28章

1. 锌汞齐 2. 小苏打 3. 水银 4. 氯化镭（镭为镭-226） 5. 双氧水 6. 磷酸银（符合化学定义） 7. 氯化铵（符合化学定义，每包毛重20千克，

肥料用） 8. 重醋酸 9. 氧化钇

第29章

1. 丙三醇（甘油）（纯度99. 9%） 2. 普鲁卡因（未配定剂量，非零售包装） 3. 乙醇（未改性，浓度99. 5%） 4. 地塞米松（未配定剂量，非零售包装） 5. 三硝基甲苯（TNT）（符合化学定义） 6. 乙醚（符合化学定义） 7. 冰乙酸（符合化学定义；非食品级） 8. 维生素ADE（未配定剂量，非零售包装） 9. 环己基氨基磺酸钠（甜蜜素） 10. 头孢曲松制剂

第30章

1. 猪肺炎支原体灭活疫苗（预防猪呼吸道传染病；100毫升/瓶） 2. 氯霉素眼药水（10千克，桶装） 3. 金塔牌维生素B1注射液（1毫升/支） 4. 钡餐（胃造影剂） 5. 创可贴（每包10片装） 6. 木制急救药箱（内含纱巾、创可贴、绷带、手套、湿巾、电筒和塑胶盒） 7. 清凉油（零售包装） 8. 过期的六味地黄丸 9. 零售包装的医用绷带 10. 安乃近注射液（1克/2毫升）

第31章

1. 尿素$CO(NH_2)_2$（白色晶体，每包毛重25千克，实验室用）

2. 硝酸钾（符合化学定义，粉状，每包毛重25千克，肥料用） 3. 硫酸钾（符合化学定义，粉状，每包毛重10千克） 4. 从稻壳中提取的稻壳肥（黑色颗粒，每包毛重25千克，耕地用肥料） 5. 磷酸二氢铵（符合化学定义，每包毛重25千克） 6. 含30%尿素、40%磷酸氢钙、30%硫酸钾的混合肥料（每包毛重25千克） 7. 海藻灰（肥料用）

第32章

1. 儿童24色水彩颜料套装（塑料扁盒装） 2. 色淀（粉末状，10千克/包） 3. 钛白粉（非零售包装） 4. 活性红染料（非零售包装） 5. 红墨水（书写用，瓶装） 6. 叶黄素（非零售包装） 7. 溶于挥发性有机溶剂中的乙烯聚合物，按重量计乙烯聚合物占45% 8. 安装玻璃用油灰 9. 非聚合物为基料的瓷漆，溶于非水介质（50千克/桶） 10. 酸性染料（500克/袋）

第33章

1. 可伶可俐保湿面膜，由调配好的营养美容液涂在薄型无纺布上制得

（5片/盒） 2. 多芬沐浴露（500毫升/瓶） 3. 雅诗兰黛指甲油（5毫升/支） 4. 六神驱蚊花露水（195毫升/瓶） 5. 白柠檬油 6. 高露洁冰凉薄荷牙膏（160克/支） 7. 艾诗护发素（375毫升/瓶） 8. 室内空气清新剂（喷雾式玫瑰香型，500毫升/瓶） 9. 强生婴儿爽身粉（100克/袋） 10. 狗用洗毛剂（500毫升/瓶）

第34章

1. 立白新一代洗洁精（500毫升/瓶） 2. 生日蜡烛 3. 雕牌超能洗衣皂（块状） 4. 加利润滑油（矿物油含量80%，桶装，金属切削用） 5. 经着色的虫蜡 6. 聚乙烯蜡 7. 橡皮泥 8. 绿茶抗氧化洗面奶（220毫升/瓶） 9. 海绵擦（内含自然色鞋油） 10. 含有机表面活性剂的洗发水（500毫升/瓶）

第35章

1. 鱼鳔胶，净重2千克 2. 酪蛋白酸钠（25千克/袋） 3. 麦芽糖酶（一种淀粉酶） 4. 固体胶（8克/支） 5. 装药用胶囊（明胶制） 6. 聚氯丁二烯橡胶黏合剂（20千克装） 7. 麦芽糊精（还原糖含量以右旋糖的干重计为7%）

第36章

1. 普通火柴 2. 固体酒精 3. 引爆器 4. 烟花 5. 容器容量为500立方厘米的香烟打火机充气用液化丁烷 6. 雷酸汞（符合化学定义）

第37章

1. 富士彩色摄影胶卷（未曝光，有齿孔长152厘米、宽35毫米） 2. 彩色相纸冲洗液 3. 成卷未曝光的彩色感光纸（宽65厘米） 4. 电影胶片（已曝光，未冲洗） 5. 未曝光的一次成像感光平片

第38章

1. 纺织织物消毒剂（成分：甲缩醛40%、半缩醛40%、乙醇20%，1.2升/瓶） 2. 蜡纸改正液（零售包装） 3. 血型卡（测试血型用） 4. 果壳活性炭（非零售包装） 5. 塑料复合稳定剂（成分：亚磷酸盐、硫酸盐） 6. 松脂 7. 胶态石墨（非零售包装） 8. pH试纸 9. 氯化钠培养晶体（非光学元件，每颗净重3克） 10. 焊粉（氧化铜60%和铝40%的混合物，160克/瓶）

第39章

1. 塑料制肥皂盒　2. 乙烯-乙酸乙烯酯-氯乙烯接枝共聚物，其中乙烯单体单元为36%、乙酸乙烯酯单体单元为24%、氯乙烯单体单元为40%，外观为白色粉末，未加增塑剂　3. 氯乙烯聚合物制矩形截面管（矩形内截面长1厘米、宽0. 5厘米）　4. 氯乙烯-乙酸乙烯酯共聚物，按重量计氯乙烯单体单元为50%、乙酸乙烯酯单体为50%（水分散体）　5. 乙丙非泡沫橡胶板（按重量计：乙烯单体单元为40%，丙烯单体单元为60%）　6. 塑料制抽水箱　7. 聚丙烯扁条（表观宽度4毫米）　8. 用机器将回收的废“可乐”饮料瓶粉碎成的细小碎片（该饮料瓶是由化学名称为聚对苯二甲酸丁二酯的热塑性塑料制成的）　9. 塑料制三通　10. 塑料板条箱（运输用）　11. 乙烯-丙烯-异丁烯共聚物（粒状），按重量计乙烯单体单元为45%、丙烯单体单元为25%、异丁烯单体单元为30%　12. 塑料百叶窗　13. 氯化橡胶（天然橡胶的化学衍生物，白色粉末）　14. 溴化环氧树脂（粉末状）　15. 红色塑料雨衣　16. 成卷的乙烯聚合物制塑料糊墙品（表层印有图案、衬背为涤纶无纺布宽45厘米）　17. 塑料水果盘

第40章

1. 摩托车用橡胶内胎　2. 含3%乳化剂的热塑丁苯橡胶（粒状）　3. 烟胶片　4. 充气枕头（硫化橡胶制）　5. 救生衣（硫化橡胶制）　6. 鼠标垫（硬质橡胶制）　7. 硫化橡胶制奶嘴　8. 儿童玩具气球（优质天然橡胶制）

第41章

1. 层压漆皮（塑料片的厚度为0. 2毫米，但不超过总厚度的1／2）　2. 整张盐湿生牛皮（经退鞣处理，均重22~26千克/张）　3. 粒面剖层马皮革（整张，经羊皮纸化处理）　4. 带毛的绵羊生皮　5. 干鸵鸟皮革（除鞣制外未经进一步加工）

第42章

1. 塑料眼镜盒（单独报验）　2. 马术用缰绳（聚丙烯制）　3. 藤条编结而成的衣箱　4. 女式分指保暖手套（外层是羊皮革，里层是人造毛皮）　5. 无菌外科肠线（零售包装）　6. 再生皮革制杯垫　7. 男式皮大衣（面料100%羊皮，里料化纤）　8. 铁制香烟盒

第43章

1. 女式兔皮披肩　2. 整张未经鞣制加工的狗毛皮　3. 面料为棉布，衬里为兔毛皮的女式夹克　4. 已鞣制的整张水貂皮（已缝制）　5. 女式手套（面料棉布，里料是人造毛皮）

第44章

1. 一次性木制压舌片　2. 胶合板（松木面，杨木芯，12层，每层厚度1.2毫米）　3. 竹炭颗粒　4. 橡木制书桌（办公室用）　5. 强化木薄板　6. 铁锤木柄（樟木制）　7. 木制衣箱　8. 木制电缆卷筒　9. 竹砧板　10. 饰面用单板（巴栲红柳桉木胶合板制，厚度3毫米）

第45章

1. 压制软木制垫圈　2. 天然软木塞

第46章

1. 丝瓜络制沐浴球　2. 竹帘　3. 编结用柳条　4. 用6毫米宽的聚丙烯扁条编结而成的席子　5. 藤条编结的废纸篓　6. 编结的草帽

第47章

1. 涂有金属银化合物的废纸板（用于回收金属银）　2. 回收的旧报纸　3. 化学热磨机械木浆（用机械与化学联合制浆法制得）　4. 亚硫酸盐漂白松木木浆（非溶解级）　5. 褐色磨木浆（机械木浆）　6. 硫酸盐漂白桦木木浆（溶解级）　7. 硫酸盐漂白杨木木浆（非溶解级）　8. 棉短绒纸浆

第48章

1. 卷烟纸（成卷，宽度27毫米）　2. 无碳复写纸（卷装，宽度21厘米）　3. A4复印纸（100%漂白化学木浆，210毫米×297毫米，80克/平方米）　4. 石蜡浸渍的绝缘纸（170克/平方米，成卷）　5. 一次性纸杯（木浆纸制，8安士）　6. 纸袋（底宽10厘米）　7. 纸收据本　8. 釉转印贴花纸　9. 植物羊皮纸（成卷，宽度28厘米）　10. 餐巾纸（40厘米×30厘米）　11. 由纤维素纸制得的婴儿纸尿布　12. 方形滤纸（10厘米×10厘米）　13. 石蕊试纸　14. 未漂白袋用牛皮纸（成卷，宽50厘米）　15. 品质标签（纸制，已印制）　16. 印有图画的明信片

第49章

1. 手绘安装图纸原稿 2. 素色明信片 3. 世界地图册 4. 产品目录（无商业价值） 5. 中国发行的申奥成功纪念邮票（已经使用） 6. 挂历（涤纶无纺物制） 7. 纸制扑克牌 8. 用塑料封皮装订成册的《人民日报》 9. 儿童涂色书 10. 单张已印制的阅读卡

第50章

1. 紬丝多股纱线（供零售用） 2. 印花蚕丝弹力机织物（94%桑蚕丝、6%弹力棉，幅宽180厘米） 3. 绢丝混纺纱线，按重量计含有70%绢丝、30%羊毛（非供零售用） 4. 未加捻的柞蚕丝 5. 丝绒印花布，按重量计含有70%桑蚕丝、30%人造丝（起绒机织物，幅宽180厘米）

第51章

1. 纯羊毛纱线织造的华达呢织物（精纺毛织物；150克/平方米；幅宽180厘米） 2. 精梳骆驼绒 3. 混色粗纺机织物，按重量计含有涤纶短纤40%、羊毛35%、兔毛25%（160克/平方米；幅宽180厘米） 4. 精梳混纺羊毛纱线，按重量计含有羊毛70%、棉30%（非供零售用） 5. 脱脂剪羊毛（未碳化） 6. 色织平纹精纺机织物，按重量计含有羊毛45%、铜氨短纤30%、锦纶短纤25%（150克/平方米；幅宽180厘米）

第52章

1. 印花平纹机织物，按重量计含有棉50%、醋酸纤维短纤25%、涤纶纤维短纤25%（210克/平方米；幅宽180厘米） 2. 全棉染色筒子纱（粗梳单纱；细度为256分特；非缝纫线；非供零售用） 3. 纯棉机织割绒灯芯绒（幅宽180厘米） 4. 纯棉劳动布（经纱蓝色、纬纱未漂白270克/平方米；幅宽180厘米） 5. 按重量计，由15%的精梳羊毛、30%的粘胶短纤和55%的精梳棉材料织成的匹状色织平纹织物（190克/平方米） 6. 医用棉纱布（零售包装） 7. 乌兹别克斯坦原棉（未梳） 8. 反光带（经玻璃珠浸渍的棉机织物；服装装饰用；非绝缘带）

第53章

1. 麻棉未漂白纱线，按重量计含有苎麻55%、棉45% 2. 大麻短纤 3. 按重量计，由35%的亚麻，25%的黄麻和40%的棉花织成的匹状印花机织

物　4. 用金属丝增强的黄麻多股纱线　5. 未纺制的马尼拉麻　6. 椰壳纤维纱线

第54章

1. 尼龙-6，6弹力丝（由尼龙-6，6化学纤维丝加工成的变形纱线），非缝纫线，非供零售用，每根单纱细度为60特　2. 色织机织物，按重量计含有棉50%、醋酸纤维长丝25%、涤纶长丝25%（幅宽110厘米）　3. 蓝色涤纶针织布（纬编；幅宽110厘米）　4. 按重量计，含棉50%、醋酸纤维长丝50%的多股纱线（非缝纫线；非供零售用）　5. 50%棉、50%涤纶长丝色织提花机织布（幅宽110厘米）　6. 镀膜涤纶缝纫线（含金属纱线）　7. 印花涤纶丝双绉（幅宽110厘米）　8. 聚丙烯弹性单丝（截面尺寸为0. 5毫米；细度80分特）　9. 涤纶长丝单纱（断裂强度为70厘牛顿 / 特克斯；非缝纫线；非供零售用）

第55章

1. 65%聚酯短纤、35%粘胶纤维短纤混纺漂白机织物（幅宽147厘米）　2. 聚丙烯腈长丝丝束（经拉伸处理；丝束长50米；捻度为3转/米；单丝细度为55分特；丝束总细度为21000分特）　3. 三线斜纹机织物，按重量计含30%粘胶纤维短纤、20%涤纶短纤、50%棉（幅宽28厘米）　4. 由40%的棉、30%的酪蛋白纤维短纤和30%的聚酯纤维短纤混纺制成的印花机织物（幅宽150厘米200克/平方米）　5. 未梳的聚酯短纤　6. 尼龙绒布（割绒的纬起绒机织物；幅宽180厘米）　7. 腈毛混纺多股纱线，按重量计含腈纶短纤80%、羊毛20%（非缝纫线；非供零售用）

第56章

1. 二醋酸纤维絮胎制卷烟过滤嘴　2. 马毛粗松螺旋花线　3. 正方形台布，涤纶短纤维无纺织物裁切而成（110克/平方米），塑料袋装　4. 粘胶纤维短纤纺制的多股纱线，细度为12000分特　5. 松紧线（纺织材料包覆的橡胶线）　6. 纸纱线　7. PU涂布涤纶毡呢片　8. 聚酯薄膜真空镀铝扁条（表观宽度为2毫米）

第57章

1. 结织栽绒地毯，按重量计算：栽绒层含羊毛45%、含粘胶短纤维25%、含涤纶短纤维30%　2. 100%涤纶毡呢地毯（块状；120厘米×56厘米） 3. 汽车用丙纶制簇绒地毯（幅宽89厘米） 4. 旧的涤纶针织地毯（块状） 5. “苏麦克”手织地毯（非民间工艺毯；腈纶纺制）

第58章

1. 棉制印花机织毛巾布（幅宽110厘米） 2. 经刺绣的涤纶短纤机织底布徽章（成条） 3. 含棉40%、涤纶短纤40%、桑蚕丝20%的割绒灯芯绒（已染色250克/平方米） 4. 涤棉绳绒机织物，按重量计含55%涤纶、45%棉（幅宽28厘米） 5. 绗缝被褥状纺织品，其结构为：表层和底层均为纯棉平纹机织物，胎料为腈纶棉（幅宽180厘米） 6. 真丝纱罗绸（幅宽114厘米） 7. 成匹刺绣品，按重量计绣料（涤纶机织布）占绣品总重的45%，纯棉绣线占绣品总重的55% 8. 手工针绣嵌花化纤装饰毯 9. 紧密编结的黄麻绳

第59章

1. 尼龙长丝筛布（规格为120目，纱罗组织织造） 2. 电工胶布（橡胶浸渍；绝缘带；幅宽1厘米） 3. 粘胶纤维高强力纱制帘子布 4. 纺织材料加强的硫化橡胶输送带 5. 本色纯涤纶短纤平纹机织物制传送带料，经聚氯乙烯涂布（厚度为2. 5毫米；非刚性人造革；幅宽28厘米） 6. 本色纯涤纶短纤平纹机织物制传送带，经聚氯乙烯涂布（厚度为2. 5毫米；非刚性；幅宽95厘米） 7. 本色纯涤纶短纤平纹机织物制传送带料（厚度为2. 5毫米；非刚性；幅宽28厘米） 8. 成卷涤麻混纺糊墙织物（纸衬背；宽91. 5厘米） 9. 棉制的已绘制画布（用作舞台布景）

第60章

1. 蓝色涤纶针织布（纬编，幅宽110厘米） 2. 已剪成手套形的针织经编纯棉布 3. 尼龙弹性经编针织物（弹性纱线含量为20%；幅宽60厘米） 4. 簇绒织物（以聚酰胺针织物为底布，绒面为纯羊毛；幅宽110厘米） 5. 97%涤纶、3%聚氨酯针织经编罗纹布（幅宽30厘米） 6. 长毛绒机织物（经纱起绒；绒面由腈纶构成；割绒；幅宽110厘米）

第61章

1. 针织纯棉连衣裙（适合身高120厘米的儿童穿着） 2. 针织束腰胸衣（粘胶纤维制） 3. 针织女式睡衣，按重量计含70%棉、30%涤纶 4. 棉制针织背带裤（适合身高80厘米的婴儿穿着） 5. 门襟为右压左的针织全棉长袖

衬衫　6. 女式防寒短上衣，被褥状纺织品制（面料为涂有塑料的针织物，构成针织物的纺织材料按重量计含有60%的棉、40%的涤纶短纤）

第62章

1. 羊毛人纤混纺梭织女式长袖短大衣，按重量计含羊毛55%、人造纤维45%　2. 棉制梭织男式牛仔裤　3. 一次性丙纶无纺布制防护服　4. 长方形真丝机织手帕（65厘米×50厘米）　5. 100%涤丝机织领带　6. 棉絮胎制婴儿尿布　7. 女式斗篷，由涤纶机织物表面（单面）涂布高分子树脂的面料（涂层可明显看出）制成　8. 印花机织物制正方形围巾（边长60厘米；按重量计算：含棉花50%、含涤纶短纤维50%）　9. 胸罩用罩杯（面料为95%棉、5%氨纶的针织物）　10. 女式机织真丝和服

第63章

1. 聚丙烯扁条制旧的货物包装袋（扁条表观宽度为5毫米）　2. 裁切成长方形的锦纶短纤无纺织物制单人床单（周边未做任何加工，70克/平方米）　3. 机织的印花浴巾，由面料为70%涤纶、30%棉的毛巾织物制成　4. 尼龙短纤针织物作面料的救生衣　5. 男式纯棉手提单肩背包　6. 棉制手工针织床罩　7. 棉制眼镜布（用于擦拭眼镜）　8. 涤纶针织窗帘　9. 全棉机织绣花枕套　10. 大包装旧塑料鞋　11. 涤纶制帐篷（野营用）　12. 80%涤、20%棉制褥垫（化纤棉填充）　13. 供手工刺绣用成套物品（内装有机织物、各种颜色的纱线、各种规格绣针）　14. 65%棉、35%涤纶针织旅行毯

第64章

1. 牛皮女装中筒靴（塑料外底，内底长度26厘米）　2. 一次性塑料薄膜鞋套　3. 铝合金制鞋眼　4. 溜冰鞋（装有冰刀）　5. 棉制活动式鞋内底　6. 塑料拖鞋（鞋底与鞋面一体成型）　7. 篮球鞋（纺织材料作面，橡胶制外底）

第65章

1. 羊毛制钩编婴儿帽（棉布衬里）　2. 棉制宠物狗用帽　3. PVC外壳，海绵制衬里的摩托车专用头盔　4. 用聚丙烯扁条（表观宽度6毫米）编结的缏条缝合成的遮阳帽　5. 尼龙制发网　6. 橡胶制女式游泳帽　7. 塑料制帽舌

第66章

1. 防紫外线便携折叠伞　2. 防紫外线便携折叠伞套（尼龙制）3. 露天餐馆用伞　4. 铝制伞骨　5. 滑雪杖　6. 牛皮制马鞭

第67章

1. 人发制假发　2. 经洗涤、消毒的人发　3. 用胶粘法制造的塑料花（家居装饰用）4. 整件成形的塑料花（家居装饰用）5. 经染色的玫瑰花　6. 羽毛披肩

第68章

1. 沥青防水卷材　2. 天然石料制砂轮（未装支架；打磨用）3. 大理石洗手盆　4. 未装配的石棉闸垫（汽车制动用）5. 砂纸　6. 石棉制船用消防员服（非青石棉制）7. 石墨制碳电极（用于半导体设备）8. 石墨制轴承　9. 水泥瓦　10. 石膏装饰板

第69章

1. 陶制抽水马桶　2. 饰面陶瓷（正方形，边长为15厘米）3. 骨瓷制汤匙　4. 坩埚（石墨制耐火陶瓷制品；石墨含量为76%）5. 金属陶瓷管　6. 陶瓷制排水管　7. 陶瓷制栏杆（建筑用）8. 瓷制蒸发皿（实验室用）9. 瓷制花瓶（家居装饰用）10. 多层片式瓷介电容器

第70章

1. 玻璃棒（用于生产玻璃镜片）2. 钢化安全玻璃（用于橱柜门上）3. 霓虹灯用已加工玻璃管（未封口；未装有任何配件）4. 制成后经打洞或开凹槽的玻璃　5. 轧制的夹丝玻璃板　6. 玻璃表盖（钟表用；未经光学加工）7. 玻璃棉垫　8. 花饰铅条窗玻璃　9. 塑料框玻璃制汽车后视镜　10. 灯工方法制作的玻璃花（装饰用）11. 铅晶玻璃高脚杯　12. 玻璃手镯　13. 镜片型材（玻璃制毛坯；未经光学处理摄像机镜头用）14. 玻璃制保温瓶胆　15. 玻璃试管（普通玻璃制；实验室用）

第71章

1. 金丝（实验室用）2. 珍珠项链（养殖珍珠制）3. 白金钻戒　4. 不锈钢制表链　5. 含有金化合物的废碎料（用于回收金，不含电子电气废弃物）

6. 铂合金（未锻造，由下列成分组成：5%铂，3%银，1%锇，其他是铜和锡） 7. 压电石英晶片（未装配） 8. 造牙用合金（以贱金属或银为底的包金材料） 9. 镀金耳环（以铜合金为底） 10. 银制茶叶罐

第72章

1. 截面为矩形的经热浸法镀锌的非合金钢薄钢板，宽度为1500毫米，厚度为1毫米 2. 截面为矩形的不锈钢钢材，除冷轧外未经进一步加工，钢材的宽度为80毫米，厚度为6毫米，笔直状报验 3. 截面为矩形的高速钢钢材，除冷轧外未经进一步加工，钢材的宽度为60毫米，厚度为5毫米，盘卷状报验 4. 截面为矩形的非合金钢钢材，除热轧外未经进一步加工，带有轧制过程中产生的变形，钢材的宽度为50毫米，厚度为5毫米，不规则盘卷状报验 5. 切条镀锡非合金薄钢板，长2米、宽120毫米、厚1毫米 6. 空心圆形截面不锈钢钢管，外径40毫米，内径15毫米，适合钻探用 7. 按重量计含碳4%、硅10%、锰35%、铝8%的锭状铁合金 8. 不锈钢螺丝边角料

第73章

1. 炒锅，按重量计含不锈钢80%、铝15%、铜5% 2. 不锈钢螺旋弹簧（非铁道车辆用） 3. 热轧不锈钢制无缝圆形锅炉管，外径为133毫米，壁厚25毫米 4. 自行车用滚子链（钢铁制） 5. 钢铁制冷却剂储存器（压缩或液化气体用，非零售包装） 6. 不锈钢制沙拉用餐叉 7. 铜头铁钉（铁杆重量占80%） 8. 不锈钢制螺纹肘管 9. 船用不锈钢舷窗 10. 铸铁制搪瓷脸盆 11. 铸铁制阴沟盖（非工业用；无可锻性） 12. 钢铁制手工编织针 13. 钢铁制成条订书钉 14. 钢轨垫板（铁道用） 15. 钢铁丝制捕鳗篓（非工业用） 16. 直通柱塞式调节阀（调节管道液流量；钢铁制）

第74章

1. 以回收黄铜为主的废电线 2. 紫铜线（精炼铜制；盘卷状报验；直径8毫米） 3. 铜制胸针 4. 铜制垫圈（数码照相机镜头用） 5. 铜制擦锅器 6. 非绝缘的铜丝绞股线 7. 铜制木螺钉（长度25毫米） 8. 铜铃（非电动） 9. 德银管

第75章

1. 电镀用镍阳极 2. 镍制弯头 3. 工业用镍网 4. 镍制铸币毛坯（工业

用） 5. 镍饼（未锻轧镍合金）

第76章

1. 铝制法兰 2. 铝制的易拉罐盖 3. 铝制易拉罐（规格356毫升） 4. 平板铝材，截面为矩形，材质为铝合金，宽度为40毫米，厚度为5毫米，经轧制外未经进一步加工 5. 铝制滑门（建筑用） 6. 铝制铆钉（用于电器开关） 7. 铝合金制咖啡杯 8. 零售包装用的液化气体铝罐 9. 铝纱网 10. 轧制后未进一步加工的无衬背铝箔（厚度为0. 008毫米）

第78章

1. 铅坠（渔网用） 2. 铅锭（未锻轧；精炼的） 3. 铅条，截面为矩形，宽度为40毫米，厚度为5毫米，经轧制外未经进一步加工 4. 潜水员的胸板（铅制）

第79章

1. 锌螺栓（家具用） 2. 平板锌材，截面为矩形，宽度为60毫米，厚度为2毫米，成卷状，经轧制外未经其他加工 3. 未锻轧合金锭，含量：锌95. 81%、铝4. 1%、铂0. 03%、铁0. 06%（长条形；用于生产铸铁件） 4. 牙签筒（锌合金制） 5. 硬锌块（镀锌时浸锌所剩的残渣） 6. 锌制弯管（车床用） 7. 麦克风手柄（锌制）

第80章

1. 锡制饮料包装盒 2. 锡管 3. 锡杆（截面为矩形，厚度大于宽度的1/10） 4. 锡箔（厚度0. 174毫米） 5. 锡制餐盘

第81章

1. 金属陶瓷条 2. FLAIR眼镜架（钛合金制） 3. 镁螺母 4. 钼丝（直径0. 6毫米） 5. 钴锍

第82章

1. 手动理发推剪 2. 贱金属制鞋拔 3. 裁纸刀（钢铁制） 4. 木柄不锈钢铲 5. 小型折叠剪刀（钢铁制） 6. 木材加工用削片机刀片（钢铁制） 7. 加工金属用的机械锯的直锯片（贱金属制） 8. 银制餐叉 9. 尖嘴钳（合

金钢制，剪线用） 10. 未装配的金属陶瓷制刀头（京瓷牌，研磨镜片用） 11. 装入一个钢铁制工具箱的车床维修用成套工具（内有钳子、扳手、螺丝刀等） 12. 美容套（指甲锉、美容剪、指甲钳、眉夹、袋子各1件） 13. 金刚石玻璃刀 14. 螺旋铣刀（铣削用可互换工具） 15. 成套不锈钢餐具（内有餐刀、餐叉、餐匙） 16. 钢铁制安全别针

第83章

1. 铜焊条（气焊用，以焊剂涂面） 2. 锡条（焊接用，无焊剂，成分：锡98%、铂1. 2%、铋0. 2%、铜0. 6%） 3. 铝合金制行李架（机动车辆用） 4. 贱金属制防盗锁（机动车用，非中央控制） 5. 锌合金制相框 6. 丰田凯美瑞标志牌（钢铁制） 7. 自动闭门器（铝合金制） 8. 贱金属制卡片索引柜（落地式） 9. 不锈钢软管 10. 螺口塞（镀锌钢制） 11. 狗用鼻环（不锈钢制） 12. 贱金属制钥匙架

第84章

1. 手动式打气筒 2. 西门子全自动滚筒洗衣机（干衣量8千克） 3. 针织机用钩针（28号以下） 4. 叉车用金属丝刷（清洁用） 5. 太阳能热水器 6. 家用电动洗碟机 7. 电脑绣花机 8. 驾驶室通风罩（BAUER牌，装有风扇，边长50厘米） 9. 自动扶梯成套散件 10. 集装箱叉车 11. 挖掘机用柴油发动机（输出功率为125千瓦） 12. 燃油泵（活塞式内燃发动机用，对应发动机输出功率63马力） 13. 铜制水龙头 14. 全自动水泥包装机 15. 玻璃刻花机 16. 多功能家用缝纫机 17. 飞轮（自行车用） 18. 石棉制过滤芯（液体过滤器用；非青石棉） 19. 万向节（自动缝纫机用） 20. 自动擦鞋机 21. 真空包装机（制作集成电路专用） 22. 订书机 23. 手提式电钻 24. 数控的放电处理加工机床（加工金属材料用） 25. 熨烫机 26. 家禽孵卵器 27. 吊秤（最大称量5000千克） 28. 家用净水器 29. TCL笔记本电脑（重3.5千克）

第85章

1. 西门子家用微波炉 2. 车牌照明灯（机动车辆用） 3. 普通数码照相机 4. 棉制电热毯 5. 33寸电视机彩色显像管 6. 家用电动榨汁机 7. 电磁联轴节 8. 铁道机车发动机用分电器 9. MP3播放器（具播放及收录音功能） 10. 4G移动U盘（未录制） 11. 60G移动硬盘 12. 机动车辆用防盗报警

器（音响报警） 13. 电缆（品牌SONY，有接头不同轴，电压30V） 14. 手机用锂离子蓄电池 15. 松下牌多喇叭音箱 16. DVD播放机（ALONSA牌） 17. 人造石墨制碳刷 18. 乐华牌遥控器（普通红外线） 19. 稳压电源（电脑用） 20. 黄铜制双管插头（电压250V） 21. 已组装成块的太阳能电池 22. 交流发电机（输出功率为350千瓦） 23. 电动脱毛器 24. 电热饮水机 25. 工业用电阻加热烘箱 26. 高频调谐器（彩色电视机用） 27. 钢化玻璃制绝缘子 28. 彩色液晶视频投影机（非自动数据处理系统专用）

第86章

1. 运输液体用罐式集装箱（规格为40英尺） 2. 机车用缓冲器 3. 未浸渍的电车道枕木（针叶木） 4. 非机动查道车 5. 平交道口控制器 6. 由交流电机驱动的铁道机车

第87章

1. 越野自行车（20英寸） 2. 手扶单轴拖拉机 3. 电动牵引车（火车站台上用） 4. 新的充气橡胶轮胎（摩托车用） 5. 45英尺集装箱货柜半挂车（品牌：通亚达） 6. 轮椅（非机械驱动，残疾人用） 7. 装有18个座位和3把折叠椅的普通中巴客车成套散件（汽油发动机） 8. 小轿车用片簧（铁制） 9. 汽车起重机底盘 10. 电动自行车 11. 空气调节器（机动车辆上供人使用） 12. 汽车座椅（绒布面） 13. 摩托车鞍座 14. 安装在品目87. 01拖拉机上的谷物免耕播种机（同拖拉机一同报验） 15. 混凝土搅拌车 16. 离合器（小轿车用） 17. 装甲运钞车（A205D型，总重4吨，柴油型）

第88章

1. 飞机起落架 2. 滑翔降落伞 3. 飞机模型（娱乐用，不带动力装置） 4. 飞机用不间断电源

第89章

1. 顶推船 2. 机动散货船（载重量10万吨） 3. 船舶用手提式灭火器 4. 机动科学考察船 5. 绞吸式挖泥船 6. 船用点燃往复式活塞内燃发动机（90马力，舷外式） 7. 鱿鱼钓船（机动捕鱼船，载重300吨） 8. 固定停泊的航空救生船 9. 船舶用卤钨灯泡 10. 橡皮充气筏

第90章

1. 车辆里程计　2. 放大镜　3. 血压计　4. 太阳眼镜玻璃（非平光变色镜用，未经光学加工）　5. 树脂隐形眼镜片（未经光学加工）　6. 船用小罗盘（船用指南针）　7. 鼻垫（眼镜架用）　8. 电子体温计　9. 80寸塑脂投影屏幕　10. 矿藏探测器　11. 喷雾治疗仪　12. 舰船模型（专供教学示范用）　13. 高速平台式绘图机（GERBER牌）　14. 质子显微镜　15. 滤色镜（照相机用）　16. 无线电导航仪（汽车用）　17. 镜头盖（普通非一次成像照相机用）　18. 欧姆龙牌电子感应助听器　19. 光缆（由每根被覆的光纤组成）　20. 轮廓投影仪　21. 气相色谱仪　22. 噪声计（通信专用）　23. 砝码（感量为50毫克天平用）　24. 单筒望远镜　25. 医用X射线管

第91章

1. 钟壳（大理石+水晶制）　2. 未组装的完整的钟机芯　3. 皮革制表带　4. 表壳镀金的电子手表（电力驱动，机械指示）　5. 打卡钟　6. 丰田牌威驰车用仪表板电子钟（型号839100D020）　7. 定时开关（装有同步电机）　8. 24K黄金表链　9. 电子闹钟　10. 钟摆　11. 螺钉（拨时杆用，铜制）

第92章

1. 雅马哈双排键电子琴　2. 长号　3. 电子音乐组件　4. 小提琴弦（单独报验）　5. 与自动竖式钢琴一同报验的自动竖式钢琴用穿孔纸带　6. 玩具口琴　7. 钢琴凳（木框架，带软垫，皮革作面）

第94章

1. 枕头（棉制表层，化纤棉填充）　2. 铸铁公园椅（不带垫）　3. 飞机客舱用照明装置　4. 牙科用椅（配有洗牙、冲牙等牙科设备）　5. 床头柜（桦木制）　6. 家具用铁制抽屉锁　7. 玻璃灯罩　8. 橡胶充气床垫　9. 木制书柜（适合固定在办公室墙壁上）　10. 闪光灯泡（照相机用）　11. 台灯（电压110~240V，频率50~60Hz）　12. 落地式玻璃镜（已镶框）　13. 飞机用发光出口指示标志　14. 工地用彩钢复合板房

第95章

1. 乒乓球　2. 国际象棋　3. 旋转木马（娱乐用）　4. 玩具用电动机（输出功率小于37.5瓦）　5. 保龄球自动分瓶器　6. 布娃娃　7. 滑雪靴（面料

为皮革、底为橡胶） 8. 充气游泳池（家用儿童游泳用） 9. 塑料泡沫拼图 10. 圣诞节用蜡烛 11. 中国灯笼 12. 塑料制玩具（挂在鸟笼中供鸟玩耍） 13. 投币式电子游戏机 14. 儿童三轮车（规格型号XG3611PR） 15. 竹制钓鱼竿

第96章

1. 1. 3升不锈钢壳保温瓶（玻璃内胆） 2. 纯金拉链环 3. 台式打火机 4. 家用电卷发器 5. 用涤纶布包裹的塑料纽扣 6. 化妆喷雾器的喷头 7. 12色彩色铅笔 8. 印台 9. 玳瑁壳 10. 成套旅行缝纫用具（包括手缝针、别针、大头针等） 11. 鸡毛掸 12. 电动成人牙刷 13. 烟嘴（除了吸嘴处为塑料外，其余都为金属制） 14. 牛骨制的梳妆用梳子 15. 成套笔（包括圆珠笔、钢笔、自动铅笔等） 16. 自拍杆

参考文献

[1] 海关总署关税征管司.进出口税则商品及品目注释[M].北京：中国海关出版社有限公司，2022.
[2] 海关总署关税征管司.中华人民共和国进出口税则本国子目注释[M].北京：中国海关出版社，2013.
[3] 海关总署关税征管司.中华人民共和国进出口税则（2023年）[M].北京：中国海关出版社有限公司，2023.
[4]《关务水平测试模拟题及答案解析》编委会.关务水平测试模拟试题及答案解析（2023版）[M].北京：中国海关出版社有限公司，2023.
[5] 海关总署报关员资格考试委员会.2013年报关员资格全国统一考试大纲[EB/OL].（2013-06-28）[2018-01-05].http：//www. customs. gov. cn/publish/porta10/tab5393.
[6] 海关总署报关员资格考试教材编写委员会.报关员资格全国统一考试教材（2013年版）[M].北京：中国海关出版社，2013.
[7] 海关总署报关员资格考试教材编写委员会.历年试题标准答案及详解（2013年版）[M].北京：中国海关出版社，2013.
[8] 刘文丽，蒋小竹.商品归类基础（2012年修订版）[M].北京：中国商务出版社，2012.
[9] 温朝柱.海关进出口商品归类基础与训练[M].北京：中国海关出版社，2009.
[10]中国大百科全书编委会.中国大百科全书[M].北京：中国大百科全书出版社，1993.

附　录

二十一类类标题记忆口诀

自然世界动植矿，一二五类在取样；
三类四类口中物，矿产物料翻翻五；
化工原料挺复杂，打开六类仔细查；
塑料制品放第七，橡胶聚合脂烷烯；
八类生皮合成革，箱包容套皮毛造；
九类木秸草制品，框板柳条样样行；
十类木浆纤维素，报刊书籍纸品做；
十一税则是大类，纺织原料服装堆；
鞋帽伞杖属十二，人发羽毛大半归；
水泥石料写十三，玻璃石棉云母粘；
贵金珠宝十四见，硬币珍珠同类现；
十五查找贱金属，金属陶瓷工具物；
电子设备不含表，机器电器十六找；
光学仪器十八类，手表乐器别忘了；
武器弹药特别类，单记十九少劳累；
杂项制品口袋相，家具文具灯具亮；
玩具游戏活动房，体育器械二十讲；
二十一类物品贵，艺术收藏古物类；
余下运输工具栏，放在十七谈一谈；
商品归类实在难，记住大类第一环。

资料来源：中华人民共和国海关总署网站。

书目介绍

"实用型"关务与外贸服务专业教材

1. e时代报关实务	王　云	40.00元	978-7-5175-0142-8	2016年6月第1版
2. 供应链管理实务	张远昌	48.00元	978-7-5175-0051-3	2015年4月第1版
3. 电子口岸实务（第二版）	林　青	35.00元	978-7-5175-0027-8	2014年6月第2版
4. 报检实务（第二版）	孔德民	38.00元	978-7-80165-999-6	2014年3月第2版
5. 进出口商品归类实务（第四版）	林　青	52.00元	978-7-5175-0717-8	2024年1月第4版
6. 现代关税实务（第三版）	高美荷　李　齐	48.00元	978-7-5175-0447-4	2020年8月第3版
7. 国际贸易单证实务（第2版）	丁行政	45.00元	978-7-80165-855-5	2012年1月第2版
8. 报关实务（第3版）	杨鹏强	45.00元	978-7-80165-825-8	2011年9月第3版
9. 海关概论（第2版）	王意家	36.00元	978-7-80165-805-0	2011年4月第2版
10. 国际集装箱班轮运输实务	林益松　郑海棠	43.00元	978-7-80165-770-1	2010年9月第1版
11. 国际货运代理操作实务（第二版）	杨鹏强	48.00元	978-7-5175-0364-4	2019年8月第2版
12. 航空货运代理实务（第二版）	杨鹏强	55.00元	978-7-5175-0336-1	2018年12月第2版
13. 进出口商品归类实务——实训题参考答案	林　青	12.00元	978-7-80165-692-6	2009年12月第1版

"精讲型"国际贸易核心课程教材

1. 国际货运代理实务精讲（第二版）	杨占林　汤　兴　官敏发	48.00元	978-7-5175-0147-3	2016年8月第2版
2. 海关法教程（第三版）	刘达芳	45.00元	978-7-5175-0113-8	2016年4月第3版
3. 国际电子商务实务精讲（第二版）	冯晓宁	45.00元	978-7-5175-0092-6	2016年3月第2版
4. 国际贸易单证精讲（第4版）	田运银	45.00元	978-7-5175-0058-2	2015年6月第4版
5. 国际贸易操作实训精讲（第2版）	田运银　胡少甫　史　理　朱东红	48.00元	978-7-5175-0052-0	2015年2月第2版
6. 国际贸易实务精讲（第七版）	田运银	49.50元	978-7-5175-0260-9	2018年4月第7版
7. 进出口商品归类实务精讲（第二版）	倪淑如	48.00元	978-7-5175-0429-0	2020年7月第2版
8. 外贸单证实训精讲（第二版）	龚　玉　齐朝阳	68.00元	978-7-5175-0534-1	2022年3月第2版
9. 外贸英语函电实务精讲	傅龙海	42.00元	978-7-80165-935-4	2013年2月第1版
10. 国际结算实务精讲	庄　乐　梅李菁	49.80元	978-7-80165-929-3	2013年1月第1版
11. 报关实务精讲	孔德民	48.00元	978-7-80165-886-9	2012年6月第1版
12. 国际商务谈判实务精讲	王慧唐　力　忻	26.00元	978-7-80165-826-5	2011年9月第1版
13. 国际会展实务精讲	王重和	38.00元	978-7-80165-807-4	2011年5月第1版
14. 国际贸易实务疑难解答	田运银	20.00元	978-7-80165-718-3	2010年9月第1版
15. 集装箱运输系统与操作实务精讲	田聿新　杨永志	38.00元	978-7-80165-642-1	2009年7月第1版

"实用型"国际贸易课程教材

1. 海关报关实务	倪淑如　倪　波	48.00元	978-7-5175-0150-3	2016年9月第1版
2. 国际金融实务	李　齐　唐晓林	48.00元	978-7-5175-0134-3	2016年6月第1版
3. 外贸跟单实务（第二版）	罗　艳	48.00元	978-7-5715-0338-5	2020年9月第2版
4. 国际贸易实务	丁行政　罗　艳	48.00元	978-7-80165-962-0	2013年8月第1版

教师反馈及课件申请表

为更有针对性地为广大教师服务，提升教学质量，在您确认将本书作为指定教材后，请您填好以下表格，并经系主任签字盖章后寄回，我们将免费为您提供相应教学资料。

书名/书号			
您所需要的教学资料	教学课件；配套习题（学生用书）；配套习题精解（教师用书）； 商品归类实训题参考答案		
您的姓名		E-mail	
院/校		系	
您所讲授的课程名称			
每学期学生人数	_________人_________年级	学时	
您目前采用的教材	作者：_________出版社：_________ 书名：__________________		
您准备何时用此书			
您的联系地址			
邮政编码		联系电话	
您对本书的建议：		系主任签字	
		盖章	

我们的联系方式：

地址：北京市朝阳区东四环南路甲1号中国海关出版信息大厦5层

邮编：100023

联系人：夏淑婷

电话：010-65194242-7539

电子邮件：764392242@qq.com